나의 생명에
눈을 뜨다

| 송옥섭 지음 |

청어 ^{도서출판}

나의 생명에 눈을 뜬다

송옥섭 지음

발행처 · 도서출판 청어
발행인 · 이영철
영　업 · 이동호
홍　보 · 최윤영
기　획 · 천성래 | 이용희 | 김홍순
편　집 · 방세화 | 이서윤
디자인 · 김바라 | 서경아
제작부장 · 공병한
인　쇄 · 두리터

등　록 · 1999년 5월 3일(제22-1541호)

1판 1쇄 인쇄 · 2014년 4월 30일
1판 1쇄 발행 · 2014년 5월 10일

주소 · 서울 서초구 효령로55길 45-8
대표전화 · 586-0477
팩시밀리 · 586-0478

홈페이지 · www.chungeobook.com
E-mail · ppi20@hanmail.net
ISBN · 979-11-85482-24-8(03220)

이 도서의 국립중앙도서관 출판시도서목록(CIP)은 서지정보유통지원시스템 홈페이지
(http://seoji.nl.go.kr)와 국가자료공동목록시스템(http://www.nl.go.kr/kolisnet)에서
이용하실 수 있습니다.(CIP제어번호: CIP2014009573)

나의 생명에
눈을 뜬다

세상 살기가 좋을수록 점점 인간답고 아름다운 세상으로 이루어 가는 것이 인류의 희망이고 꿈이다. 지구는 태초에 경이롭고 무궁무진한 자연경관을 이루어 놓았다. 태초부터 점차적으로 이루어졌을 이 자연 경관에 최첨단 과학 시대의 힘이 더해져 지금의 평화롭고 아름다운 환경이 되었다. 경제·문화·사회·종교·철학 모두가 발전상을 거듭하면서 창조·창작·창안한 것은 우리 인류의 지혜요, 개발력의 힘이라 할 수 있다.

과학의 힘은 날로 증대하고 있고 인류의 삶은 과학의 중심에서 살고 있음은 과학자들의 노력이며 이는 찬탄해 마지않는 바다. 하지만 그 과학으로 인해 지난 몇 세기 동안 살상 무기가 난무하여 화학무기·고엽제·핵무기 등으로 많은 생물·자연·인류의 생명을 무작위로 앗아가 버렸다. 핵무기는 개발된 지 겨우 1~2세기밖에 되지 않았지만 동식물 및 인류를 20~30번 멸살시키고도 남아돈다 하니, 인류는 공포의 도가니 속에 떨 수밖에 없는 현실이 닥쳐오고 말았다. 나와 너의 이해관계를 떠나고 체제 유지와 경제 발전의 명목을 떠나서, 생명의 중대성을 먼저 생각하고 현존하고 있는 핵무기는 전폐하는 정책이 필요한 시기다.

사람으로 태어나 사람의 노릇을 하는 것이 참된 사람이니, 인간의 생명 존중성은 과거·현재·미래에 대한 사명이고 책무이다.

　인간이 잘 살거나 못 살거나, 편리하거나 불편한 것을 떠나서 경제 발전만이 전부가 아니다. 생활이 불편하고 부유하게 살지 못한다 하더라도 물질과 생명은 비교될 수 없고 맞바꿀 수 없는, 나의 생명이고 인류의 생명인 것이다. 지구상에서 오직 단 하나뿐인 이 생명 하나를 위해서 자연이 존재하고, 내가 있고, 남이 있고, 우리가 있고, 인류가 있다. 이 자연과 인류가 함께하면서 우주 세계와 더불어 함께하는 것이 생명이다. 나와 인류는 둘이 아니요, 나와 우주도 둘이 아닌 줄 깨닫고 상대가 곧 나라는 것을 알게 되면 인류는 공존·공영·공생·상생으로 얽혀있다는 것을 알게 될 것이다.

　이 생명 얻기는 참으로 어렵다 하였다. 백천만겁이 지날지라도 다시 태어나기는 참으로 어렵다고 하였다. 인과가 전부라 할 수는 없겠으나 죄를 지으면 벌을 받기에 불안한 것이고, 선행을 하면 즐거움이 저절로 나고 안락하게 된다.

　인류를 이끌고 가는 위정자들은 책무가 크고 사명의식이 막중하니, 나 하나가 아니고 내 한 몸이 아니다. 인류 모두 역시 동일하니,

내 생명이 존중되고 존귀함을 알기 위해서는 내가 나의 생명을 알기 위해서 생명공부를 하여야 한다. 무엇과도 바꿀 수 없는 단 하나뿐인 생명을 살아있을 때 찾아보는 공부가 무엇보다 급선무라 할 것이다.

나를 이기는 자가 천하를 이긴다는 말이 있다. 내가 가지고 태어난 이 생명 하나를 맑히고 밝혀서 생신 우생신 일신우일신(生新 又生新 日新又日新)으로 새롭게 살아가는 길이다. 나의 생명에 눈을 떠서 알게 되면 모든 생물과 인류가 내 몸이 되고 내 생명인 줄을 알게 될 것이다. 이럴 때 생명들의 가치는 경중이 없을 것이기 때문이다.

행복 시대를 갈망하기 이전에 인간성 회복이 우선이다. 가정·사회·국가는 제도에 묶여 인간 삶도 제도에 묶이고 만다. 제도 안에서 살아가지만 제도 하에 얽매이지 않는 삶은 순수하고 여유롭기 때문이다. 허공을 나는 새들처럼, 물속에서 뛰어 노니는 물고기들처럼 자유자재를 얻는 생명공부는 나의 생명관에서 얻을 수 있게 될 것이다.

인류의 삶이 이데올로기 때문에, 종교 때문에 가정에 분열양상을 가져온 것은 어제 오늘이 아니다. 각종 양상으로 갈등과 양극화가 심화되어 가는 것은 간과해서는 적대감뿐이고 나 살고 너 죽자는 식이니 바람직한 것들이 못 된다.

위정자들이 생명을 극히 중시하면 죽어서 천황이 될 것이고, 인간들이 생명을 극히 중시하면 죽어서 천국에 태어나 천상락을 받는다고 성인들은 말씀하셨다. 믿음이 있는 자는 따를 것이고 믿지 않는 자는 인과에 따를 뿐이다.

자연과 인간은 더불어 살아가고, 생물과 더불어 살아가고, 사람과 사람끼리 더불어 살아간다. 함께 하는 세상이 좋은 세상, 참다운 삶인 줄을 알고 사는 동안 인류가 이 지구상에서 우주와 함께 잘 놀고 함께 잘 사는 세상이 되었으면 하는 것이다. 이 책이 사랑을 주고받을 수 있는, 상생할 수 있는 기틀이 되었으면 한다.

백 년도 채 못 사는 삶의 시간은 빛 같이 빠르다. 그렇다고 묶어두지를 못하는 인생이니, 내 생명에 대해 내가 공부를 해서 맑히고 밝혀가며 새 생명으로 항상 새롭게 사는 길이 보람이 아닐까 생각하는 바이다.

송옥섭

차례

1장 생명의 진여

2장 생명의 시

3장 생명의 혁명

1장
생명의 진여

나의 삶이 생명의 행복

사람의 몸을 받기는 백천만겁을 지나도 어렵다 하였느니라. 이 생명이 탄생할 적에 천지가 환영했고 천심도 환영했고 조상들도 찬탄했다. 이 생명은 엄숙하게 탄생된 존귀한 나의 생명이 곧 천상천하 유아독존으로 환생한 것이다. 인간생명의 본질은 선성·악성·무기성을 여읜 대생명이다. 그러므로 생명의 가치는 도에 있는 것이다.

도는 경계에 공해야 할 대상이므로 공이 주체가 된다. 주체와 대상이 이미 공하고, 공한 것도 역시 공한 것이니 공에서 떨어지고 집착해서는 도에서 멀어지게 된다. 고요라 함은 지팡이에 불과할 뿐 성성적적 두 가지가 함께 했을 때에 개합되고 원만성취를 이룬다. 부활을 꿈꾸면 부활할 것이고 해탈을 꿈꾸면 해탈할 것이다. 성인의 경지와 범부의 경지가 둘이 아니므로 차등이 없다. 차등을 갖는 것은 범부의 소행일 뿐 성인 분상은 아닌 것이다. 성인과 범부는 일여 평등하므로 지옥과 극락이 따로 없으므로 새 마음을 내면 항상 쓰되 새롭게 쓰게 되는 법령이 솟아나게 된다. 매사에 새로 시작하는 마음가짐이 구태를 벗고 새롭게 될 때에 새 희망과 새 꿈이 성취될 것이다.

새로움에서 출발하는 첫걸음이니 초발심 변정각이라 한다. 이것은 주인공인 자금광을 찾기 위해서다. 죽음에서 복을 짓게 되면 살게 될 것이요, 깨달음에서 죽게 되면 마른 나무에서 새 잎이 피고 꽃이 피고 열매가 맺는 생명을 얻게 될 것이다.

영혼이란 본래 형체와 실상이 없어서 비우면 비울수록 맑고 밝아지게 되고 진면목인 주인공으로 살게 될 것이다. 살아도 살지 않고 죽어도 죽지 않고 괴롭고 무서워도 괴롭거나 무섭지 않는 것이 진면목을 깨닫는 길이다. 있어도 있지 않고 없어도 없지 않고 보아도 봄이 없고 들어도 들음이 없고 행하여도 행함이 없이 행하게 된다. 올 때는 올 줄 알아야 하고 갈 때에는 갈 줄 알아야 하며 괴로울 때는 고가 있는 줄 알고 즐거울 때는 낙이 있는 줄 알며 불행할 때는 불행한 줄 알고 행복할 때는 행복을 알고 살아가는 것이 인간의 삶이다. 삶을 잘 사는 것이 아뇩다라 삼먁삼보리로 살아가게 한다. 이렇게 수행력을 갖고 현실 생활에서 바로 알고 바로 행하는 것이 보현행의 길이다.

짐을 덜고 버리면 인생은 영원히 빛이 난다. 인생을 무겁게 살지 말고 가볍게 살아야 삶의 가치가 있다. 짐이 무겁거든 놓아 버리라는 말이다. 도는 허공에서 구름을 잡거나 빛에서 어두움을 찾는 것이 아닌 사실 그대로여서, 긍정적으로 현실 그대로를 바로 보고 사는 것이 반야광의 삶이다.

도의 본성은 깊고 신령스러워서 보고 듣고 행하는 것이 실상의 삶이므로 허물이 될 수 없다. 소리는 소리대로 빛은 빛대로, 현상에 걸림이 없는 삶이 생명의 도다. 한 법까지도 여의지 않으므로 원만한 것이다. 무에 이르러 유가 탄생하고 유에 이르러 무를 이루어 유극 무극이 개합 되는 경계를 이루어, 사물과 내가 명합되어 일심을 이루면 이것도 도량 이고 저것도 역시 도량이 된다는 것이다.

생명은 생겨난 바가 없으므로 사라짐 또한 없다. 사라짐이 사라져서 생겨나게 되고 생겨남이 없으므로 사라지는 것이니, 해탈·열반·대 생명 그 자체가 진실뿐이다. 바로 이것이 실상인 것이다.

삶은 순리에 의해서 살아가야 한다. 질서에 맞게 살아가는 삶이 곧 아녹다라 삼먁삼보리 삶이다. 무아적 개념에서 영험이 나타났을 때 영험이라 할 수 있다. 내 생명이 있고 나서 삶이 존재할 수 있고, 이는 신비하고 거룩하고 성령다운 것이니 대 생명이다. 허공이 모양이 없으니 생명은 사생(태란습화)으로 생긴 것이지만 진실로 생명은 형상과 모양이 없는 대 생명이다. 대 생명은 형상과 모양이 없으므로 주인이라는 것도 없다. 그러나 인간이 살아가자면 어려운 일도 있고 쉬운 일도 있고 악행·선행·탐욕·베풂이 있어 은혜 받기는 쉬우나 은혜 갚기는 어렵고, 중생 되기는 쉬우나 성인 되기는 어렵고, 불효하기는 쉬우나 효도하기는 어렵고, 무지하기는 쉬우나 지혜롭기는 어렵고, 하늘 보기는 쉬우나 백천 개의 아주까리를 거꾸로 세우기는 어렵다.

육도(지옥, 아귀, 축생, 수라, 인간, 천상)에 태어나기는 쉬우나, 참 사람으로 살기 위한 도법 닦기는 참으로 어려운 것이다. 진정 자기야말로 자기의 의지처. 어떻게 남을 자기의 의지처로 삼겠는가? 수행 수도로써 잘 단련시킴으로써만 자기를 의지처로 삼을 수 있다. 이는 실로 성취하기 어렵다. 이 몸은 세월 따라 낡고 시들어가고 부패하여 질병으로 가득 차 흩어져 죽는 것이다.

나의 길은 멀고 멀다. 베푸는 자는 즐겁지만, 받는 자는 잠깐이지만 빚만 지게 되어 세세생생 동안 짐을 지고 살아간다. 그러므로 밝은 마음은 멀어져 가고 어두움만 더할 뿐이다. 어둡기 때문에 괴롭고, 괴롭기 때문에 불안하고, 불안하기 때문에 위태롭고, 위태롭기 때문에 생사가 끊어지지 않고 윤회만이 반복될 뿐이다.

육바라밀 중에 첫째가 보시이다. 재보시, 법보시, 무애보시가 있는데 보시 중에서 제일 수승한 보시가 무애보시라 한다. 무애보시는 무명을 타파하고 광명의 대자비를 베풀고 생사를 해탈케 한다. 부처는 완성된 중생이고, 중생은 자라고 있는 부처의 종자다. 두 개의 세계에서 두 개의 내가 살고 있다. 두 개의 나는 다르면서 하나요, 하나이면서 다르다. 하나는 꿈속의 나요, 하나는 현실의 나다. 꿈속의 나와 현실의 나는 다르지만 결국 전혀 상관이 없는 별개의 것이 아니라 하나인 것이다. 참나의 실상은 지혜요, 반야요, 빛이요, 대 생명인 영원한 부처이다.

인간은 우주의 대 광명 자비로 붓다의 법계, 본불의 적자인 불성을 갖고 대 생명으로 태어났다. 어두운 중생도 청정본연의 뚜렷한 각성은 부처와 다름이 없다 하시고 이 평등 원만 각성은 범부나 성현에 있어서 더하고 덜함이 없다 하셨다. 청정원각을 이루기 위함이다. 모든 업장이 삼업(신업, 구업, 의업)으로 비롯한 것이니 육도사생에 순환하고 삼계에 윤회하여 청정원각이 성취되지 못한다. 산하대지(山河大地)와 일월성신(日月星辰)과 두두물물(頭頭物物)이 일진상이 될 것이다. 억천만겁을 지나도 얻기 어려운 이 생명을 얻었고 사람 몸을 받아 났으며 거룩한 법을 만났으니 얼마나 다행한 일인가.

사람으로서 자기 생명을 맑고 밝게 일깨워가지 않는다면 어찌 대 자유를 얻게 될 것인가. 사람이 무엇을 믿으려 하느냐, 무엇을 기다리느냐, 무엇을 구하느냐. 보아라! 여기에 반야의 등불인 대 생명의 등불이 있지 않느냐. 활기차고 씩씩하고 발가벗은 대 생명이 있지 않은가? 인간 생명의 종소리를 들어 보아라. 깨끗하고 밝고 떳떳한 내 생명의 빛을 보아야 한다. 이것은 만유의 평등한 빛이요, 영원의 생명이어라. 생사 없는 곳에 따로 한 세계가 있으니 때 묻은 옷을 훌훌 벗어버리면 바로 밝은 때이니라.

법성이란 원래부터 계박이 없는 것인데 계박 없는 사람이 어찌 해탈을 구하는가. 해탈하려는 생각 자체가 계박인 것이니 생명을 구하고 버릴 것이 무엇이 있으랴. 무상에 계박되면 해탈하기 참으로 어렵다. 해탈했다는 상마저 해탈키 어려우니 법과 비법의 상을 둘 다 벗어버려야 해탈이 참으로 해탈이 되는 것이다.

사람은 동물과 달라서 봉사하는 것이 미덕이고, 받는 것은 미덕이 아니다. 베풀 때 기쁨은 오래가지만 받는 기쁨은 순간이고, 사랑하는 것은 기쁘고 즐겁지만 미워하고 증오하는 것은 괴롭다. 사람도 공하고 법도 공한 것이 기쁨이고 대 생명이다. 유심과 무심 중에는 무심이 더 크다.

시민에게 묻노라. 그대여, 마음이 어떠한 얼굴을 가졌기에 어떤 사람이 감히 주고받을까 보냐 만겁을 지내도 한결같아 다른 빛이 없으니, 시민이라 부르면 벌써 헛말이로다. 모름지기 그 체가 허공의 성품임을 아는지라 붉은 화롯불 속의 연꽃에나 비유할까. 무심이 도라 이르지 말라. 무심도 오히려 한 관문이 막혔도다. 생명을 맑히고 밝히면 적라라 적쇄쇄하게 나타나는 참 생명이거늘, 삼승(성문승, 독각승, 보살승)들이 분별로써 억지로 마음이니, 부처니, 생명이니 이름 했다.

붓다가 간 곳은 묵은 길이라 미끄러지기 쉬우므로 도리어 위태롭다. 잘못 가다가는 남의 집을 내 집으로 삼게 되고 갈 길을 다 간 듯이 주저앉는 수가 있으니, 내 생명을 내가 챙겨 나가야 할 것이다. 공부하는 자는 대 생명을 찾고, 얻은 바 있으면 불조의 스승이 된다 하였다. 현현한 것, 불가사의한 것, 알 수 없는 것이 생명이다. 현현을 말하는 것 역시 도리어 허물이 된다고 공왕(부처)은 말했다. 청정 본연한 것이 본래 생명이며 면목인 것이다. 생명이란 참으로 위태로운 위협 속에 놓여 살고 있는 것이다.

자성광명이 뚜렷하게 나타났을 때 법신이라 한다. 이 법이란 보아서 아는 것도 아니고, 들어서 아는 것도 아니고, 생각으로 아는 것도 아니고, 아는 것으로 아는 것도 아니니, 같아도 같지 않고 다른 듯 하여도 다르지 않은 것이다. 물을 마실 때도 차고 더운 것은 마셔본 사람만이 알 수 있다. 생사를 버리고 열반을 취하는 것이 소승이라면 생사 중에서 열반을 즐기는 것이 대승이다. 인류의 목적은 정신 안정, 생사 해탈을 하는 데 있다. 생사가 없으니 대 생명은 영원히 존재한다. 유무의 세계에서 유무의 세계를 초월하기 위해서다.

1) 지족(知足)이 제일 잘 사는 법이고

2) 건강이 제일 복이고

3) 열반이 제일 낙이며 적적 고요한 것이 견성성불의 목적이다.

수천만의 강물은 바다에 이르기 위해서다. 자기 자신을 의지하고 법을 의지하라. 법을 보지 못하는 자는 진실로 나를 보지 못한 자다. 대생명을 보는 자가 곧 나를 보게 된다. 깨어있는 자만이 붓다와 함께하는 자이다. 살아있는 도는 현실에 깨어있는 것이다. 죽음을 초월하는 길을 모르고 백 년을 사는 것보다 단 하루를 살더라도 죽음을 초월하고 진리의 길을 알고 사는 것이 사는 것이다.

착한 행위는 급하게 서두르고 나쁜 행위는 억제해야 한다. 착한 행위에 느린 마음을 가지게 되면 나쁜 행위에 즐거움을 느끼기가 쉽다. 생명체들은 항상 새 생명으로 발전하고 전개해 나가야 한다. 새 생명을 탄생시키기 위해서 노력하고 또 노력한다(日新 又日新). 만일 착한 일을 했으면 그것을 또 다시 행하라. 즐거운 마음으로 착한 공덕을 쌓는 것이 행복이다.

생명공부는 머문 곳에서 안락을 이루기 위함이고, 일터에서 능률을 올리기 위함이다. 좌선, 공안, 화두, 참선도 안락처를 찾기 위함이고 어려울 때, 병들 때, 임종 때 써먹기 위한 공부다. 안락은 인간의 행복추구라 할 수 있다. 이것이 이뤄진다면 삶의 지족을 얻고 삶의 질을 증장할 수 있다.

나이가 들어갈수록 질병이 많다. 오장육부와 육근육적을 사랑하고 칭찬해주면 심신의 질병에서 벗어날 수 있다. 질병은 자기 생명을 관리하지 못하고 방심하여 받는 과보이다. 자기 생명은 누구도 대신해 줄 수 없다. 하지만 요즘 세상에서는 돈이 신격화되어 버렸다. 돈이 먼저냐? 명성이 먼저냐? 사람이 먼저냐? 생명이 먼저냐? 이를 깨달아야 한다.

물의 공덕과 연꽃의 의미

✿ 물의 공덕(上善若水)

상선약수(上善若水). 가장 선한 것은 물과 같은 것이다.

중국의 고대철학자 노자의 도덕경에 나오는 말이다. 상선이란 최고의 선이란 뜻이다. 선행에는 여러 가지 유형이 있는데 물처럼 처신하는 것이 최선이라는 것이다. 공자도 슬기로운 자는 물을 즐긴다(지자약수[智者樂水] 인자약산[仁者樂山])고 했고, 정약용은 물과 같이 처신하라고 했다. 이는 다양하고 혼란스러운 사회생활에서 어떻게 처신하는 것이 바람직한가를 비유해 표현한 것이다.

물이란 사람은 물론 모든 생물의 생명을 유지하는 데 없어서는 안 되는 것이다. 물은 만물에게 가장 큰 공덕을 베푼다. 이 자체가 상선이다. 그러나 사람처럼 결코 그 공덕을 자랑하거나 다투지 않는다(수선리만물이부쟁[水善利萬物而不爭]).

그러면 사람들은 왜 이처럼 물을 찬양하고 물처럼 처신하라고 하는가? 이는 물의 성질을 보면 알 수 있다.

사람은 일상생활에서 계속 높은 곳으로 올라가려고 경쟁을 하지만

물은 언제 어디서나 어느 한쪽으로 기울어지지 않고 수평을 이룬다. 이는 우리에게 공평, 평등을 가르친다.

물은 어느 그릇에 담겨도 욕심을 부리지 않고 그 그릇에 맞게 담긴다. 이는 우리에게 분수를 가르친다.

물은 장소의 높고 낮음, 넓고 좁음, 깨끗하고 더러움을 가리지 않고 그곳의 모든 것을 받아들인다. 이는 우리에게 포용력을 가르친다.

물은 지상의 더러운 것을 깨끗이 씻어주면서 찌꺼기를 남기지 않는다. 불도 지상의 더러운 것을 태우지만 재를 남긴다. 따라서 물은 우리에게 청결과 철저함을 가르친다.

물은 높은 산골짜기에서 졸졸 흐르기 시작하여 낮은 곳으로 흘러가면서 한 방울씩 합쳐 내와 강을 이루고 마침내 바다를 이룬다. 그리고 큰 힘을 발휘하여 인간에게 어장, 해상교통, 수력발전, 식수 등의 큰 혜택을 준다.

물은 우리에게 진합태산(塵合泰山)의 진리와 협력, 화해, 화합, 통일성을 가르친다.

물은 온도 변화에 따라 고체, 액체, 기체로 변화하지만 근본은 불변하다. 물은 우리에게 환경 변화에는 순응하지만 근본만은 철저하게 지키는 순리와 지조를 가르친다.

이처럼 사람은 물의 지혜 즉 겸손, 공평, 분수, 포용, 청결, 협력, 지조 등을 배워 실천할 때 만인의 존경을 받고 물처럼 위대한 존재가 된다. 이것이 물의 공덕이다. 오늘날 개인주의·이기주의·배타주의가 만연한 사회에 살고 있는 우리는 상선약수의 공덕을 되새길 필요가 있다.

물(水)의 10가지 덕(德)

1) 낮은 곳을 찾아 흐르는 겸손
2) 막히면 돌아갈 줄 아는 지혜
3) 어떤 그릇에나 담기는 융통성
4) 구정물도 받아주는 포용력
5) 바위도 뚫는 인내와 끈기
6) 흐르고 흘러 바다를 이루는 대의
7) 여일하여 거스르거나 역행하는 법이 없음
8) 모든 생물에 물을 공급하여 원생을 도움
9) 사람의 생명을 보존, 보호, 성장케 함
10) 위대한 존재로서 만물의 생명을 도와 살림

이와 같은 물의 공덕은 불보살과 동등하다. 더불어 불교의 상징인 연꽃도 물의 위대한 공덕에 의해서 신령스럽고 찬란하게 꽃피운다. 웅장하고 장엄한 폭포도 이루고 아름다운 무지개를 피우기도 한다. 그야말로 사랑을 듬뿍 안고 있는 것이 물이다. 물의 공덕은 측량할 수 없이 참으로 크다. 물은 곧 생명이다.

✖ 연꽃의 의미

연꽃의 특성은 종자불실(種子不失), 처염상정(處染常淨), 인과동시(因果同時)이다.

　　종자불실(種子不失): 종자를 맺으면 잃지 않으며

　　처염상정(處染常淨): 오염된 곳에서도 항상 깨끗하며

　　인과동시(因果同時): 꽃과 열매가 동시에 핀다

이 의미를 닮고 사는 사람을 연꽃처럼 아름답게 사는 사람이라고 한다.

1. 이제염오(離諸染汚): 연꽃은 진흙탕에서 자라지만 진흙에 물들지 않는다. 주변의 부조리와 환경에 물들지 않고 고고하게 자라서 아름답게 꽃피우는 사람을 연꽃같이 사는 사람이라고 한다. 이런 사람에게 연꽃의 이제염오(離諸染汚)의 특성을 닮았다고 한다.

2. 계향충만(戒香充滿): 연꽃이 피면 물속의 시궁창 냄새는 사라지고 향기가 연못에 가득하다. 한 사람의 인간애가 사회를 훈훈하게 만들기도 한다. 이렇게 사는 사람을 연꽃처럼 사는 사람이라고 한다. 고결한 인품은 그윽한 향을 품어서 사회를 정화한다. 연못을 향기로 채운다. 이런 사람을 연꽃의 계향충만(戒香充滿)의 특성을 닮은 사람이라고 한다.

3. 목체청정(木体淸淨): 연꽃은 어떤 곳에 있어도 푸르고 맑은 줄기와 잎을 유지한다. 바닥에 오물이 즐비해도 그 오물에 뿌리를 내린 연꽃의

줄기와 잎은 청정함을 잃지 않는다. 이와 같이 항상 청정한 몸과 마음을 간직한 사람을 연꽃처럼 사는 사람이라고 하며 목체청정(木體淸淨)의 특성을 닮은 사람이라고 한다.

4. 면상희이(面相喜怡): 연꽃의 모양은 둥글고 원만하여 보고 있으면 마음이 절로 온화해지고 즐거워진다. 얼굴이 원만하고 항상 웃음을 머금으며 말은 부드럽고 인자한 사람은 옆에서 보는 이의 마음도 화평하게 한다. 이런 사람을 연꽃의 면상희이(面相喜怡)의 특성을 닮은 사람이라고 한다.

5. 유연불삽(柔軟不澁): 연꽃의 줄기는 부드럽고 유연하여 좀처럼 비바람이나 충격에 부러지지 않는다. 이와 같이 생활이 유연하고 융통성이 있으면서도 자기를 지키고 사는 사람을 연꽃처럼 사는 사람이라고 한다. 이러한 사람을 연꽃의 유연불삽(柔軟不澁)의 특성을 닮은 사람이라고 한다.

6. 견자개길(見者皆吉): 연꽃을 꿈에 보면 길하다고 한다. 하물며 연꽃을 보거나 지니고 다니면 좋은 일이 아니 생기겠는가? 많은 사람에게 길한 일을 주고 사는 사람을 연꽃처럼 사는 사람이라고 한다. 이런 사람을 연꽃의 견자개길(見者皆吉)의 특성을 닮은 사람이라고 한다.

7. 개무구족(開敷具足): 연꽃이 피면 필히 열매를 맺는다. 사람도 마찬가지다. 꽃피운 만큼의 선행은 꼭 그만큼의 결과를 맺는다. 연꽃 열매

처럼 좋은 씨앗을 맺는 사람을 연꽃처럼 사는 사람이라고 한다. 이런 사람을 연꽃의 개부구족(開敷具足)의 특성을 닮은 사람이라고 한다.

8. 성숙청정(成熟淸淨): 연꽃은 만개했을 때의 색깔이 곱기로 유명하다. 활짝 핀 연꽃을 보면 마음과 몸이 맑아지고 포근해짐을 느낀다. 사람도 연꽃처럼 활짝 핀 듯한 성숙함을 느낄 수 있는 인품의 소유자가 있다. 이런 분들과 대하면 은연중에 눈이 열리고 마음이 맑아진다. 이런 사람을 연꽃처럼 사는 사람이라고 한다. 이런 사람을 연꽃의 성숙청정(成熟淸淨)의 특성을 닮은 사람이라고 한다.

9. 생기유상(生己有想): 연꽃은 날 때부터 다르다. 넓은 잎에 긴 대. 굳이 꽃이 피어야 연꽃인지 알 수 있는 것이 아니다. 연꽃은 싹부터 다른 꽃과 구별된다. 장미와 찔레는 꽃이 피어야 구별된다. 백합과 나리도 마찬가지다. 이와 같이 사람 중에 어느 누가 보아도 존경스럽고 기품 있는 사람이 있다. 이런 사람을 연꽃의 생기유상(生己有想)의 특성을 닮은 사람이라고 한다.

불교는 연꽃을 상징적으로 내세우며 연잎처럼 부처님과 보살들을 모두 떠받들면서 성자 성인을 안락하게 받들고 있다. 선행과 덕행자는 모두 연꽃에 편히 안치하므로 조상의 위패까지도 연꽃에 앉혀 받들고 천도재를 지내고 있다. 절마다 법당마다 연화장세계를 찬란하게 장식함도 생명의 불생불멸을 상징한 것이다.

연꽃은 진흙탕에서도 아름다우므로 찬란한 천상의 꽃이라 할 수 있

다. 사람은 새 생명을 찾아 머문 곳에서 연꽃처럼 자금광을 펼쳐 나가
야 한다. 사람은 머무르는 곳에서 안락처를 이루고 머문 곳에서 써먹기
위하여 새 생명의 고향으로 돌아가 연화세계를 장식하는 삶의 세상을
이룬다.

사람

사람이란 혼자 태어나서
혼자 살아가다가
혼자 가는 것이 아니라
사람은 함께 태어나서
함께 살아가다가
함께 가는 것
이것이 인간이다

붓다

세계조판 억천겁에 제일성인 누구신가
삼천년전 인도국에 정반왕궁 높았어라
보리수에 봄이오니 우담바라 꽃피었네
시방삼세 제일이요 천상천하 독존이라
고해중생 빠진중생 건지고저 출현하사
갑인사월 초파일에 우리세존 탄생일세
삼계도사 되시오니 우리선생 아니신가
깊은은덕 갚으려면 물이얕고 산이낮아
청화성절 오늘날에 감격마음 없을손가
심향일주 합장들어 이구동음 경축하세
방포원정 우리형제 영산위의 장할시고
경축하세 경축하세 일심으로 경축하세
만세만세 만만세는 우리불교 만만세요
만세만세 억만세는 우리불교 억만세라

✳

붓다는 라자그리하를 떠나 설산 깊은 곳에 따로 자리를 정하여 가부좌를 맺고 날마다 삼씨 한 알과 보리 한 톨을 먹었다. 바람과 비를 피하지도 않고 일어나 결행하는 일도 하지 않고 봄, 여름, 가을, 겨울 네 계절의 변함을 가리지 않고 한결같이 단정히 앉아 있었다. 까마귀와 까치가 나무 위에 집을 지어 알을 품고 벌레를 물어다 먹여줄 때 새똥이 떨어져 가사를 더럽혔는데도 돌아보지 않고 깊이 선정에 들어 6년 동안을 한결같이 지냈다.

붓다가 마치 나무와 돌이 된 듯하자 천용팔부의 지킴이들이 붓다의 수도함을 보고 늘 와서 옹호하였다. 그때 교진여 등 다섯 사람이 붓다의 고행하는 것을 보고 그 가운데 한 사람이 궁중으로 돌아가서 부왕전에 붓다가 날마다 삼씨 한 알과 보리 한 톨을 먹으며 고행이 뛰어남을 아뢰었다. 왕이 신하인 붓다사를 불러 말하였다.

"붓다가 전륜 왕위와 아울러 부모 친척의 은애지정을 버리고 깊은 산중으로 들어가서 사람이 견디지 못하는 행을 닦는다 하니 부모 된 정으로 가슴이 아프고 뼈가 부서지는 듯하구나. 어찌 말만 듣고 있겠느냐. 의복과 양식 각각 5백 수레를 설산으로 보내어 붓다에게 날마다 공양하되 조금이라도 부족함이 없이 하라."

이와 같이 붓다사에게 명을 하고 붓다를 잘 보살펴 수호하라고 하셨다. 붓다는 "부모님과 국왕의 위의를 버리고 이곳에서 몸과 마음을 닦는 것은 위없는 깨달음을 구하기 위함이다. 어찌 의복과 양식에 뜻을 두겠는가." 하고는 단호하게 거절하였다.

붓다사가 다시 생각하였다. '붓다께서 왕위에서 내리신 의복과 양식을 거절하시니 어찌할 도리가 없구나.' 다른 사람을 시켜 가져온 의복과 양식을 다시 궁중으로 돌려보냈다. 온갖 고행 난행을 겪어가며 납월 8일 마침내 견명성 오도하게 되었다.

*

붓다는 항상 시회대중과 함께 하셨다. 불법을 처음 배우는 마음을 일으킨 비구 네 사람이 벗나무 밑에서 즐겁게 놀고 있을 때는 벗꽃이 만발하며 꽃과 향기가 아름다웠다. 그 아름다움을 보고 각각 한마디씩 하였다.

"세상만사가 무엇이 제일 즐겁던가?"

"2, 3월이 되어 온갖 꽃이 만발할 적에 구경하며 노는 재미가 제일 좋다."

"벗이 모여 좋은 음식을 먹고 음악에 춤을 추고 질탕하게 노는 것이 제일일 거야."

"온갖 재물과 부귀영화를 누리는 것을 누구나 부러워하게 될 것이니 그것이 제일일 거야."

"아내와 첩이 단정하며 의복이 선명하고 향기가 가득한 곳에 노는 것이 제일일 거야."

비구들이 이렇게 한마디씩 말을 마치자 붓다가 그곳에 오셔서 말씀하셨다.

"너희들의 생각하는 바는 모두가 근심 걱정으로, 위험하고 멸망하는 생각이다. 영원하고 즐겁고 가장 좋은 법이 아니다. 세상 만물이 봄, 여름에 번성하다가 가을, 겨울에 시들지 않느냐. 벗과 모여 서로 즐거워

할지라도 이별할 날이 있지 않느냐. 부귀공명의 즐거움은 마침내는 이별할 날이 있지 않느냐. 애락과 탐욕은 근심과 걱정을 함께 하는 것이니 탐욕을 없앤 뒤에 근심과 걱정이 없게 되느니라."

중생이 세상에 처함이 근심 걱정을 헤아릴 수 없고 지옥아귀 축생과 8고가 심하니 모든 것이 탐욕으로부터 일어난다. 비구들이 붓다의 이 말씀을 듣고 마음이 열려서 아라한과를 얻었다.

그때 기원정사에서 비구 네 명이 모여서 서로 각각 의논하였다.

"세간에 고통은 어떤 것이 제일 크던가?"

음욕심, 주리고 목마름, 성냄, 공포와 두려움이라고 서로 다투고 있을 때 붓다가 아시고 그곳에 가서 말씀하셨다.

"너희들이 논쟁하는 바는 고통의 근본을 알지 못한 것이다. 이 세상의 고통은 몸에서 벗어나지를 않는다. 주리고 목말라하는 열기와 성냄은 마음과 색욕이 모두가 몸에 있는 까닭이니라. 몸이란 것은 괴로움의 근본이 되며 근심 걱정의 원천이 된다. 마음으로 애를 쓰며 속을 태워, 근심과 걱정과 두려움이 만 가지이며 욕계·색계·무색계 안에 하잘 것 없는 것들이 이글거려 서로 남아 노닐은 모두가 남이다. 이것은 '나'라는 집착 때문이며 삶과 죽음이 끊어지지 않는 것은 모두가 몸이라는 '나'가 있기 때문이다.

만일 세상 고통을 여의고자 한다면 적멸을 얻을 것이니 이것이라야 가장 큰 즐거움이 되느니라. 예전에 어떤 비구가 산중에 들어가서 도를 닦는데 비둘기·까마귀·뱀·사슴들 네 마리가 사람을 의지하며 낮에는 다니면서 먹을 것을 구하고 밤에는 한곳에 모였다. 하룻밤은 네 마리

무리가 서로서로 세간의 고통을 말했다.

먼저 비둘기는 색욕이 아주 성하면 돌아볼 여지가 없으니 몸을 상하고 목숨을 잃는 것은 모두 그로부터 비롯된다.

까마귀는 주리고 목이 마르면 몸이 야위고 눈이 어두워지며 몸과 의식이 편하지 못하여 엉겁결에 그물에 걸려서 몸을 죽이고 목숨을 잃게 된다.

뱀은 성내는 마음이 한번 일어나면 가깝고 멀고를 가리지 않고 사람을 죽이기도 하며 또는 제가 죽기도 한다.

사슴은 항상 사냥하는 사람과 호랑이, 사자 같은 것이 두렵다. 발걸음 소리만 들려와도 무서운 강자가 오지 않는가 하여 그만 뛰어 달아나는데 깊은 구덩이와 높은 언덕을 살펴볼 여유가 없으니 세상의 고통은 놀람이 첫째다."

네 비구들은 이 말을 듣고 놀라고 탄식하였다.

"너희들이 각각 제 사정만 가지고 말을 하지만 천하의 고통은 나라는 몸, 내가 있으니 이보다도 더한 고통은 없다고 생각했다."

✻

선과 악은 없다. 오직 인과일 뿐이다. 어느 날 붓다는 법좌를 아자타샤트루왕의 궁중으로 옮기셨다. 왕은 여쭈었다.

"사바세계 중생이 인간으로 태어남에 복덕이 고르지 못하여서 부자로 잘 사는 자도 있고 가난하게 사는 자도 있으며, 오래 사는 자도 있고 목숨이 짧은 자도 있으며, 억세고 악한 자와 부드럽고 온화한 자도 있고, 정직한 자와 아첨하는 자도 있으며, 살생과 도둑질을 일삼는 자와 보시와 지계로써 선행을 행하면서 사는 자 등이 그 수가 천층만층이나 있습니다. 모든 중생의 불성은 다 같거늘 어찌 고르지 못하며 선과 악이 움직이지 않습니까?"

붓다는 말씀하셨다.

"중생들이 죽이고 훔치고 사음하는 세 가지로는 안이비설신의에 끌려 참모습인 불성을 잃어 버렸기 때문에 각각의 업보를 좇아 태란습화에 태어나서 윤회하나니 마치 그림자가 제 형상을 따르는 것과 같다.

부귀한 자는 전세에 부모에게 효도하고 삼보께 공양하며 베풀음을 힘쓴 자이며, 빈궁한 자는 남에게서 얻어먹기 좋아하고 탐욕심만 채우느라 갈증으로 살아왔고 전세에 많은 사람을 속여서 돈을 챙겨 갚지 않은 자이다. 부드럽고 온화한 자는 선행을 많이 베푼 자이며 정직하고 총명하고 인덕이 풍부한 자는 전생에 부모를 정성으로써 잘 섬겨 모셔 왔으며 부처님 정도를 신앙하며 지극한 선지식을 친근히 한 자이며, 어리석고 둔한 자는 전생에 짐승이 되었다가 온 자이며 경솔하여 참지 못한 자는 전생에 원숭이였던 자이며 심술이 많고 남을 업신여기는 자는 전생에 호랑이였던 자이다. 귀먹고 벙어리 되는 자는 붓다의 도를 비방하고 남들을 모함하였던 자이며 몸에 병이 많은 자는 짐승들의 몸을 해롭게 한 자이며 음식이나 좋은 것은 혼자서 먹으며 남 주기를 싫어하였던 자는 전생에 아귀가 되었던 자이다.

정신이 영특하고 음성이 맑은 자는 전세에 염불참선한 자이며, 염불을 비방하고 방해하는 자는 죽어서 무간지옥에 떨어져 좀처럼 인간 몸을 받지 못하나니, 만일 효양하고 삼보를 공양하며 가난하고 병든 걸인을 구원하고 선지식을 가까이 하며 악한 사람을 멀리하고 자비심을 일으켜 초목곤충 짐승들이라도 내 몸 아끼듯이 사랑하는 착한 사람은 금생에 어진 신령이 좌우상하로 호위하며 임종 시에는 좋은 길에 들어 생사고에서 벗어나게 되느니라.”

이때에 아난다와 대중들이 모두 아자타샤트루왕과 더불어 청수를 올리고 예배하였다.

이튿날 붓다께서 대중을 대하여 설하셨다.

“너희들은 아난다와 카샤파 두 사람의 과거 인연을 살펴보아라.”

붓다는 먼저 아난다를 불러서 말씀하셨다.

“저 건너 바로 보이는 집주인은 우타 장자의 집이니 네가 그 집에 가서 시주를 청하여라.”

아난다가 붓다의 명을 받들고 그 집을 찾아가니 우타 장자가 보고는 성질을 부리면서 말하였다.

“어떠한 사문이 남의 집에 들어와서 시주를 하라느냐.”

우타 장자는 노복을 불러 사문을 쫓아내라고 하였다. 아난다가 돌아와 그 사연을 여쭈었다. 붓다는 빙그레 웃으시며 다시 카샤파를 불러서 분부하셨다.

“네가 그 집을 찾아가 보아라.”

카샤파가 붓다의 명에 따라 우타 장자의 집으로 들어가니 장자가 문밖에 서 있다가 카샤파를 보고는 무난히 반기면서 말하였다.

“화상께서 수고를 많이 하셨습니다.”

그리고는 카샤파를 당상으로 맞아들여 다과를 올리며 노복 등을 불러 후대를 극진하게 하라고 말하였다.

"너희들이 공양물을 많이 내다가 짊어지고 중간까지 잘 배행하여 드려라."

노복들도 자연히 반가워하며 장자의 명에 복종하였다.

카샤파가 돌아와 그 사연을 말씀드리자 제자들이 여쭈었다.

"우타 장자가 아난다 존자는 쫓아내고 카샤파 존자를 후대한 것은 무슨 인연입니까?"

붓다께서 말씀하셨다.

"카샤파와 아난다는 과거 같이 농부로 있었다. 들에 나가 일할 때에 목동들이 모여 놀다가 커다란 구렁이를 발견하고 일제히 돌멩이로 때려 죽였다. 아난다는 그것을 보고 흉악하다 여기어서 못 본체 했으나 카샤파는 그것을 보고 목동을 꾸짖으며 구렁이의 죽은 몸을 들어다가 개미의 집에 두고 염불을 하여 주었다. '업보를 빨리 벗고 좋은 과보를 얻어라.' 그때의 구렁이가 지금의 우타 장자이며 개미떼는 지금 장자와 한 마을에 살며 모두 그 집 노복이 되어 전세에 뱀의 살을 뜯어 먹은 은혜를 갚은 중이다. 아난다는 흉악하다 하고 몸을 피하였으므로 미움을 당하였고 카샤파는 불쌍하다 생각하며 염불을 하여준 까닭에 후대를 받았느니라."

제자들은 인연과보가 어김없음을 알고 감탄하였다. 붓다께서는 그길로 오시다가 한곳에 이르러 보리수 아래에 쉬시면서 여러 제자에게 말씀하셨다.

"너희들은 마을 안에 들어가 시주를 청하여서 모든 중생에게 공덕 인연을 맺게 하라."

제자들이 명을 받들고 갔다. 한 제자가 어느 토굴 옆을 지나면서 들여다보니 늙은 내외가 헌 누더기 한 개로 가리고 앉아있었다. 그 제자는 생각하였다.

'전생에 복을 짓지 않아서 저와 같이 곤궁한 것이다. 내가 오늘 그들의 마음을 시험하며 인연을 맺게 하리라.'

제자가 그 앞으로 가서 시주를 청하였다.

"나는 붓다를 모시고 영산으로 가는 길이오니 그대들은 보시하며 좋은 공덕의 씨앗을 심으시오."

토굴 속에서 몸을 가리고 있는 단이개라는 여인이 대답하였다.

"화상이시여, 우리도 그것이 소원입니다. 다만 이 토굴 속을 들여다보시오. 무엇이 있습니까? 헌 누더기 한 개를 가지고 남편이 구걸하러 나가면 나는 알몸으로 있게 되고, 내가 나가면 남편이 알몸으로 있게 됩니다. 형편이 이와 같으니 무엇으로 보시하오리까?"

사문이 말하였다.

"그와 같이 곤궁함을 짐작하고 청하는 것이오니 한 개의 누더기일지라도 보시하고자 하는 마음이 있으면 벗어주시오."

단이개가 남편에게 말하였다.

"이 누더기 하나를 가지고 우리 둘이 서로 입고 출입하는데 이제 사문에게 보시하면 우리는 어찌하겠습니까? 그러나 우리가 전생에 보시를 한 번도 못하였으므로 금생에 이와 같이 빈천보를 받게 되었으니 언제까지 이 모양으로 살아나가면 무슨 영화를 보겠습니까? 저 스님이 이런 누더기라도 가져가고자 하니 앞일이야 죽든지 살든지 보시나 한번 하여 봅시다."

내외가 한마음이 되어 각각 한 손으로 몸을 가리며 누더기를 벗어서 토굴 밖으로 내주었다. 스님이 두 손으로 공손하게 받으며 축원하고 돌아왔다. 촌가에 갔던 여러 비구승들은 혹 공양미도 가져오고 혹 비단도 얻어와서 각각 자랑하다가 그 제자가 누더기를 가져옴을 보고 서로 빈정대며 말하였다.

"이비구야, 길가의 성황당에 누더기를 무엇에 쓰려고 가져 왔느냐."

반면 붓다께서는 얼굴에 기쁜 빛을 나타내시며 말씀하셨다.

"착하고 착하다. 누더기를 보시한 마음이여, 너희들 여러 비구가 가져온 공양미와 채단이 어찌 저 누더기를 보시한 여인의 믿는 마음을 당하겠느냐."

아난다가 붓다께 그 까닭을 여쭈었다.

"이 누더기가 비록 쓸 데 없으나 그 임자에게는 극히 애중한 것이다. 몸을 감추고 벗어줄 때에 모든 성현이 벌써 이미 감동하셨느니라. 그러므로 과거제불도 인행시에 머리, 눈, 몸과 나라 안의 아내와 자식 등 어느 것을 아끼지 않고 보시하였느니라. 그 마음에 한 점도 얽매임이 없으면 이는 곧 성현이니라."

아난다와 대중이 모두 감탄하였다. 그때에 아자타샤트루왕이 마침 법문을 들으려고 이곳에 와 법회에 모였다가 단 한 개의 누더기까지 보시했다는 말과 붓다께서 이를 칭찬하심을 듣고 감탄하였다. 즉시 비단옷 두 벌을 내어 사자로 하여금 단이개 토굴에 가서 왕의 사유품이라 전하고 데려오라고 하였다.

이날 단이개 부부는 누더기 한 벌을 스님께 보시하고 토굴 속에 숨어 있었다. 그런데 천만뜻밖에 왕의 사자가 이르러 국왕의 조칙과 비단옷을 전하고 같이 가자 하니, 단이개 부부는 누더기를 보시한 공덕이 즉시 천은을 받은 것이라 생각했다. 보배 수레에 올라타고 법회장으로 들어가니 경각 사이에 영화가 빛남이 하늘과 땅에 가득참과 같았다. 붓다께서 손을 들어 이마를 어루만지면서 수기하시고 다시 설법하여 나한과를 깨달아 얻게 하셨다.

✱

붓다께서 아난다와 비구들을 데리고 성안에 들어가 걸식하실 때였다. 수십 명의 아이들이 길 가운데서 흙을 모아 집을 지으면서 서로 이같이 말하였다.

"이것은 내 집이다."

"이것은 내 창고다."

또 흙을 모으면서 이것은 쌀이라 하며 창고 속에 집어넣다가 붓다께서 지나가심을 보고는 그 아이들 가운데 두 아이가 쌀이라고 하였던 것을 창고에서 가져다가 붓다께 드렸다.

붓다는 빙그레 웃으시면서 머리를 숙여 그 흙을 받으시고 아난다에게 주시며 말씀하셨다.

"이 흙을 가져다가 내가 머무르는 방을 이 흙으로 바르게 하라."

아난다가 명을 받들고 정사로 돌아와서 방을 발랐다. 붓다께서 아난다에게 말씀하셨다.

"아까 작은 아이들이 기뻐하는 마음으로 흙을 보시한 그 공덕을 인연하여 내가 열반에 든 지 100년 뒤에 첫 번째 아이는 국왕이 되니 이름은 아수가이다. 두 번째 흙을 가져온 아이는 대신이 되어 삼보를 보호하고 널리 공양을 베풀며 사리를 분포하며 염부제에 나라를 위하여 8

만 4천 탑을 건설하리라."

"한 움큼의 흙을 보시한 인연으로 그와 같은 많은 탑을 얻으오리까?"

붓다께서는 다음과 같이 예를 들어 말씀하셨다.

과거세에 파색기라는 국왕이 있었다. 그때에 붓다가 세상에 나시니 이름은 불사였다. 국왕이 하루는 생각하였다. 우리 큰 나라의 백성들은 항상 붓다를 뵈옵고 예배하건마는 작은 나라는 각각 변방에 있으므로 그곳 백성들이 복을 닦을 인연이 없으니, 붓다의 형상을 그려서 모든 나라 모든 국민에게 반포하여 항상 공양하게 하리라. 그리고는 즉시 화공을 불러서 붓다의 형상을 그리니 그 수가 8만 4천 장이었다. 그 인연으로 다시 8만 4천 탑을 건설한 과보를 얻게 되었다.

유마거사

    유마거사는 석가모니 부처님의 세속 제자로서 유마힐 또는 비마라힐이라고도 한다. 인도 비야리국 장자로서 속가에 있으면서도 보살 행업을 닦아 수양력이 갸륵하여 10대 제자들 못지않은 『정명경』, 『불가사의해탈경』, 『유마경』이 있다.

    405년경 후진 홍치 8년에 병중에 있을 때 문수보살이 여러 성문과 보살들을 데리고 유마거사에게 문병하러 갔다. 그때 유마거사는 여러 가지로 신통력을 보이면서 불가사의한 해탈상을 나타내고 문수보살과 법거량을 하게 되었다. 서로가 무주의 근본을 밝히고 일체 모든 법이 이루어지는 것과 삼라만상을 들어서 모두 불이의 일법을 상호간에 계합함으로, 유마거사는 최후로 불가언 불사설의 경지를 표현했다. 그 내용인즉, 직심·심심·대비심·보리심(直心·深心·大悲心·菩提心)이다.

    붓다는 상수제자들에게 유마힐의 병 위문을 종용하였으나 유마힐의 변재와 지혜에 당하지 못하므로 병 위문을 모두 사양하였다. 지혜와 변제가 상수제자들 10대 제자보다 월등하였기 때문에 병문안하기를 모두 포기하였다. 그러나 라후라만이 유마힐 거사를 병문안하려 하였다. 유마거사는 병문안 오는 자들을 제도하기 위한 방편으로 아프다고 거짓 유혹하고 낱낱이 근기에 맞게 분상에 맞게 격에 맞는 법을 설하며 제도했다. 그래서 붓다의 법과 깨달음이 등등하여 모두 아뇩다라 삼먁삼보리를 얻게 되었다고 라후라는 부처님께 말씀드렸다.

유마거사를 문병 간 문수보살은 유마거사가 말재주에 걸림이 없고 깊은 법문을 통달하였으며 그 가르침을 펴려고 꾀로 짐짓 몸에 병이 있다고 거짓말을 하여 왕과 대신이며 신남신녀들이 문병을 올 때면 신병을 인해서 법문을 설한다고 하였다.

"이 몸은 떳떳함이 없어서 속이 썩는 법이라 믿을 수 없습니다. 이 몸은 고통에 시달리며 여러 가지 병의 집합체입니다."

이 몸은 거품과 같아서 잡아둘 수 없으며
이 몸은 불꽃과 같아서 잠깐 사이에 사라지며
이 몸은 파초와 같아서 믿을 만한 실체가 없으며
이 몸은 꿈과 같아서 허망하고 덧없는 것이며
이 몸은 그림자 같아서 업의 인연 따라 없어지며
이 몸은 번개와 같아서 생각 생각이 머물지 않으며
이 몸은 주장이 없으니 땅과 같이 인연을 따르며
이 몸은 바라는 것이 없으니 섶을 따르는 불과 같으며
이 몸은 수명이 없으니 기압을 나르는 바람과 같으며
이 몸은 남이라는 것이 없으니 지형을 따르는 물과 같으며

이 몸은 알음알이가 없는 것이 초목 진흙과 같으며

이 몸은 쓰레기 기둥이라 더러운 것이 가득 차 있으며

이 몸은 거짓된 것이라 옷 입고 밥 먹여 주어도 반드시 죽게 되

느니라

이때 붓다께서 문수사리에게 말씀하셨다.

"문수사리여, 네가 유마힐에게 가서 문병하라."

문수사리가 명을 받들어 유마힐 거사가 있는 곳에 가서 병을 물었다.

"거사여, 병을 견디겠습니까? 치료에 효험이 더하지나 않습니까? 붓다께서 위문하라고 하시더이다. 거사여, 이 병이 무슨 인연으로 일어났으며 병난 지가 언제이며 어떠한 약을 쓰고 계십니까?"

유마힐이 말씀하시었다.

"모든 중생이 병이 들었으므로 나도 병이 생긴 것이니, 모든 중생의 병이 다 없어진다면 나의 병도 나을 것입니다. 보살이 중생을 위하여 삶과 죽음에 들어가니 삶과 죽음이 있으면 병은 따라 있는 것입니다. 만일 중생이 병을 여읜다면 보살도 또한 병이 없어질 것입니다. 이 병이 무슨 인연으로 일어났느냐 하시니 보살의 병이라는 것은 대비심으로써 일어납니다. 문수사리는 병이 있는 보살을 어떻게 위로하오리까?"

"유마힐은 몸이 덧없다고 말씀하실지언정 몸을 싫어하라고 말씀하시지 말 것이요, 몸에 괴로움이 있다고 말씀하실지언정 몸이 없다고 말씀하시지 말 것이며, 모든 중생에게 자비로운 마음으로 이익을 줄 것으로 생각하고 항상 정진으로 의왕이 되어 모든 병을 낫게 하여 주는 보살행이 병 있는 보살을 위로하는 것이니, 그로 하여금 기쁘게 하십시오."

유마힐은 중생의 때를 떠났고 탐욕의 때를 떠났고 생사 없는 전제 후제가 모두 끊어졌다. 무명과 갈애가 계속되는 한 유마힐의 병 또한 계속될 것이다. 중생들의 병이 있는 한 유마힐의 병도 있을 것이고 중생들의 병이 없어지면 유마힐의 병도 없어질 것이다.

붓다의 마음이 더러우면 중생이 더러워지고 깨끗하면 중생이 깨끗해진다. 마음이 그러한 것과 같이 죄라는 것 또한 그러하고 모든 법이 하는 것이 또한 그러하니 그것은 여여한 것에서 벗어나지 않기 때문이다. 모든 법은 허망한 소견이여서 꿈과 같고 불꽃과 같으며 물속의 달과 같고 거울 속의 형상과 같은 것이어서 모두 허망한 생각에서 생기는 것이다. 죄의 성품은 밖에도 있지 않고 안에도 있지 않고 중간에도 있지 않다고 이렇게 모든 비구들을 붓다의 법으로 제도하였다.

유마힐은 깨달음으로써 침묵하였고 입불이(入不二)에 있었다. 붓다는 이 경을 『유마힐소설경』 또는 『불가사의해탈법문』으로 이름 붙였다.

청정무구 맑고 맑아 때가 없는 자리를 마음으로 간주하고 투사를 함께 하면 영원한 생명의 본체를 알게 된다. 생명을 맑히고 밝히고 일깨워 청정법신 자리인 진제를 알면 대 생명을 이룬다. 3일 동안 마음 닦는 공덕은 천 년 보배요, 100년 동안 물질을 탐하는 것은 하루아침의 티끌이다.

화두공안

공문불긍출 空門不肯出 텅 빈 문으로 나가지 않고
투창야대치 投窓也大癡 창문에 부딪치니 참으로 어리석구나
백년찬고지 百年鑽古紙 백 년을 뚫어도 언제 종이를 뚫을고
하일출두품 何日出頭期 어느 날에 벗어날 기약이 있겠는가

화두는 공안이라고도 한다. 공안에는 1,700공안으로 개유불성, 무, 시심마, 권시궐, 부처는 마른 똥 막대기, 정전백수자, 뜰 앞에 잣나무, 부모 미생전, 본래면목, 나 낳기 전 얼굴이 어떻게 생겼는고, 은산철벽, 콧구멍이 없는 소, 판치생모, 판자때기 이빨에 털 났다, 자기의 생명 근원을 찾는 것 등 화두는 다양하다. 번뇌를 끊는 것은 이승이고 번뇌가 일어나지 않는 것은 열반이다.

화두 공부에서 12가지의 병이 있다. 다음과 같음을 알고 다짐해 나가야 한다.

1) 육신이 순간순간 썩어감을 알고 있는가?

2) 목숨이 숨 한 번에 달려있는지를 알고 있는가?

3) 부처나 조사 선지식을 만나고서도 지나쳐 버리지는 않았는가?

4) 공부하는 곳을 떠나지 않고 수도인다운 절개가 있는가?

5) 분주히 시기나 일삼고 있지 않는가?

6) 화두가 어느 때나 항시 들리고 있는가?

7) 보고 듣고 아는 때에도 화두가 순일한가?

8) 대화 중에도 화두가 끊임이 없는가?

9) 안고 눕고 편할 때 지옥의 고통을 생각하고 있는가?

10) 부처와 조사 선지식을 붙잡을 만한가?

11) 육신으로 윤회고를 벗어날 수 있는 자신이 있는가?

12) 유혹이 있어도 자신이 물리칠 수 있는가?

이상의 것들을 잘 알고 화두를 공부해 나가야 한다. 정신을 바짝 차리고 새 생명 찾는 공부를 계속 간단없이 해 나간다. 왜 내가 내 생명을 모르고 살아가고 있는가를 생각하며 발심·분심·의심을 내어 참구하는 화두다. 자기 자신이 가지고 있는 생명을 관하고 맑히고 밝히고 일깨워 생명의 근원을 찾는 공부다. 화두는 자성을 깨닫고 인간 본래의 모습으로 되돌아가게 하는 길이다. 곧 부처님 모습으로 이끌기 위함이고 바로 보고 바로 알고 바로 행하는 길이다.

선은 아는 데서 출발하여 모르는 데 이르는 것이 극치이다. 필경 알고 모르는 것이 없는 것이니, 이문 안에 들어와서는 일체 아는 것을 두지 말라. 이문은 공가공문이기 때문이다. 선은 천상천하에서 가장 높은 것으로 무엇으로도 짝할 것이 없기에 언제나 홀로 외로운 것이니 타를 따르게 되면 자기를 잃고 만다. 안으로 들어갈 곳 없고 밖으로는 더 나아갈 곳조차 없이 머물러 있으면서 더 깊이깊이 자기 대 생명을 찾아보아라.

선은 가끔 삼매 경계를 이루나 면벽이나 은산철벽과는 다른 것이니 언제든지 자기 생명을 잃지 않는 것이다. 잃어버린 삼매는 공이나 무기에 떨어지기 쉽기 때문이다. 생명관은 구경지에 가까워지므로 성성적적하여 평등지에 이른다. 자기 생명 화두는 찾아가는 것이고 챙기는 것이고 일깨우는 것이므로 직관 직시하여 삶과 죽음을 자유롭게 해서 생명의 실상을 깨닫기 위해서다.

일체 경계에 속지 않는 것이 선이니 속지 않는다면 선이라 할 것 또한 없는 것이다. 속게 되면 8만 장경도 모두가 마군의 말이 되고, 속지 않으면 초목과 목석도 모두 진여의 얼굴이요, 새소리 물소리 바람소리 두두물물이 반야가 되고 묘음이 되느니라. 눈으로는 보는 것뿐이라 참을 보지 못하고 귀에는 들리는 것뿐이라 참을 듣지 못하니, 진아로 보고 진아로 듣게 되면 우주와 내가 본래 하나 됨을 알 수 있게 된다.

참선은 일체의 불안과 암흑과 불평등, 시비, 속박, 결박, 노병에서 해방되어 가장 자유롭고 행복하므로 일만법의 의왕이 되는 것이라. 개에게 돌을 던지면 개는 그 돌을 쫓아 물지만 사자에게 돌을 던지면 사자는 돌 던진 사람을 바로 무나니, 선은 도를 무는 개가 아니고 사람을 바로 무는 사자가 되는 것이라. 사량분별이 하나도 없어야 바로 선이다. 일념으로 맹렬히 치달을 때 모든 것이 사라진다. 자기 생명을 깨닫기 위해서는 자기 생명 하나만을 챙겨 나가야 한다.

> 화두를 몸에는 언제나 화두의 옷을 입어야 하고
> 화두를 입으로는 언제나 화두를 씹어야 하며
> 화두를 눈으로는 언제나 화두를 지켜봐야 하고
> 화두를 귀로는 언제나 화두를 들어야 하며
> 화두를 코로는 언제나 화두를 호흡하고
> 화두를 발로는 언제나 화두를 밟고 다녀야 한다.
> 이것이 자기 생명 챙김 공부를 일여하게 지어가는 것이다.

　찾는 행복은 자기 행복이 아니다. 보리도를 이루었을 때 행복이 온다. 보리는 보리 자루인 여래장에서만 얻을 수 있는지라 자기 보리 자루를 이루면 보리는 담겨진다. 보리 자루는 사람에게만 존재한다. 거짓과 허망과 허상을 버리고 새 생명으로 눈을 돌려 나가야 한다. 언제나 보리는 현발하기 때문이다. 이 공부는 대 생명을 깨닫기 위한 공부다. 내가 머문 곳이 안락처 됨을 알기 위한 공부로, 머문 곳에서 써먹기 위한 공부고 내 생명의 고향을 찾아가는 공부다.

> 이 생명이 살아있을 때 부처가 될 수 있는 씨앗이다.
> 이 생명에 애욕이 있는 것이 부처가 될 수 있는 씨앗이다.
> 이 생명에 욕망이 있는 것이 부처가 될 수 있는 씨앗이다.
> 이 생명에 삼독심이 있는 것이 부처가 될 수 있는 씨앗이다.
> 이 생명에 번뇌가 있는 것이 부처가 될 수 있는 씨앗이다.

이 생명에 고통이 있는 것이 부처가 될 수 있는 씨앗이다.

이 생명에 탐욕이 있는 것이 부처가 될 수 있는 씨앗이다.

이 생명에 죽음이 다가오는 것이 부처가 될 수 있는 씨앗이다.

만물을 존중할 줄 아는 것이 부처가 될 수 있는 씨앗이다.

원융사상을 베풀어 인간과 생물을 살상하지 않고 자의든 타의든 생물과 인명을 상하지 않게 하는 것이야말로 사람의 근본이고 대자 대비심이다. 사람은 관계 속에서 태어나서 관계 속에서 살다가 관계 속에서 생을 마무리하게 된다. 참선수행을 통해 지혜바라밀을 어머니로 삼고 방편바라밀을 아버지로 삼아서 구경지에 이르면 한 털구멍에서도 삼천대천 세계와 미진수 세계를 보게 될 것이다.

우리의 생명은 쉬어가는 생명이다. 우리의 인생도 쉬어가는 인생이다. 돈이란 더욱 쉬어가는 도구에 지나칠 뿐이다. 우리의 생명은 천상천하에 홀로 독존독귀하다. 이 생명이 적라라 적쇄쇄하면 맑혀지고 밝혀지고 구경각에 이르므로 곧 무방 반야요 대 생명이다.

화두를 참구하는 데 다음과 같은 병이 있다.

1) 분별로써 헤아리는 것

2) 말길에서 살림살이를 짓는 것

3) 글에서 끌어다가 증거를 삼으려는 것

4) 눈썹을 오르내리고 눈을 끔적거리는 곳을 붙잡고 있는 것

5) 들어 일으키는 곳에서 알아맞히려는 것

6) 모든 것을 다 날려버리고 일 없는 곳에 들어 앉아 있는 것

7) 있다는 것이나 없다는 것으로 아는 것

8) 조급하게 깨치기를 기다리는 것

9) 힘이 위로 치솟아 상기병이 일어나는 것

10) 자기가 자기를 속이고 깨치기를 바라는 것

11) 깨칠려고 하면서 부처님이 되어야겠다는 이기심을 내는 것

　이 11가지 병을 여의고 화두를 참고하여 정신을 바짝 차려 자기 생명을 챙기는 데 철저한 면벽과 은산철벽이 이루어져야 한다. 석가는 6년, 달마는 9년 동안 면벽과 은산철벽에서 독존독귀한 생명 하나를 깨쳤다.

　　있는 것들은 모두 다 비우고

　　모두 다 비웠거든

　　또다시 채우지 말라

　　가진 것들을 모두 다 놓아버리고

　　모두 다 놓았거든

　　또다시 가지지 말라

　　비우고 놓으면 가벼워지고

　　비우고 놓고 가벼운 것까지 비우면

　　더욱 빛이 난다

이차돈과 백률사

나라를 위하여 몸을 죽임은
신하의 큰 절개이오며

임금을 위하여 목숨을 마침은
백성의 바른 의리입니다.

—성자 이차돈 충절표(『삼국유사』중)

이차돈(박염촉)은 우리나라 불교사상 최초의 순교자였다. 벼슬길에 나아가 앞날이 촉망되던 빼어난 젊은 귀족이었건만 그는 왜 현세의 영화를 뿌리치고 아까운 한 목숨을 스스로 버렸을까?

이차돈은 '비상한 사람이 있어야만 비상한 일이 생기는 법'이라면서 서라벌과 신라를 불국정토로 만들기 위해 기꺼이 칼날 아래 목숨을 던지는 순교의 길을 택했다. 비록 가사를 입고 중이 되지는 않았으나 불법승 삼보에 귀의하여 어떤 고승대덕 못지않게 신앙심이 투철한 불제자였고, 그의 살신성인한 순교는 만구(萬句)의 독경 천승(千僧)의 설법보다도 더욱 우렁찬 사자후와 마찬가지였다. 따라서 조선불교 1,700년사에서 이차돈이 차지하는 비중이 그 어떤 고승에 못지않았다고 할 수 있다.

백률사

이차돈이 고귀한 흰 피를 뿌려 신라 불교의 새벽을 밝힌 이적(異蹟)의 순교지인 경주시 북악소금강산 기슭에는 백률사(柏栗寺)가 세워져 있다. 경북 문화재 자료 제4호로 지정된 백률사는 이차돈의 거룩한 순교정신을 기르기 위해 세운 자추사(刺楸寺)의 개명이다.

백률사는 서라벌 오악(五岳) 가운데 북악이었던 소금강산 남쪽 기슭에 있다. 북악 소금강산은 경주 남산보다 훨씬 낮고 규모도 작은 산이지만 정상에 오르면 경주 시가지가 한눈에 내려다보인다. 동쪽으로는 토함산 연봉, 서쪽으로는 옥녀봉과 선도산 남쪽으로는 반월성과 남산 연봉이 천년고도 옛 서라벌을 감싸 안고 빙 둘러서 있다.

백률사 대웅전은 조선 선조 때 중창하고 근래에 재건한 것인데 대웅전 동쪽 암벽에 신라 시대 작품인 칠층탑이 음각되어 있다. 다른 절들과 달리 대웅전 앞에 탑을 세울 자리가 없어서 암벽에 세운 것으로 보이니, 이는 비록 절터가 비좁아도 이 자리가 바로 이차돈의 거룩한 순교를 기념하기 위해 세웠던 그 옛날의 그 절, 자추사 터라는 사실을 말 없는 웅변으로 증명해주는 것이 아닐까?

경주시 인왕동 76번지 국립경주박물관에 백률사 옛 자추사에서 출토된 이차돈 성사의 공양 육각비가 있다. 공양 육각비 일면에는 이차돈 성사의 장엄한 순교 장면이 양각으로 새겨져 있어 참다운 구법 수도자의 길이 얼마나 멀고 험한가를 잘 알려주고 있는 듯하다. 이 공양 석당이 발굴된 곳 근처 어딘가에 이차돈의 무덤이 있을 것이지만 아직까지 밝혀지지 않아 역사의 신비로 남아 있다.

이차돈 성사는 대 생명을 깨달은 성자였다. 서라벌에 절들이 총총히 들어서고 돌탑들이 기러기 떼 지어 날아가듯 하고 집집마다 불상으로 가득 차 서라벌 전체가 광장한 불국토를 이루게 된 것은 이차돈의 거룩한 순교에서였다.

이차돈 순교비

이차돈의 속명은 '박염촉'으로 순교했을 시 그의 나이 27세였다. 부친은 길승(吉升), 조부는 공한(功漢), 증조부는 걸해대왕(乞海大王)으로, 이차돈은 법흥왕의 근시직인 사인 벼슬에 나아가 장래가 촉망되는 빼어난 인품의 젊은이였다. 법흥왕이 불교를 받아들여 절을 세우려고 신하들에게 물었더니 공목(工木) 알공(謁恭) 대신들의 반대의 목소리가 높았다.

이때 이차돈이 법흥왕에게 아뢰었다.

"제가 흥륜사의 절을 짓기 위하여 천경림을 무작위로 벌체한 죄를 빌미로 삼아 제 목을 베신다면 신민(臣民)이 모두 굴복하여 감히 임금님의 뜻을 어기지 못할 것입니다."

"내 뜻은 백성을 이롭게 하려는 것인데 어찌 죄 없는 너를 죽이겠느냐? 너는 비록 공덕을 남기려 하지만 죽을 것까지 있으랴."

"일체를 버리기 어려운 것이 생명이오나 소신이 저녁에 죽어서 아침에 불법이 행해진다면 이 한 생명 아깝지 않겠나이다."

임금이 마침내 그의 뜻을 받아들이며 이르기를

"네가 그렇게 할 수만 있다면 대보살의 행실이라 하겠구나."

하고 크게 감탄했다. 법흥왕이 사방에 형구(刑具)를 벌여놓고 위세를 보이며 신하들을 불러들인 다음 짐짓 노한 척을 했다.

"그대들은 내가 절을 지으려 하는데 고의로 지체시켰다."

이차돈이 왕명이라 하여 절을 세운다는 뜻을 전하자 여러 신하들이 임금에게 와서 간했다. 임금이 이차돈에게 책임을 지워 왕명을 거짓으로 꾸며 전했다며 처형하겠다고 하였다. 모든 신하가 벌벌 떨며 부인하자 법흥왕이 이차돈을 잡아 오라고 시켜 문책했다. 이미 임금과 밀약이 있었던지라 이차돈이 아무런 변명도 하지 않자 임금은 성난 목소리로 이차돈의 목을 치라고 명령했다. 처형을 맡은 형리들이 이차돈을 묶어 끌고 가자 이차돈이 이렇게 맹세를 했다.

"대성법왕이 불법을 일으키려 함으로 내가 신명을 돌보지 않고 이승과 얽힌 인연을 끊고자 하오니 하늘은 상서를 내리시어 두루 인민에게 보이소서."

그리고 옥리가 이차돈의 목을 베자 당연히 붉은 피가 나와야 마땅하거늘 이게 무슨 조홧속인가. 난데없이 젖같이 흰 피가 분수처럼 하늘로 솟구쳐 오르는 것이었다. 모든 사람이 외마디 비명을 지르며 놀라는 사이에 갑자기 하늘이 빛을 잃고 사방이 캄캄해지는 가운데 지진이 일어나듯 땅이 흔들리고 하늘에서 꽃잎들이 비 오듯 무수히 쏟아져 내렸다.

이차돈이 이처럼 전대미문의 장엄한 이적을 일으키며 순교하자 법흥왕은 옷자락으로 눈물을 훔쳤으며 신하들은 진땀으로 속옷을 적셨다. 감천(甘泉)이 갑자기 말라 물고기와 자라들이 다투어 뛰어오르고 곧은 나뭇가지가 부러져 원숭이 떼가 구슬피 울부짖었다. 말고삐를 나란히 하고 놀던 동무들도 서로 돌아보며 애간장이 끊어지듯 피눈물을 흘리며 마치 친부모형제와 사별하듯 애통해하며 이차돈의 관을 뒤따랐다.

백률사 대비관음보살이 있는데 영험하기가 이를 데 없었다. 효소왕 때에 국선 부례랑과 안상이 말갈족에게 잡혀가 말 먹이가 되어있을 때, 그의 부모가 백률사 대비관음보살님께 나아가 빌었다. 여러 날을 기도하던 부모가 갑자기 향탁(香卓) 위에 두 보물이 놓여 있고, 부례랑과 안상이 불상 뒤에 서 있는 것을 발견하였다. 국보인 거문고와 피리의 내력을 왕이 물으니 부례랑과 안상이 피리를 둘로 쪼개어 타고 둥실둥실 떠서 백률사 대비관음보살님 앞에 왔다는 것이다.

52

당시 관음보살님이 밟았던 발자국이 법당 앞에 있다. 신라 삼기로 치던 거문고, 피리를 되찾게 되어 효소왕은 백률사에 마납가사와 금, 은기 밥그릇과 전답을 봉헌했다. 영험했던 관음대비상은 임진왜란 때 대웅전과 함께 불타 소실되었고(백제 '신장'이라는 사람이 조성) 금동약사여래 부처님만이 국보 제28호로 지정되어 현재 국립 경주박물관에 보관·전시되고 있다.

굴불사지 사면석불상

이차돈이 순교할 때 그 머리가 백률사 터에 떨어진 후로 신이기사(神異奇事)한 일로 백률사 소나무는 자르면 새순이 돋아났다고 한다. 이차돈의 고귀한 순교로 인하여 신라 불교는 비로소 입지의 터전을 마련하게 되었고 그의 거룩한 희생정신(생명의 대 해탈)을 바탕으로 역사적인 흥륜사를 창건하였다. 이차돈의 순교 후 시작된 흥륜사에서 진흥왕도 머리를 깎고 중이 되어 '법운(法雲)'이라는 법명을 받았고, 왕비 사도부인

(思道夫人) 박씨도 '묘법니'라는 불명을 받고 영흥사에서 수도하다가 여생을 마쳤다. 왕가의 호불호법으로서 신라는 골골이 절이었고 집집마다 불상이 모셔져 있었다. 신라 왕실의 원찰인 흥륜사 금당에는 10성인의 근상이 모셔져 있다. 10성인은 아도하상·이차돈·혜숙(惠宿)·안함(安舍)·의상(義湘)·표훈(表訓)·사파(蛇巴)·원효(元曉)·혜공(惠空)·자장(慈藏)율사이다.

금동약사여래입상

이차돈 성사의 고귀한 희생정신은 영원한 대 생명이다. 그가 기적까지 보이며 거룩한 순교의 길을 택함으로써 신라 불교는 찬란한 천 년의 불교문화를 꽃피웠고 원효성사, 의상조사, 부설거사 같은 고승대덕을 배출했으며 민중을 위한 민중의 불교로 튼튼한 뿌리를 내렸다. 그로 인해 오늘의 조선불교가 이룩되었고 조선불교는 세계로 맹렬하게 펼쳐 나아가고 있다. 이차돈 성사의 제사(祭祀)일을 추앙하며 (음력 8월 5일)오늘에 이른다.

생명의 진여

생명의 진여는 삶과 죽음을 자유롭게 하는 길이다.

사람은 태어나고 죽고, 죽고 다시 태어난다. 생물도 봄에 나와 가을에 죽고, 가을에 죽었다가 봄에 또다시 태어난다. 사람이나 생물이나 마찬가지 운명이다. 그러나 인간은 생신우생신일신우일신이라야 한다. 인간은 항상 위험하고 불안 속에서 하루하루 살아가는 존재이다. 그러므로 몸과 마음을 칭찬하고 아껴 잘 보살펴 나가야 엄존한 생명이 존중되고 중시되어 경시풍조에서 벗어날 것이다.

심경에서는 안이비설신의 색성향미촉법을 육근육적으로 일컬어 왔다. 이것을 전이하여 육향육친으로 변화하여 간다면 유전인자인 세포가 즐거워할 것이다. 사람의 세포인자는 60조에서 100조에 가까운 조직으로, 뇌세포는 200억에서 1,000억 개에 가깝다고 하니, 생명은 신비하고 신령스러운 불가사의한 것이다.

본디 생명은 나온 곳이 없기에 죽음 또한 없다고 한다. 이 법을 알고자 하는 것이 수행력으로써 얻는 도통인데, 도통이란 막히고 머무르고 그침이 없고 나고 죽음 없는 순환이 원활할 때를 말한다. 수행만 잘한다면 그 수많은 체세포는 즐겁고 편안하므로 몸이 건강해지고 오래 산다. 이것은 생로병사에서 해탈케 하는 것이다.

생명이 밝지 못하고 맑지 못하면 무명이다. 무명은 빛을 잃어버린 죽은 자리다. 생명이 살기 위해서는 빛을 발해야 하고 움직여 주어야만 한다. 현대문명의 병은 육체에 맹신하며 살고 있지만 육체는 지수화풍 사대에 불과하다는 것이다.

문화인일수록 육체적 관심보다 생명 챙김의 마음 관심이 높아져 가고 있는 것이 현실이다. 적정을 이루기 위해서 고요한 곳을 찾아 좌선과 참선을 하면서 어지러운 생각들을 안정시키고 고요를 찾는 것은 시끄러운 세상의 시대적 요청이라 할 수도 있다. 세상은 시끄럽고 어지럽고 바쁘고 빛과 같이 빨라 한 해 두 해는 총알과 같이 덧없이 가고 있어 이것을 무상이라고 한다.

인간 생명은 종잡을 수 없다. 뱃속에서 죽고 나자마자 죽고 자라면서 죽고 질병으로 죽고 사고로 죽고 물리적 인위적으로도 죽고 굶어 죽고 사고로 죽고 타살, 자살, 재난, 재앙, 심지어 천지이변까지 일어나 죽고 전쟁으로 죽고, 살생이 그칠 날이 없다.

생은 멸을 기다리는 생이고 멸은 생을 기다리는 멸이기에 연기법에 의해서 생멸은 자연스럽게 이루어진다고 한다. 윤회 역시 연기법이므로 죽고 살고는 허상이고 그림자일 뿐, 생명의 실상은 살고 죽음이 밤과 낮이 교차하는 과정에 지나지 않는다는 것이다. 생과 사는 차별성이 없다는 말이다. 생신우생신이다.

도가 깊으면 불문문 불견견 무설설(不聞聞 不見見 無說說)이라고 했다.

듣지 않고 듣고 보지 않고 보고 말함이 없이 말한다. 살면서도 삶이 없이 살게 될 때가 무애의 경지다. 생신우생신 일신우일신으로 삶을 살아 항상 새로운 인생·삶·생(生)을 이룩하여 탄생의 기쁨처럼 탄생의 찬탄·생활의 기쁨·사회의 기쁨이 넘치게 될 때에 부모, 자식, 가정이 기쁨 속에서 행복을 이루게 될 것이다. 마음도 새 마음이라면 더욱 기쁨이 넘칠 것이다. 새롭게 태어나는 인생의 삶은 무엇과도 비할 수 없는 참 생명이 되기 때문이다.

'도꾼'이라는 말은 생명 챙김의 공부를 하는 무리를 말한다. 도 닦는 사람이 되고 도 닦는 가정, 사회, 국가, 세계가 되는 때 인류는 하나 되어 광명의 빛이 장엄하게 퍼져 나갈 것이다. 새 정치를 하겠다는 사람도 도꾼으로 살아갈 것을 희망으로 내세운다면 인류가 새로운 길, 새로운 삶, 새 생명으로 나아가 결국 내 생명을 맑히고 밝히는 기폭제가 될 것이다.

생명 챙김의 공부는 사람만이 할 수 있고 사람이 아닌 것들은 접근조차 불가능한 수행 공부이자 도 공부 곧, 마음공부이다. 일체가 유심조인데 따로 수행할 것이 없지 않느냐고 반문할지는 모르나 이럴 수도 있는 자들을 개도하기 위해서 새 생명공부에 접목시키게 된 것이라 할 수 있다. 개암나무는 백 년이 지나도 개암나무일 뿐이다. 개암나무에 단감나무 접을 붙이면 단감을 수확할 것이고 대봉시 나무 접을 붙이면 대봉시를 수확할 것이다. 있는 것을 없애고 새로 심자는 것이 아니고 있는 것을 그대로 두고 개량하는 것이 새 생명공부이다.

수행하는 사람은 무엇보다도 생사관에서 벗어나는 공부를 해야 할 것이다. 생명을 지키는 지킴이가 되어서는 지킴이일 뿐이지만 이런 지킴이에서 뛰어넘는 자만이 대열반인 생사를 해탈하는 공부자가 될 것이다. 도가 깊어가는 사람은 얽매이지 않고 자유를 얻을 것이니, 죽음까지도 무섭게 여기지 아니하고 생신 우생신이므로 그러면 그런대로 저러면 저런대로 이러면 이런대로 여유롭게 편안한 삶을 맞이할 수 있는 것이다.

도인들은 오래 살기도 곧 죽기도 바라지 않겠지만 사는 대로 사는 삶이라서 욕심내어 오래 살기를 희망하지도 않을 것이다. 무심이 도라 한다. 인간의 죽음은 마치 헌 옷을 벗어 던지는 것과 같다고 한다. 헌 옷을 벗어 내고 새 옷을 입었을 때 새 생명으로 태어난다. 헛된 생각, 잡된 생각들은 거울 속의 얼굴이요, 연못에 비치는 달과 같다고 하였다. 실상은 없어져도 없어지지 아니하고, 허상은 있다 하더라도 그림자일 뿐이다.

가지고 있는 짐이 무거울 때 짐을 덜면 가벼워진다. 그것마저도 놓아버리면 밝은 빛이 만유를 다 비추어 베풀고 이익을 준다. 무거운 짐을 지고 100년을 산다 하더라도 집착심에 빼앗기고 생활에 빼앗기다 보면 온갖 고통을 다 받기 때문에 삶은 부질없다. 고통을 받고 살면서도 고통인 줄 모르고 사는 것은 미물과 다를 바가 없다. 시간을 헛되이 보내다가 1년, 10년이 감쪽같이 사라지고 병만 남고 돌아올 수 없는 길을 가고 있는 것이 인간이고 우리들 중생의 삶인 것이다.

선사들은 시간을 금쪽같이 여기고 살라고 하셨다. 흘러가는 시간은 묶어둘 수 없기 때문이다. 묶어둘 수 있다면 얼마나 다행이겠는가? 덧없이 흐르는 시간을 좌선법, 화두법, 참선법으로도 묶어둘 수 없지만 덧없게 보내지도 않는다. 흘러가는 물을 막고 가두어 지체시킬 수만 있으면 더디게 흐를 수도 있다. 우리 인생의 흐름도 지체시킬 수 있는 길이 없지는 않을 것이다. 그러나 의술 개발 등으로 수명을 다소 연장시킬 수는 있다지만 생명이 맑고 밝지 못한 채 100년을 산다면 잘 살았다고 여기는 자가 없을 것이다. 희비애락 고통의 날을 빼면 몇 해 삶에 지나칠 뿐이다.

인간이 바삐 분주하게 산다는 것은 속절없을 뿐이다. 자기 생명을 챙기는 공부로 한가롭게 삶을 살아가는 것도 삶의 지혜일 것이다. 그러면서 고요를 더하여 인생을 돌아가는 시간이 많아질 때, 도 닦는 시간도 높아질 것이다. 비단 오늘과 어제 일이 아니다. 현세 사람들이 좌선, 화두, 참선을 선호하는 경향이 늘어가고 있고 세계 선진국에서도 많은 사람들이 깊은 관심을 갖고 수행법에 익숙해져 가고 있다. 이것은 생명의 중대성을 앞당겨가고 있어 대단히 환영할 만한 현상이라 할 수 있다.

생명공부는 생명을 연장시키는 발로요, 건강을 빛내는 발로이다. 삶의 안정을 도모하고 삶의 가치를 알고 삶의 질을 증진시키는 것은 내 생명을 찾아가는 공부로, 새 생명을 맑히고 밝혀 새 희망과 행복을 이루는 데 목적이 있다. 내가 아니면 이룰 수 없다. 남으로부터 도움은 받을 수 있으나 수행력은 자력, 자증, 자각으로써만 이루어진다.

어미 닭이 알을 22일 품어주기는 하였으나 병아리가 부화하기도 전에 부리로 쪼아주면 알 속에서 죽고 만다. 생명공부 역시 마찬가지이다. 여기에는 대리인이 없다. 부모도 박사도 스승도 선생도 성인도 대신 해 줄 수 없다. 모든 것은 자신에게 있을 뿐이다. 금구성언일지라도 먹어보지 않고는 차고 뜨겁고 맵고 짜고 싱거운 줄도 모르며 맛도 모른다.

실제 고통이나 괴로움, 어려움 내지 사경을 겪어보지 못한 사람은 인생의 무상을 모른다. 극단적인 경우 즉, 죽음에 당도했을 경우나 죽었다가 다시 태어났을 경우에만 삶의 중대함을 깨닫고 이 생명 하나가 얼마나 존귀하고 귀중한가를 깨닫게 될 것이다.

내 생명이 지구상에 단 하나뿐이라는 것을 인지한 사람은 이 공부를 아니할 수 없다. 이 공부는 생사가 넘보지 못하고 저승사자들도 넘나들지 못하는 자금광이다. 생명이 있는 모든 것들은 살기를 포기하지는 않는다. 살기 위해서 살아갈 뿐이다. 다만 수행력으로 공문, 공가, 공심에 젖어있게 될 때에 성인들을 선각자를 비로소 인지하며 밝고 맑게 살아가기를 희망하게 될 것이다.

수행력은 시장바닥에서 놀기 위함이고 죽을 때 써먹기 위함이라고 하였다. 남의 일이 아니고 내 일이다. 천상 복을 받고 삼악도(지옥도, 아귀도, 축생도)를 벗어난다 하더라도 복업이 다 했을 때는 어떤 사람도 어쩌지 못하게 될 것이다. 붓다는 생사고를 해탈하여 극락세계를 이루어 때로는 마음을 놓아버리라고까지 한다. 하지만 놓아버리지 못하는 것이 중생심이라 할 수 있다.

생명공부나 마음공부는 성령도 놓아버리기가 쉽지 않는 공부여서, '물고기가 그물을 벗어났더라 하더라도 물에 걸리고 만다'는 말에 비유까지 했다. 해탈했다면 해탈에 걸리고 만다는 말일 것이다. 행복하다면 행복에 젖어 있다는 것과 같다. 즉, 행복의 개념을 어디에 둘 것이냐 하는 것이다. 그것은 각자에게 맡길 뿐이다.

거지가 행복할 수도 있고 왕자가 행복할 수도 있고, 무자식이 행복할 수도 있고 유자식이 행복할 수도 있고, 유식한 자가 행복할 수도 있고 무식한 자가 행복할 수도 있는 것이다. 향락에서 행복을 느끼는 자도 있고 고독을 씹으며 행복을 느끼는 자도 있는 것이다.

행복은 찾아오는 것이 아니고 이루어 나가면 이루어지는 것일 뿐이다.

수행하는 것은 생명의 진여를 찾기 위해 하는 것

1) 오욕 속에서 참선함은 지혜로운 힘이고, 불 속에서 피는 연꽃이 시들지 않듯이
2) 철저한 면벽, 철저한 은산철벽으로 무극에 이르러야 유가 되는 것
3) 인간 혁명을 일으켜 인간 개조에 들어
4) 생명공부는 내 생명을 맑히고 밝혀 구경각을 이루고
5) 일체가 유심조가 될 수 있는 자성 성불이며
6) 인간 삶을 걸림이 없는 무방 반야로 가자는 생명 삶의 진여인 실체를 얻기 위함이다.

오장육부가 건강하고 오장육부를 잘 보호하고 몸과 마음이 하나 되어 계합해 가, 심신이 통일 신통자재하며 현실 직관의 힘을 길러 능력과 자질이 함양될 때 인격 완성자가 될 것이다. 좋은 일은 다투어 하고, 했거든 반복하고 더하며, 남이 좋은 일을 했거든 거들고 칭찬으로 답례하는 자가 인격자이다.

이와 함께 진리에서 살다가 진리에서 가고 진리에서 다시 오게 되는 날, 유정·무정·유형·무형이 함께하게 될 것이다. 이것도 건강이 있을

때 하는 것이다. 내 생명이 있어 찬양하고 칭찬하고 독존 독귀함을 잘 쓰게 될 때, 저승사자나 136지옥을 임의자재로 하고 지옥·천당·극락·해탈도 이름에 불과하다고 공가는 3,000년에 발설하셨다. 공문, 공가, 공심에서는 생로병사·심령·무상·무아가 없는 뿌리조차도 빈말이라고 선각자는 말했다.

전지전능한 힘만을 믿을 것이 아니다. 부활도 해탈도 행복 추구도 자기에게 있다. 예수나 붓다, 종교나 철학에서도 생명의 진여를 찾아낼 수 없다. 살아 있는 동안만이라도 지나친 탐욕을 갖지 않고 적을 두지 않고 따뜻한 마음으로 서로 융화하여, 헛되게 살지 않고 무심하게 웃고 즐기며 아름답게 세상을 살아감도 무방한 삶이 될 것이다.

초연한다는 것은 쉬운 것이 아니다. 결박, 속박되지 않고 자기 생명에 눈을 떠 간다면 세상이 요동친다 할지라도 괜찮은 인생살이가 될 것이다. 선사들은 무대에서 연주 한 번 잘 하고 내려오면 된다고 했는데, 연극까지는 못 보여줄지라도 자기 생명에게 눈을 떠 나가는 삶을 이루자는 뜻이 내포하고 있을 것이다.

목욕탕을 드나들듯이 새로운 기분에서 새롭게 출발하는 삶이 연극무대를 장식할 것이다. 인생은 별것 아니다. 연극 한 번 잘 하고 살다가 가는 것이다. 선사들 역시 연극을 잘 펼치고 가신 분들이 참으로 많다. 신라 때 원효성사가 그러했고 조선시대에는 진묵대사와 경허선사와 경봉선사가 그러했으리라. 거사들로 치자면 인도의 유마거사가 그러했고 중국의 방거사가 그러했고 신라의 부설거사가 그러했으리라. 이런 대연극을 멋지게 펼쳐 잘 살다 간 자가 대 생명자요, 무방 반야의 삶이었으리라.

보리(菩提)

자기 생명의 실상을 찾는 시점에서부터 보리 자루를 이루는 것이니 삼독번뇌와 무지와 악한 불선은 존재할 수가 없는 것이다. 가마니 백천 개를 짜는 것보다 보리 자루 단 하나만 짜놓으면

1) 건강을 챙겨 몸을 잘 관리하고 유지할 수 있고

2) 삼독번뇌를 벗어 적정에 이를 수 있고

3) 아내와 남편 자식이 건강하고 화평하며

4) 사무량심과 사성제를 밝혀 사람과 대화가 원만해지고

5) 팔정도 육바라밀의 눈으로 자기 생명을 지키면서 중생의 고통을 구제하게 된다.

6) 보리 자루에 공들이면 보리를 얻어 자기 행복을 영유할 수 있다.

7) 자기 자신에 있는 생명을 깨치면 반야지혜가 가득하여 자유롭다.

8) 보리 자루는 고요한 생명과 대 안락을 담는 곳이니 이것, 저 것, 그것까지 다 포함해도 줄거나 늘지 않는다.

9) 몸과 마음을 깨달으면 보리인데, 이는 몸으로 얻을 수 없고 마음으로도 얻을 수 없다. 보리는 적멸이라 다음과 같이 참 모습을 성명한다.

분별의 소견을 없애 모든 법의 상을 없앤다. 관찰이란 상대의 경계를 관찰하는 것이기에 연에서 생기는 것이 상대임에 반하며 보리는 절대 임을 말한다. 행동은 작용에서 나온 것이기에 작용이 없으면 곧 행동도 없다. 그러므로 행이 없는 절대의 경계에서 기억이나 생각을 초월하여 62종 외도들의 삿된 견해와 집착이 끊어진다. 이러한 삿된 견해가 끊 어지면 보리는 허망한 생각과 화합하지 않아서 이 허망한 생각에서 멀 리 벗어난다.

보리는 본래부터 그러한 것이어서 모든 욕망으로 구속할 수 없다. 그 러므로 보리는 본연한 것이라 원과 욕망으로 구해지는 것이 아니다. 반 드시 원과 욕망을 끊어야 보리를 얻을 수 있다. 본래의 모양을 수순하 는 것을 여라 한다. 이 여가 곧 보리다. 보리는 여에 수순하기 때문에 법성이 항상 머물러 있어서 변하지 아니한다. 참모습인 저 언덕에 이르 는 것이 보리이니, 보리라야 생명의 실상에 이르기 때문이다. 이 법성 이나 참모습은 하늘과 땅의 참모습이어서 절대인 미묘한 이치이기 때 문에 차별이 없다는 것이다.

의식과 법을 벗어나는 것이 보리다. 의식이라는 것은 눈, 귀, 코, 혀, 몸, 뜻에서 생기는 여섯 가지 의식을 말함이요, 법이라 함은 빛깔, 소리, 냄새, 맛, 촉감, 법의 여섯 가지의 경계를 말함이다. 이 여섯 가지 의식과 여섯 가지 경계를 따로 보지 않는 불이의 곳에 해탈이 있다고 본 것이다. 의식과 법은 다르다. 그런데 보리에는 작용이 없다. 그러니 무슨 법이라 하겠는가. 생명뿐이다. 열반과 생사를 동일하게 보는 것이 보리다. 하늘과 땅이 한 모양이고 만물이 한 손가락이어서 크게 관찰하면 모두 평등하기가 허공과 같다. 그런데 우리들이 차별로 보는 것은 보리를 떠났기 때문이다.

　승조는 말하기를 평등한테는 작용이 없다고 한다. 그러므로 평등하지 않는 것이 없다. 무위인에는 나고 머물고 멸하는 것이 없다. 중생들의 작용 일으킴을 아는 것이 보리다. 위의 것은 보리의 고요한 측면을 말함이다. 그러나 보리는 그 작용이 있기에 움직이는 측면도 있다. 승조는 보리는 유가 아니므로 나고 죽음이 없다고 했다. 그러나 보리는 무도 아니다. 그러기에 중생들의 작용함을 뚜렷하게 안다. 보리는 작용으로 구하는 것이 아니고 몸으로써 구하는 것도 아니다. 그러므로 보리는 말로써 나타낼 수가 없다.

　수행은 보리 자루를 만드는 철저한 과정이다. 보리 자루는 열반과 보리만을 담을 수 있는 자루이므로 욕망, 탐애, 진애, 이기심은 담지 않는다. 오직 평등, 무아, 연기인 수행력만을 담을 뿐이다. 고행 정진력은 오직 보리 자루를 이루어 보리심을 가득 채워서 자타가 이로움을 함께 하는 대승 사상이다. 곧 대 생명이다. 보리를 깨달은 보리는 머물러 있을 새가 없다.

　대비관음보살의 천수 천안이 그렇다. 방거사는 후손들에게 빈껍데기 가마니를 전할 수 없다 하여 천만 수레나 되는 재산을 동정호에 모두

가라 앉혀 버렸다. 보리 자루만을 오늘날의 사람들에게 대물림 해준 것이다.

돈이 제아무리 많다 하더라도 모두 빈껍데기 가마니에 불과하다. 본인만이 갖고 태어났고 본인만이 길러온 생명을 깨닫고 그 생명을 대물림하는 것이 무방 반야의 대물림이다. 자기 생명을 모르고 외면한 채 살아간다면 빈껍데기 삶일 뿐이다.

우리는 생명의 실체에 대해서는 무관심으로 살고 있다. 얼마나 위태롭고 무서운 삶을 살아가고 있는가. 재물 얻기에는 지나칠 정도로 공을 들여왔지만 진짜 자기 생명에게는 눈 한 번 떠본 바 없고 공들여 온 바가 전무라 할 수 있다. 그러면서도 몸뚱이 어느 한 곳이라도 괴롭고 아프다 싶으면 온갖 괴로움과 아픔을 폭발시키고 이웃 사람들에게까지 괴로움을 안겨주는 난리를 피운다. 본인의 괴로움이야 오죽하겠는가?

몸뚱이는 지수화풍으로 만들어졌다고 했다. 지수화풍에게만 공들여 보았자 허상과 허무뿐이고 아상, 인상, 중생상, 수사상 4상이 곁들여 있으니 고통과 괴로움뿐이다. 여기에는 처방도 없고 약도 없다. 그러기에 자기 생명의 실체에 눈을 뜨라는 것이 반야심경이다.

생명에 눈을 돌리고 구경지에 이르기를 갈구하는 자가 참다운 불자라 할 수 있다. 불자는 수도가 목적이다. 수행 수도를 행함은 어려운 때를 위해서이므로 사람이라 하면 수행 수도하며 일상생활에 임하는 것이 진실한 삶이라 할 수 있다. 행주좌와에서도 나의 생명을 염주 알 꿰듯이 꿰어 간다면 마음도 평온하고 몸도 건강해지고 튼튼한 생명으로 인생 삶을 행복하게 잘 살아갈 수 있다고 했다. 이 삶이 극락의 삶이다.

누구나 잘 살아가기를 발원하지만 뜻대로 되지 않는 것은 자기 생명에게 공들이지 않고 생명공부도 해온 바 없으므로 생사가 무서울 뿐이기 때문이다. 온 세상이 빈껍데기 가마니만 채우기에 혈안이 되어 치열한 싸움판이 벌어져 가고 있으니, 현실이 참으로 가관이다.

마치 흙사자들이 노루 한 마리를 잡아놓고 으르렁거리면서 맹렬하게 싸우다가 먹어보지도 못하고 깊은 호수 속에 빠진 후로부터 종적을 찾아볼 수 없는 것과 같다. 어찌 인생을 흙사자 노릇하다 갈 것인가. 후손에게 대물림해줄 것이 없어서 허구한 것 다 빼놓고 빈껍데기 재물만을 탐하여 일생을 다 불살라 버리고 있는 것이 참혹할 뿐이다. 참혹한 삶에서 허덕이지만 말고 깊이깊이 궁구해 볼 일이다.

붓다를 신(信)하고 수행 수도 정진해 간다면 지족함을 얻어서 나아가서는 생로병사에서 벗어나고 대 생명을 성취하게 될 것이다. 근세는 생명의 존엄성을 잘 알면서도 외면하고 살아가는 세상이 되고 있다. 흔해빠진 빈껍데기 가마니가 아닌 보리를 담을 수 있는 보리 자루를 짜서 자손들에게 대물림 해주는 자가 현명한 자라 할 수 있겠다. 너 나 할 것 없이 편안하고 행복하게 잘 살아가는 세상이 이루어진다면 백천 세계가 평등하고 세계가 정토화되는 날이 올 것이다.

단 하루를 살아간다 할지라도 보리생을 깨닫고 진리에서 살다가 진리에서 가는 것이 우리 인간의 최상목적이라 할 수 있다.

바라밀의 도

가히 공이라는 것은 진공이 아니며 가히 색이라는 것은 진색이 아니다. 진색은 무형이며 진공은 무명이니 무명은 모든 이름의 아버지요, 무색은 모든 무색의 어머니다. 만물의 근원이며 천지의 태초다. 진이란 가히 없고 여울도 없고 짝할 것도 없고 가장자리도 없고 처소도 없고 그러면서 능히 만물의 조종(祖宗)이 된다.

눈으로 보는 게 아니며 귀로 듣는 게 아니며 형색도 아니며 환상의 형도 아니며 능히 삼계의 근본이 된다. 허망하지 않음을 말한다. 유란 속이 망하고 무란 오래 가는 것이니 천지가 비록 변하나 허공은 홀로 항상 하다. 도를 배우는 자는 무여를 익히고 도를 배우지 않는 자는 유여를 익히나니, 무여는 도에 가깝고 유여는 도와 멀리 있다. 결국은 무너질 줄 알며, 없음은 영원히 무너지지 않음도 없는 것이며 있고 없음을 보지 않아야 성상(性相)이 여여(如如)하며 고요히 만물이 없는 데서 작용이 나온다.

즉, 도란 뿌리가 없고 비고 맑아 영원히 존재한다. 몸이 없고 미묘하여 항상 진실하고 무사하여 고금에 항상 귀한 것이며, 무심하여 만물에 원만하게 갖추었고 무상무형 무사무의 무심하여 모든 종류를 다 이익하게 하니 가히 일체만물이 손님 아닌 것이 없기 때문에 즉, 도가 주인이다.

대개 만물은 짝이 있지만 도는 홀로 높아 그의 다른 짝이 없다. 안으로도 밖으로도 없으나 크게 하나로 포함하며 아득한 허공에 벌려 있고 만물에 두루 갖추어 있다. 그 형상은 안도 아니고 바깥도 아니며 작은 것도 아니고 큰 것도 아니며 하나도 아니고 다른 것도 아니며 밝지도 않고 어둡지도 않으며 생도 아니고 멸도 아니며 거칠지도 않고 세밀하지도 않으며 공도 유도 아니며 열림도 아니요 닫힘도 아니며 위도 아니고 아래도 아니며 이룸도 아니고 무너짐도 아니며 움직임도 아니고 고요함도 아니며 오는 것도 아니고 가는 것도 아니며 깊은 것도 아니고 얕은 것도 아니며 어리석음도 아니고 슬기로움도 아니며 어김도 아니고 순종도 아니고 통한 것도 아니고 막힌 것도 아니며 가난함도 아니고 부유함도 아니며 새 것도 아니고 헌 것도 아니며 좋은 것도 아니고 나쁜 것도 아니며 강한 것도 아니고 부드러운 것도 아니며 혼자도 아니고 상대도 아니며 이것도 아니고 저것도 아니다.

소위 그러면서도 안으로 말하면 법계를 포함하여 동하고 밖으로 말하면 모든 형상에 실어 응한다. 그 작은 것으로 말하자니 먼 우주까지 포함되고 그걸 크다 하자니 먼지 속에도 들어가며 그걸 하나라 하자니 각각 모든 바탕에 맡겨져 있고 그걸 각각 다른 것이라 하자니 철저히 밝게 비추며 그걸 생이라 하자니 형상이 없고 그걸 멸한 것이라 하자니 진로(塵虜; 먼지 같이 가는 짓)에도 묶여 있고 가늘다 하자니 산악(山嶽)같은 몸이고 그걸 공이라 하자니 만 가지 작용이 그 가운데 있고 그걸 유라 하자니 고요히 형용이 없고 그걸 열림이라 하자니 먼지 하나 들어갈 수 없고 닫힘이라 하자니 뜻이 끝이 나오며 위라 하자니 평등하여 무상이며 아래라 하자니 만물이 능히 비할 바 아니며 그것을 이룸(成)이라 하자니 별들처럼 흩어졌고 무너짐이라 하자니 예부터 항상 있었으며 움직임이라 하자니 맑고 무겁게 응결되었고 고요함이라 하자니 만물에 함께 솟구치고 오는 것이라 하자니 가는 것은 사양 않고 가는 것이라 하자니 만물에 응하여 돌아오고 깊은 것이라 하자니 만물에 함께 맡기고 얕은 것이라 하자니 그 뿌리를 찾을 수 없고 어리석음이라 하자니 계책을 만 가지로 쓰며 슬기롭다 하자니 적막하여 남음이 없고 어김이라 하자니 신의(信依)가 있고 순종이라 하자니 만물에 존례가 없으며 통하는 것이라 하자니 작은 자취도 통달함이 없으며 막힘이라 하자니 출입이 허용되고 가난함이라 하자니 만 덕과 천 가지 보배며 부유함이라 하자니 크게 비어 아무것도 없고 새로운 것이라 하자니 예부터 숙인이며 옛 것이라 하자니 만물이 더럽히지 못하고 좋은 것이라 하자니 만물이 가히 보전할 것이 없으며 헌 것이라 하자니 만물이 시초부터 의지했으며 강하다 하자니 꺾어도 상하지 않고 부드럽다 하자니 힘으로 굽히지 못하며 혼자라 하자니 항사(恒沙)같이 많은 족속이며 상대가 있다 하자니 참으로 하나뿐이라.

그러므로 도는 간단히 말한 것임에도 어찌 끝까지 말할 수 있겠는가?

시대는 변천하고 변화하지만 생명만은 변천하고 변화함이 없이 오직 오롯하다. 그렇지만 우리 생명은 시시각각 때때로 살고 있다. 생명은 물과 같고 바람과 같고 태양과도 같다.

물건은 긴 것도 있고 짧은 것도 있고 넓은 것도 있고 좁은 것도 있다. 긴 것은 짧게 못 써 허물이고 짧은 것은 길게 못 써 허물이지만 황새 다리가 길다고 오리 다리를 잘라 붙여도 못 쓰고 오리 다리가 짧다고 황새 다리를 잘라다 오리 다리에 붙여도 못 쓴다. 긴 것은 긴 것대로 짧은 것은 짧은 것대로 쓴다. 넓은 것은 좁지 못하고 좁은 것은 넓지 못하여 넓은 것은 좁게 쓰지 못해서 허물이고 좁은 것은 넓게 쓰지 못해 허물이다. 바다가 넓다고 산골짜기가 될 수 없고 산골짜기가 좁다고 바다가 될 수 없고 바다가 넓다고 산골짜기가 될 수 없다. 넓으면 넓은 대로 좁으면 좁은 대로 그러면 그런 대로 저러면 저런 대로 쓴다. 그러면 그런 대로 저러면 저런 대로 조금도 시기와 반목과 적대감과 이질감이 없고 아무런 장애를 받지도 않는다.

그러면 생물들은 어떠한가? 생물 역시 똑같은 이치에 의해 살아가고 있다. 우리 인간은 어떻게 살아가고 있는가? 인간의 삶은 시기와 질투, 반목감, 이질감, 적대감, 대립 양상으로 치닫고 있다. 평등하지 못하고 양극단에 놓여 있다. 우리는 우리끼리 민족은 민족끼리 인류는 인류끼리 가정은 가정끼리 사회는 사회끼리 국가는 국가끼리 끼리끼리 살고 있다.

자연은 자연대로 인류는 인류대로 시기, 반목, 적대, 대립 양상은 있을 수가 없는 세계인 것이다. 그러므로 공존공영, 공생상생, 생명 중시에 따라 생물과 인간이 한 점 차이점이 없는 생명이다.

인류가 대립과 적대감에 치닫는 것은 생명 존중에 위배된다. 인류를 삶의 장으로 생상하기 위해서는 새 생명을 맑히고 밝히며 일깨워야 한다. 왜냐하면 내 생명이 존귀함을 알기 때문에 남의 생명이 귀중하고 존귀함을 알고, 남의 생명을 내 생명과 같이 사랑하고 칭찬할 수 있기 때문이다. 새 생명을 찾아간다면 심신이 정화된다.

이 길이 붓다의 생명 존중과 생명존중사상이고 가르침이다.

생명이란 삼세(과거, 현재, 미래)에 존재하고 있고 여여 부동한 것이다. 때문에 나는, 우리는, 민족은, 인류는 불연(不然) 그대로 귀일이고 일여인 것이다. 공존공영 공생만이 있을 뿐이다. 『금강경』에서 과거심 불가득 현재심 불가득 미래심 불가득이라 붓다께서 말씀하셨다.

석가모니의 사상 이념은 생명존중사상이며 평등사상이다. 이미 3,000년 전에 천상천하유아독존임을 깨달으시고 생명의 독존 독귀함을 깨치시고 만유에게 선포하셨다. 첫째가 생명존중으로, 이렇게 큰 위대성을 인류에게 유포하셨음에도 진리에는 아랑곳하지 않고 있는 것이 우리들 중생이다. 독존 독귀한 사람의 이 생명을 자포자기하고 싶은 사람은 단 한 사람도 없다. 단 하나뿐인 생명을 위해서 참다운 생명을 알고 살아가는 것이 평화와 행복의 삶이라 할 것이다.

이 생명은 과학의 힘으로도 탄생시킬 수 없다. 자의든 타의든 물리적이든 무작위든 살상하는 행위는 없어야 한다. 생명을 존속하고 보존해야 하는 인류의 책임과 의무가 총동원되어야 하며 전쟁이나 핵무기로 전멸하는 일은 없어야 할 것이다. 때문에 전 인류를 20~30번이나 죽이고도 남아도는 핵은 전폐시켜야 마땅하다. 생명은 언제 어디서나 평등하기 때문이다. 그러함에도 현대의 핵무기의 양은 인류 70억 명을 20~30번이나 멸살하고도 남아돈다고 하니, 작은 살상도 용납하지 않는 세상에 핵무기는 전폐하고 생명존중에 대한 정책을 펼쳐 나가야 한다.

2장
생명의 시

백발가(白髮歌)

   슬프고도 슬프도다 어찌하여 슬프던고 이세월이 견고한줄 태산같이 바라더니 백년광음 못다가서 백발되니 슬프도다. 어화청춘 소년들아 백발노인 웃지마소 덧없이 가는세월 낸들아니 늙을소냐 적은듯 늙는 것이 한심하고 슬프도다. 소문없이 오는백발 귀밑에 의막하고 청좌없이 오는백발 털끝마다 점고하네 이리저리 생각한듯 오는백발 금할소냐. 위풍으로 제어하면 겁을내여 아니올까. 근력으로 쫓아보면 무안하여 아니올까. 욕을하여 거절하면 노염내여 아니올까. 드는칼로 냅다치면 혼이나서 아니올까. 휘장으로 가리오면 보지못해 아니올까. 소진장의 구변으로 달래보면 아니올까. 석숭이의 억만재로 인정쓰면 아니올까. 좋은술을 많이빚어 권하오면 아니올까. 만반진수 차려놓고 빌어보면 아니올까.

   할수없다 저백발은 사람마다 겪는다. 인생부득항소년(人生不得恒少年)은 풍월중의 명담이라 삼천갑자동방삭(三千甲子東方朔)은 전생후생초문(前生後生初聞)이요 팔백년을 사는팽조 고문금문(古聞今聞) 또있는가. 부유

같은 이 세상에 초로(草露)같은 우리인생 물위의 거품이요 위수의 부평이라 칠팔십을 살더라도 일장춘몽(一場春夢) 꿈이로다. 이내몸은 늙어지면 다시젊기 어렵도다. 창일이 글자낼제 가증하다 늙을로자 진시황 분서시에 타지않고 남아있어 의미없고 사정없이 세상사람 늙기는고. 늙기도 설은중에 모양조차 늙어지네.

꽃과같이 곱던얼굴 검버섯은 웬일이며 옥과같이 희던살결 광대등걸 되었구나. 삼단같이 기른머리 불안당이 처갔으며 볼다귀에 있든 살이 마귀할미 꾸어갔나 샛별같이 밝든 눈이 반장님이 되었으며 거울같이 밝은귀가 절벽강산 되어가네 밥먹을제 볼작시면 아래턱이 코를차고 정강이를 것고보면 비수같이 날이서고 팔대기를 것고보면 수양버들 늘어졌네 무삼서름 쌓였는지 눈물조차 흘러지고 추워한기 들었는지 콧물조차 흐르도다. 떡가루를 칠했는지 체머리는 무삼일고 지팡이를 짚었으니 등짐장사 하였는가 묵묵무언(默默無言) 앉았으나 부처님이 되었는가 정신이 혼미하니 총명인물 있을소냐 남의말을 참례할지 동문서답(東問西答) 답답하고 집안일을 분별할제 딴전이 일수로다. 그 중에도 먹으려고 비육불포 노래하고 그 중에도 입으려고 비백불난(非帛不煖) 말만하네 누가주어 늙었는지 자질(子姪)보면 떼만쓰고 소년보면 자세하야 언듯하면 성만내고 예사말을 하것마는 건듯하면 서러하며 육십갑자 꼽아보니 덧없이 돌아오고 사시절을 살펴보니 빠르게도 돌아간다.

늙을수록 분한말은 다할 수가 바이없네 편작이를 다려다가 늙는병을 고쳐볼까 염라왕께 소지하야 늙지말게 하야볼가 주사야탁(晝思夜度) 생각하나 늙지말게 할수없네. 어화답답 서른지고 또한말 들어보소 꽃이라도 늙어지면 오든 나비도 도로가고 나무라도 병이들면 눈먼새도 아니오고 비단옷도 해여지면 물걸레로 돌아가고 좋은음식 쉬여지면 수채구렁 찾아가네 세상사를 굽어보니 만사도시 몽중이라 어젯날 청춘 때에 없든벗이 찾아와서 주란화각 높은집에 화조월석(花朝月夕) 모여앉아 술맛도 아름답고 안주도 찬란하다 백옥반 교자상에 차례로 느러앉아 잡거니 권하거니 몇순배가 돌아오나 패가자제 난봉축과 화류심방 무뢰배(花柳尋訪無賴輩)가 좋은일을 하는듯이 날마다 모이면서 경가파산(傾家破産) 하고라도 휘주잡기 오입하며 이렇듯이 세월보내 매일장취 오랠런가 봉제사가 꿈밖이라 빈궁친척 구제하며 처차권속 생각할까. 집안이라 돌아보니 저녁거리 간데없고 사당문을 열고보면 향로조차 간데없고 신주볼을 볼작시면 삼년묵은 먼지로다 딴방이라 들어가니 늙은아내 몽당치마 어린자식 발을 벗고 밥달라고 우지지니 금수가 아니거든 차마어찌 모양보리.

어화청춘 소년들아 또할말을 들어보소 가련할사 모든사람 잠잘줄도 모르고서 풍우한서불염(風雨寒暑不厭)하여 안비(眼鼻)를 막개(莫開)하고 자고새면 하는일이 남속이기 일삼으니 천출생시(天出生時) 생긴성품 제절로 글러지네. 농사는 근본이라 천하에 대사언만 불의향사 뜻을두어 놀고먹고 입으려고 광언망담(狂言妄談) 지어내여 혹세무민(惑世誣民) 일삼는다. 묵은탐심 일워다가 이욕에만 골몰하여 오륜삼강(五倫三綱) 몰라보고 주야없이 죄만짓네 백발되여 뉘우친들 후회막급 어찌할가 이세월이 견고할줄 허랑방탕 노닐다가 늙는줄도 몰랐구나 안수정등(岸水井藤) 잠간이니 젊었을때 고향하소.

애고답답 서른지고 늙기설워 어쩌하리 조석상대 하든권속 부운같이 흩어져서 제절로 독부(獨夫)되니 허회탄식 뿐이로다. 부럽도다 소년들

아 젊었을때 덕을닦소 빈객삼천맹상군(賓客三千孟嘗君)도 죽어지면 자최
없고 백자천손곽분양(百子千孫郭汾陽)도 죽어지면 허사로다 영운인들 늙
지않고 호걸인들 죽잖을까. 영웅도 자랑말고 호걸도 말을마소 만고영
웅 진시황도 여산추초 잠들었고 글잘하는 이태백도 기경상천 하여있
고 천하명장 초패왕도 오강월야흔적(烏江月夜痕跡)없고 구선하든 한문제
도 분수추풍 한탄이라 천하명의편작(天下名醫扁鵲)이도 죽기를 못면하고
만고일부석숭(萬古一富石崇)이도 할수없이 돌아가니 억조창생 만민들아
이내일신 젊었을제 선한공덕 어서하소.

일사일생공(一死一生空)한 것을 어찌하여 면할손가 가련하고 한심하다
오는일을 어찌하리 백발이 재촉하니 갈길을 생각하소 아마도 이세상
에 선심하고 돌아가소 남에게도 인심얻고 친척에게 화목하소 인간칠
십 살지라도 지은공덕 없어 좋은일이 얼마든고 속절없이 지내다가 황
천에 돌아간들 무엇갖어 저항하리. 그렁저렁 지내다가 세월을 몰랐구
나 북창청풍명월하(北窓淸風明月下)에 다된백발 어이하리. 어젯날 청춘몸
이 오늘날 수족없어 한구석에 앉았으니 누가그리 알아줄가 생각하고
생각하니 절통하고 원통하다 이한몸이 돌아가면 다시오기 어렵도다.
집을잃고 돌아간들 어디가서 의지하리 다시금 생각하니 청춘시절 뉘
우친다.

천만년을 살줄알고 걱정없이 지내다가 오늘날 생각하니 세상일이 가
소롭다. 진세오욕탐착(塵世五慾貪着)말고 선심공덕 어서하소. 이말저말
도시말고 후생로자(後生路子) 작만한후 극락세계 들어가서 구품연대 구
경하세 이세월을 허송타가 서산낙일(西山落日) 다된후에 무간옥이 나타
나면 후회막급 쓸데없고 처자권속 쓸데없고 친구벗도 쓸데없고 구산

같은 금은옥백 이지경에 쓸데없네. 인생일세탄생(人生一世誕生)하여 지은공덕 바이없이 부귀공명 바라오며 자손명달 희망할까 금세부귀 하느니는 선세적덕(先世積德) 그아닌가 악한죄를 짓지말고 마음닦아 선심하야 극락세계 들어가세 저세계를 들어가면 청춘백발 도시없고 생로병사(生老病死) 끊어지며 장생불사(長生不死) 하신다니 어서가세 어서가세 극락세계 어서가세.

생명의 진상

눈이 있어도 보지 못하고
귀가 있어도 듣지 못하네
눈이 없어서 보지 못하고
귀가 없어서 듣지 못하네
입이 있어도 말 못하고
입이 없어서 말 못하고
발이 있어도 오가지 못하고
발이 없어서 오가지 못하네
크게 미련하여 아무것도 몰라라

생명이 불

생명도 아니고 불도 아니다
생명을 보면 생명도 아니라오
부처를 깨달으면 부처도 아니라네
그러나 또한 생명이 아니라도 생명
부처가 아니라도 부처인 걸
생명도 불도 그만두어라
생명 아님도 불 아님도 말하지 마라
하늘에서 꽃비가 날고
초목은 푸르기만 하구나

본래면목

푸르고 먼 하늘 넓고 아득한 땅

높은 산 깊은 바다 붉은 꽃 푸른 버들

그 어느 것이 임의 얼굴 아니리

꾀꼬리 노래 제비 말

부엉이 두견이 개구리 울음

바람 소리 불 소리

그 어느 것이 임의 소리 아니리오

천지에 명랑한 태양

태양에 빛나는 사금파리

십오야 밝은 달

거리에 휘황찬란한 불빛

풀 속에 반짝이는 반디

그 어느 것이 임의 빛이 아니오리

뭉게뭉게 타오르는 백단향 전단향

아침 이슬 머금은 장미화

영산홍 진달래

진흙 속에서 솟아 피는 백연 홍연

그 어느 것 하나, 임의 향기가 아니오라

오욕에 빠져 즐기는 중생들아

너 즐기는 것 화택임을 알아라

내 가슴에 타는 불이 꺼져서

네 눈이 걸림 없이 밝아서

임의 얼굴을 친견하리라

육근에 종노릇하는 인생들아

종소리 들으면 북소리에 어둡고

피리소리 들으며 물소리에 막히나니

네가 가진 모든 것 버리라

고금에 한 소리 밖에 없나니

이러고야 임의 소리를 들으리라

사랑과 미움과 질투의 줄로

묶여서 버둥대는 중생들아

놓아라 실답지 않는 애욕의 줄을

이 때문에 다생을 두고 윤회하지 않는가

적나라 적주주한 정정한 몸만이

만고불멸의 임의 광명을 받으리라

삼독의 고해에 허덕이는 중생들아

지혜의 보검을 잡아서

무명의 번뇌를 베어 버려라

생멸이 다하고 적멸이 현전할 때

비로소 임의 그윽한 향내를 맡으리라

평등일여

산은 높아야 하고
바다는 낮아야 하니
산과 바다가 가지런히 하여 보라
중생들이 어떻게 살 수 있는가
조리는 새야 마땅하고
항아리는 막혀야 하느니
학의 몸이 길다고 끊으면 병이요
오리 다리가 짧다고 이으면 근심되리
끊지도 잇지도 말고
생긴 그대로 두어 두소

고와 낙

사람들은 고를 싫어하고
낙을 좋아하네
고를 싫어하거든
낙도 좋아 마소
낙도 좋아하거든
고도 싫다 마소
하나이면서 둘이요
둘이면서 하나이니
하나 이것마저 없고 보면
고와 낙이 허황하리
둘 다 내게서 생긴 것이니
누구를 좋다하고
누구를 싫다하리
누구를 원망하리

걱정 근심

가진 것이 없더니 마음이 편하더라
가진 것이 많더니 걱정 근심 들 뿐이더라
돈이 없더니 세월이 한가롭다
돈이 많다 보니 노심초사 걱정이 쌓이네

집이 없더니 갈 곳조차 없더라
집을 장만했더니 화재가 있더니라
걱정 근심을 다는 저울이 있으면
없는 놈과 있는 놈을 달아볼까 하노라

번뇌 망상

병들고 앓는 사람 괴롭다 마라
병이 아니었다면 약의 고마움을 어이 알리
번뇌 있어 괴로운 사람 끊으려고 애쓰지 마라
번뇌 망상 없었던들 중생만 없으리오
부처도 보지 못할 것을 다행히도 번뇌는
일체현성의 어머니어서

소원 성취

부귀 공명 장수 그 밖에 좋은 것
모두다 소원이옵네
그러나 모든 원을 다 이루지 못할지라도
한 가지 원만은 바라옵나니
원컨대 원 없는 사람이 되어지고저

생과 사

생 있어 사 있고
사 있어 생 있으니
남이 없으면 죽음도 없고
죽음 없으면 남이 없으리
생사 없고 보면
고락이 어디 있으리
생사 없는 길은
생명을 쉬어 볼까 하노라

도피안

가자 가자 어서 가자
머문 곳이 안락처로
나 혼자 가기 아까운 곳
너도 나도 바삐 가자
내 생명 찾으러 가자
찾은 곳이 도피안
머문 곳이 안심처
가자 가자 어서 가자
저 언덕으로 어서 가자
반야 용선을 타고
무생의 피안으로 저어 가자
가자 가자 어서 가자
너도 나도 빨리 가자
여기는 생사 고해
저 언덕은 도피안 열반낙토
가자 가자 어서 가자
모두 함께 어서 가자
어둠의 이 땅에서

광명의 저 나라로

가자 가자 어서 가자

서산낙조 어둡기 전에

중생의 고해 바다에서

제불의 저 안락국토에로

가자 가자 어서 가자

풍랑이 천지를 뒤덮기 전에

돛 달아라 노 저어라

안신입명의 저 도피안으로

가자 가자 어서 가자

가기는 어데로 가고 가리

반야도 안락처도 아니라오

피안도 저 언덕도 아니라네

일보도 옮기지 않고

머물러있는 자리가 곧 피안이네

가고 옴이 없는 이 머문 자리가 도피안

무명 번뇌가 없는 이 자리가 도피안

여기도 도피안 저기도 도피안

무소유

가진 것이 없으니 줄 것도 없네
얻는 것이 없으니 잃을 것이 무엇인가
가진 것이 아무것도 없으니 청정한 곳이라네
아무것도 없으니 삼세제불이
무소유로 살아 왔네 나도 또한 무소유로 살고 있네

이름 없는 풀

어느 때 생긴 지도 모르는

이름 없는 풀이라

이름도 없는 풀이라

꽃이 없어 벌 구경도 못하고

향기 없어 나비도 오지 않는다

나물 캐는 처녀들도 못 본 체하고

데설궂은 나무꾼들도 그대로 지나간다

방랑의 걸인도 나를 돌아보거니

귀한 집 정원이 어찌 내 차지오리

찌그러져 가는 저 언덕 쑥대 우거진 머리

여기서 어제도 오늘도 보내노라

그러나 봄은 몇 번이나 돌아왔고

가을은 해마다 찾아들어

피었다 시들었다 하며

밤에는 반짝이는 별들을 보고

낮에는 따뜻한 태양을 받으며

이렇게 그런대로 살아가네

아버지 어머니 어디로 가시나요

아버지 어머니 일가친척들

지금 당신네들은 어디를 가셔요

지금 당신네들이 타고 있는 차는

어디를 향하여 달리고 있는가요

당신네들은 무슨 볼일이 있으신가요

나는 당신네들이 가시기에

당신네들의 뒤만 따라나섰습니다

알고 싶습니다

이 차는 어디를 향하는 차인가요

이 차는 어디가 역인가요

이 차는 종점도 없이 달리기만 하는가요

종점이 있어 거기서는 다 내리게 되는가요

종점이 있다면 종점은 무슨 역인가요

종착역 도착 시간은 몇 시나 되는가요

그리고 이 종착역에서 내리게 되면 그만인가요

또 어디를 찾아가야 하나요

아버지 어머니 일가친척들께

묻고 싶다오

인생의 황혼

가랑나무 떡갈나무 상수리 도토리
잎 떨어지네 열매 쏟아지네
반생을 같이한 친구 모두 가고 없는데
이다음 차례를 기다리고
걷고 있는 고달픈 나의 생이여
내 곱던 얼굴에 내 윤나던 머리에
주름살이 생기네 하얀 서리가 내리네
무정하게 흘러가는 인생이여……
무유정법
하늘이 땅이며 땅이 하늘이라오
하늘은 하늘이요 땅은 땅이 아니라오
하늘이 본래 하늘이 아니요
땅이 본래 땅이 아니오라
막힌 데가 장벽이 아니라오
터진 데를 허공 삼지 마오
색이 색이 아니요
공이 공이 아닌 줄만 알면
북두성을 남쪽 하늘에서 보게 되리라
연꽃이 불 속에서 피리라
눈으로는 듣고 귀로는 보게 되리라

나를 놓아라

내가 있기에 나 아닌 다른 것들이 있느니라

나로 인하여 천지만물이 있고

그중에도 미운 놈 고운 놈

나만 없으면 모두가 없느니라

나를 놓아라

나를 비워 버려라

나만 없으면

무엇이 괴로우랴

무엇이 즐거우랴

무엇이 미웁고

무엇이 고우랴

그 누가 원수이며

그 누가 다정하랴

내가 없으면

누가 울랴

내가 없거니

누가 웃으랴

나만 버리면 편안하리라

나만 비우면 허공이 되리라
사면에 벽이 무너지고
십방세계에 문이 없어
오고 가고 걸림 없으리라
나를 놓기 어렵다 마라
내가 본래 없느니라
본래 없는 나를
만들어 나를 삼았으니
실상이 아닌 줄만 알면
붙잡고 몸부림치며
속을 것이 무엇인가

나와 너

나는 누구며, 너는 누구냐?
나를 나라 하고 너를 너라 하면,
나 너 하는 사람은 또 누구냐?
나 없으면 너 없고, 너 없으면 나 없으리
나 너 둘 다 없고 보면
모두가 거짓 이름이니
꿈이요 환이요 그림자니라
꿈에 울던 사람이
꿈 깨면 그만이니
꿈 깬 뒤에도
무엇하려 울까 보냐
웃음도 또한 그러하니라!

생명

피가 임의 것이오니
살인들 임의 것 아니오리
뼈도 또한 임의 것이오라
사대 다 임의 것이오매
대진 전체가 임의 것이오라
모두가 임의 것이오라
생명이 없사오라
생명이 따로 없사오매
모두가 내 생명이오라

내 임

있사와 모신 임이니
없은들 어데 가셨으리
살아서 오신 일이오니
죽은들 어데 가셨으리
그리워 모신 임이오라
괴롭기로 어찌 내 일 아니오리
이 몸이 죽고 나고 백천 번 할지라도
내 임은 하나시라
바꿈이 없사오리

새 생명 맑힘

나는 새 생명을 찾습니다

나는 새 생명을 부릅니다

생명이여 나에게 빛을 주소서

생명이여 나에게 소리를 주소서

저 구름 밖에 멀리 보이는 것일까요

언제나 이 한곳에서 살고 있다오

언제나 이 자리에서 쉬고 있다오

내 생명에서 생겨 낳음을 깨닫고

내 생명 앞에 이마 숙이고 합장하고 섰나이다

이 생명 닦고 닦아 때 없이 만들고저

이 생명 씻고 씻어 깨끗이 만들고서

이 생명 갈고 닦아 허공같이 만들고저

울고 싶은 생명

창자가 끊어지도록 울고만 싶다
가슴이 찢어지도록 울고만 싶다
네 어찌 나를 울게 만들었소
목을 놓아 울어도 신통치 않고
발을 뻗고 울어도 시원치 않건만
그래도 울고만 싶다
산 보고 울어도 묵묵히 서 있고
물 보고 울어도 흘러만 가네
그래도 나 혼자라도 울고만 싶다
사람은 울고 나와서 울고 살다가 울고 가는 것일까
이렇게도 울고만 싶은 내 생명

선

참선이 좋다하여 명예까지 내버리고

궁벽한 산속 길을 마음먹고 찾아 들어가니

한 물건도 없었더라

우거진 대숲은 만년 푸르러 있고

깎아 세운 천인절벽(千仞絕壁)인 여기가 백률사

구름은 하늘에서 물은 돌머리에서

말로는 못하오니 다음날 보소서

사면석 불은 땅속에서 솟았었고

불자들은 합장하고 소원을 빌고 있네

당신들은 소원이 무엇이기에 번뇌를 비움이 소원이었으리라

이별

웃고 만난 사람들 울고 갈리어라
이 세상 나올 때 다 좋아하더니
이 세상 떠날 때 다 슬퍼하네
새는 죽을 때 울음이 슬프고
사람은 죽을 때 말이 착하다네
옥문도 떠날 때 뒤돌아 보이고
원수도 갈린 뒤에는 서운하다네
이별은 이렇게도 잊지 못할 마지막의
가장 사랑하고 가장 착한 사람들
가슴에 찍고 가는가

심우송(尋牛頌)

심우(尋牛; 소를 찾으러 가다)

가소롭다 소 찾는 이여

소를 타고도 소를 찾네

노을 진 방초길에

이 일이 실로 아득하구나

견적(見跡; 자취를 보다)

원숭이와 새들은 춘심에 겨워하는데

옛길에 오르지 못해 시름에 젖어 있네

그 가운데 소식이 있으니

자취가 구름 숲 속에 그윽하구나

견우(見牛; 소를 보다)

신령스런 광명이 홀로 빛나서 하늘을 덮고
땅을 덮어도 오히려 섬돌 아래 하인이요
허깨비를 노리는 수단이니
도깨비장난은 하지 않는 것이 좋겠다

득우(得牛; 소를 얻다)

얻기는 무엇을 얻었으리
원래 집에 있던 소인 것을
소 타고 소 찾았으니
허망하기 짝이 없어라

목우(牧牛; 소를 먹이다)

선도 마음이요 악도 마음이니
닦아야 옳은가 끊어야 옳은가
닦지도 끊지도 않는 것이 옳은가
모두가 험한 길이로다
청천만리에 달 일색이 되고저

기우귀가(騎牛歸家; 소를 타고 집에 돌아오다)

소 타고 피리 불고 고향에 돌아오니
푸른 하늘 만 리에 구름도 한가해라
도중사(途中事)를 물어 무엇하리오
한 물건도 임의 앞에 비칠 것이 없사오라

망우존인(忘牛存人; 소는 잃고 사람만 있네)

홀로 옛 집에 앉아 있으니
많은 해 지난 일이 모두 꿈이로다
아무 일 없으니 뉘 알리오
일륜명월(一輪明月)만 외로이 떠 있어라

인우구망(人牛俱忘; 사람과 소를 모두 잃다)

시리소로 못다야 지다야 사바하
산 없는 곳 구름도 안 보이네
물도 흐르지 않고 사람도 끊어졌으니
적적(寂寂)한 다락만 천추(千秋)에 서 있어라

반본환원(返本還源; 근원에 돌아오다)

짧은 놈 짧은 데 긴 놈 긴 데 쓰니
촌(寸)과 척(尺)이 그대로 평등일세
농부는 아침에 밭으로 가고
어부는 저물어 바다로 가네

수수입진(垂手入廛; 시장터에 가서 교화하다)

소 찾으러 나선 사람
물 긷고 나무하기 모두 이 일일세
태평일곡(太平一曲) 간 데마다 좋을시구
대장부 살림살이 이만하면 족하여라

목녀의 꿈과 석인의 노래여
이것은 육진의 그림자로다

보살 생명

새는 울어도 눈물이 나지 않고
꽃은 웃어도 시끄럽지 아니하며
대나무 그림자 뜰을 쓸어도
먼지가 일어나지 않으며
밝은 달빛이 물 밑을 뚫어도
물에는 아픈 상처가 없도다
일천 강에 구름 없으면
일천 강에 달이 뜨고
만 리에 구름 거치면
만 리가 청천 하늘일세
새가 허공을 날아가도
허공에는 발자국이 없듯이
내 마음 가운데 미운 사람 두지 말라
단비가 허공 가득히 내려도
접시에는 물이 적게 고이고
큰 호수에는 물이 넉넉하니
생명을 크게 쓰면서 살아가자
생명을 넓게 쓰면서 살아가자

생명을 크게 쓰면서 살아간다

생명을 너그럽게 쓰면서 살아간다

생명을 풍요하고 평화롭게 쓰면서 살아간다

생명을 높게 쓰면서 살아간다

생명을 행복스럽게 하면서 산다

이것이 보살의 생명이다

3장
생명의 혁명

중생과 붓다의 가르침

중생이란?

밝은 세상을 다 버리고 어둡게 살아가는 어리석은 자가 중생심으로 사는 자다.

중생이란 병자를 말하는 것이라. 중생들은 모두 어두운 자이기 때문이다. 어째서 중생을 어둡다 하느냐 하면, 중생은 보는 것에 상을 두고 걸리어 들으면 듣는 대로 상에 걸려서 육진에 얽매이고 있기 때문이다. 보면 본 대로 들으면 들은 대로 물상에 걸리고 막혀 차별 아닌 차별심으로 자기 생각에 매여 살고 있다. 걸리고 막히는 것이 병이 된다.

큰 것은 커서 병 작은 것은 작아서 병, 긴 것은 길어서 병 짧은 것은 짧아서 병, 각은 각이 저서 병 둥근 것은 둥글어서 병, 곧은 것은 곧아서 병 굽은 것은 굽어서 병, 어둠은 어두워서 병 밝음은 밝아서 병, 강한 것은 강해서 병 약한 것은 약해서 병, 느린 사람은 느려서 병 빠른 사람은 빨라서 병, 부자는 부자여서 병 가난한 자는 가난해서 병, 건강한 사람은 건강해서 병 약한 사람은 약해서 병, 늙은 사람은 늙어서 병 젊은 사람은 젊어서 병, 낳은 사람은 낳아서 병 죽는 사람은 죽어서 병, 팔만 사천 병을 가진 것이 중생의 병이란 말이다. 밝은 사람 어두운 사람 모두가 차별성을 갖고 있다. 이리하여 항하사 모래수와 같이 무량무수의 많은 중생들이 하나도 참다운 사람이 없다는 말이다.

어째서 이러한 것들을 모두 병이라 하는가 하면 큰 것은 크기만 하고 작게 쓸 수가 없고 작은 것은 작기만 하고 크게 쓸 수가 없고, 긴 것은 길기만 하고 짧게 쓸 수가 없고 짧은 것은 짧기만 하여 길게 쓸 수가 없고, 모난 것은 모나기 때문에 둥글게 쓸 수가 없고 둥근 것은 둥글기만 하기 때문에 모나게 쓸 수가 없다. 곧은 것은 곧기만 하기 때문에 굽은 곳에 쓸 수가 없고 굽은 것은 굽기만 하기 때문에 곧게 쓸 수가 없고, 밝은 것은 밝기만 하기 때문에 어둡게 쓸 수가 없고 어두운 것은 어둡기만 하기 때문에 밝게는 쓸 수가 없고, 강한 것은 강하기 때문에 유하게 쓸 수가 없고 유한 것은 유하기 때문에 강하게 쓸 수가 없다. 미련한 사람은 미련해서 답답하고 영리한 사람은 영리하기 때문에 너무 지나치고, 있는 사람은 있기 때문에 도둑이 두렵고 없는 사람은 없기 때문에 구차하고, 모르는 사람은 모르기 때문에 뒤에 처지고 아는 사람은 알기 때문에 아는 것이 미리 걱정이 되고, 아픈 사람은 아파서 만사가 괴롭고 건강한 사람은 건강하기 때문에 몸을 함부로 하고, 늙은 사람은 늙어서 젊은 사람의 심정을 모르고 젊은 사람은 젊어서 늙은 사람의 사정을 모르고, 낳는 사람은 낳기 때문에 죽음의 고가 있고 죽은 사람은 죽기 때문에 또 다시 생의 고가 있다.

이처럼 한량없이 병을 가지는 것이 중생이기 때문에 병자라 말한다.

부처란?

부처란 형상이 있는 것도 아니고 형상이 없는 것도 아니다.
부처란 영험이 있는 것도 아니고 영험이 없는 것도 아니다.
부처란 아는 것이 아니고 알지 못하는 것도 아니다.
부처란 공한 것도 아니고 공하지 않은 것도 아니다.
부처란 생명도 아니고 또한 생명 아닌 것도 아니다.
부처란 사람도 아니고 범천도 아니고 범부도 아니고 성현도 아니고,
부처란 실로 부처도 아닌 것이 부처인 것이다.

그러므로 『금강경』에서는 '일체 모든 상을 여의어야 곧 이름이 부처
다' 라고 하였고, 또 '법성계에는 원래로 통하지 않는 것의 이름이 부처
라' 고 하였다.

중이 부처를 물은즉, 동산은 '마삼근' 이라 하였고 운문은 '마른 똥
막대기' 라고 하였다. 실은 부처가 마삼근도 아니고 마른 똥 막대기도
아닌 것이다.

그러면 부처가 어떻게 49년 설법을 했을까 하고 의심할 것이다. 설법
할 줄도 모르는 것이 부처다. 그러므로 『금강경』에서 '만약 사람이 말
하기를 여래가 설한 바 법이 있다고 하면 곧 부처를 비방하는 것이고

능히 나의 설한 바를 알지 못하는 소치'라고 하였다.

49년 설법을 천하가 공인했고 팔만 경장이 증명했는데, 석가모니가 뚜렷이 있거늘 이것이 붓다의 설법이 아니라면 누구의 설법이겠는가? 아무리 의심해 보아도 석가세존의 설법이다. 석가가 한 인간으로서 생로병사의 무상을 느끼고 이것을 초탈하기 위하여 6년간 고행 수도하신 것과 납월 8일 새벽에 별을 보고 정각을 이루어 부처가 되신 것은 사실이다. 그러나 부처가 되신 석가는 부처의 자리에 주(住)하여 있지 않고 다시 중생의 세계로 뛰어들어 중생과 함께 즐거워하고, 울고, 불에 들어가고, 물에도 들어가고, 중생과 함께 먹고, 자고 함께하였다.

부처는 가고 오고 앉고 눕는 것이 아니거늘 석가세존은 중생과 같이 가고 오고 앉고 누우셨다. 부처는 입이 없는 것이거늘 석가세존은 49년간이나 장광설로써 사자후의 무진법문을 설하셨으니 이것은 오직 환과 같은 대비의 지혜로써 괴로워하는 모든 중생들을 건지기 위해서 번뇌망상의 탈을 쓰고 일대연극을 연출하신 석가세존의 설법이요, 부처의 설법은 아니라는 말이다.

이런 점에서 석가세존 앞에 더욱 머리를 숙이고 경찬하고 그 위대하신 덕상(32상 80종호)을 숭앙하는 바이며, 그 넓으신 대원의 바다에 들어가 목욕하고 싶은 것이다.

이만하면 부처가 무엇인가를 대강 짐작할 것이다. 석가세존은 인류생명을 존중하고 중시하여 인류평화와 행복을 삼천 년 전부터 재창해 오신 인류의 홍익인간 대 생명의 선구자이시다.

설법이란?

설법이란 한마디로 말하면 의사가 약을 쓰는 것과 동일한 것이다. 의사가 눈 환자에게는 안약을, 귓병 환자에게는 귀약을, 배 아픈 자에게는 위장약을, 염증이 있는 자에게는 항생제를 사용하는 것처럼 석가세존의 설법도 일정하지가 않다.

큰 것은 큰 것이 병이기 때문에 작게 하고 작은 병은 작은 것이 병이기 때문에 크게 만들고, 긴 병은 짧게 고치고 짧은 병은 길게 고치고, 어두운 병은 밝게 고치고 밝은 병은 어둡게 고치고, 강한 병은 유하게 고치고 유한 병은 강하게 고치고, 아는 병은 모르게 고치고, 느린 병은 빠르게 고치고 빠른 병은 느리게 고치고, 영리한 병은 미련하게 고치고 미련한 병은 영리하게 고치고, 모르는 병은 알게 고치고 생은 무상을 일러주고 죽음은 불멸을 깨치게 하여 하나도 일정한 법이 없는 것이 석가세존의 49년 설법이다.

그러므로 『금강경』에 '정한 법이 없는 것이 이름이 아뇩다라 삼먁삼보리'라고 하였고 또한 '설한 바 정한 법이 없다'고 하였다. 이 때문에 불법은 중도라 하는 것이다. 그리고 이 중도라 하는 것도 상·중·하(上·中·下) 숫자에 떨어지는 중이 아닌 것이다.

그러나 여기에서 또 한 가지 알아두어야 할 것은 백천강하가 바다에 들어가면 짜고 싱겁고 맑고 탁하고 더럽고 깨끗하고 하는 차별이 없이 바닷물 하나가 되어버리고 마는 것이다. 그와 같이 팔만사천의 무량법문도 원각의 적멸바다에 들어가면 아뇩다라 삼먁삼보리법 하나가 되고 만다. 이로써 아뇩다라 삼먁삼보리 설법을 말한 것이다.

열반

부처님은 두루 다니시면서 설법하셨다. 해가 갈수록 많은 사람들이 부처님의 가르침에 귀의했다. 그러나 부처님의 육신이 늙어감에 따라 차츰 쇠약해지고 있었다.

부처님이 기원정사에 계실 때였다. 부처님이 아끼시던 제자 사리불 존자가 마가다의 한 가난한 마을에서 죽었다. 곁에서 간호하던 춘다가 사리불 존자의 발우와 가사를 가지고 부처님께 왔다. 춘다는 이제까지 참았던 설움이 복받쳐 흐느끼며 사리불 존자의 죽음을 부처님께 알렸다. 곁에서 이야기를 듣던 아난다도 같이 울었다. 사리불 존자는 부처님의 제자 가운데에서 지혜가 제일인 수제자였다. 부처님은 아난다와 춘다의 슬픔을 달래 주었다.

"너희들은 내가 항상 하던 말을 잊었느냐? 가까운 사람과도 언젠가 이별해야 하는 법이다. 세상에 무상하지 않는 것은 없다. 모든 것은 세월을 따라 변해간다. 아난다, 저기 큰 나무가 있구나. 저 무성한 가지 중에서 하나쯤은 먼저 시들어 떨어질 수도 있지 않느냐? 그와 마찬가지로 사리불 존자도 먼저 간 것이다. 이 세상에 무상하지 않는 것은 없다. 너희들은 언제든지 너희들 자신에게 의지하여라. 남에게 의지해서는 안 된다. 그리고 법에 의지하며 다른 것에 의지하지 말라.”

얼마 뒤 이번에는 목갈라나가 죽었다는 소식이 전해졌다. 목갈라나는 부처님의 제자 중에서 신통 제일의 수제자였다. 부처님은 두 제자가 없는 모임에 참석할 때면 가끔 그런 말씀을 하셨다.

“사리불 존자와 목갈라나가 보이지 않는 모임은 어쩐지 텅 빈 것만 같구나.”

부처님이라 해서 아끼던 제자의 죽음에 서운한 생각이 들지 않는 것은 아니었다. 다만 그 슬픔에 집착하지 않을 뿐이었다.

만년에 이르러 부처님의 주변에 몇 가지 비극이 벌어졌다. 숫도다나왕의 죽음, 아끼던 두 제자의 죽음, 뎃바닷타의 반역, 게다가 또 하나의 비극이 일어났다. 카필라를 노리던 코살라가 드디어 침공을 한 것이었다. 부처님은 이 소식을 듣고 쨍쨍 내리쬐는 뙤약볕에 서 있는 늙은 고목나무 밑에 앉아계셨다. 군사를 이끌고 부처님이 앉아계신 앞을 지나가려던 코살라왕 비루다카는 말에서 내려 묵묵히 앉아 있는 부처님께 절을 한 다음 물었다.

“부처님, 우거진 나무도 많은데 왜 잎이 하나도 없는 나무 아래 앉아계십니까?”

“친족이 없는 것은 여기 그늘이 없는 나무와 같은 법이오.”

이 말을 들은 왕은 군대를 돌리고 말았다. 얼마 후 다시 진군을 시작한 비루다카는 이번에도 그늘이 없는 나무 아래 앉아 계신 부처님의 모습을 보고 다시 돌아갔다. 전생에 진 빚은 어쩔 수 없이 받게 되는 것이라고 아셨기 때문이다. 비루다카는 서슴지 않고 카필라를 공격했다. 샤카족은 이렇게 망해버린 것이다.

부처님의 나이도 여든이 되셨다. 노쇠한 몸을 이끌고 강가강을 건너 밧지족의 서울인 베살리에 이르렀을 때 장마철을 만났다. 그해에는 인도 전역에 심한 흉년이 들어 많은 수행자들이 한 자리에 모여 지내기가 어려웠다. 여럿이 한데 모여 밥을 빌기가 곤란했던 것이다. 그래서 부처님은 제자들에게 베살리 근처에 각각 흩어져 지내도록 하셨다.

부처님은 아난다만을 데리고 벨루바 마을에서 지내시게 되었다. 이때 부처님께서는 혹심한 더위로 몹시 앓으셨다. 부처님이 몸을 회복한 지 며칠 안 된 어느 날 부처님은 나무 그늘에 앉아 쉬고 계셨다. 부처님은 아난다에게 말씀하셨다.

"아난다, 나는 이제까지 모든 법을 다 가르쳐 왔다. 법을 가르쳐 주는 데 인색해 본 적이 없다. 이제 나는 늙고 기운도 쇠했다. 내 나이 여든이다. 낡아빠진 수레가 간신히 움직이고 있는 것처럼 움직이고 있다."

부처님은 제자들을 모이게 한 다음 석 달 후에 열반에 들겠다고 말씀하셨다. 그날 부처님은 거리에 걸식하러 나갔다가 거리의 여기저기를 돌아보시며 이것이 베살리를 보는 마지막이라고 아난다에게 말씀하셨다. 부처님은 베살리를 떠나 파바라는 고을에서 춘다가 올린 공양을 잡수시고 다시 병을 얻었다. 부처님은 쿠시나라로 가서서 아난다에게 말씀하셨다.

"아난다, 나는 지금 몹시 피곤해 눕고 싶다. 저기 사라수 아래에 가사를 네 겹으로 접어 깔아다오. 나는 오늘 밤 여기에서 열반에 들겠다."

아난다는 부처님이 열반에 드신다는 말을 듣고 슬퍼서 견딜 수가 없었다. 부처님은 울고 있는 아난다를 불렀다.

"아난다, 울지 마라. 한번 태어난 것은 반드시 죽기 마련이다. 그동안 나를 위해 수고 많았다. 내가 간 뒤에도 더욱 정진하여 성인의 자리에 오르도록 하여라."

아난다는 부처님의 시신을 어떻게 할 것인가를 물었다. 부처님은 신도들에게 장례를 맡기라고 하셨다. 그날 밤에 부처님이 열반에 드신다는 소식을 듣고 많은 사람들이 부처님이 돌아가시기 전에 평소의 의문을 풀어야겠다고 허둥지둥 달려왔다. 제자들은 부처님께서 피곤하시니 번거롭게 해드려선 안 된다고 길을 막았으나 부처님은 수바드라를 불러 설법을 해주셨다. 그는 부처님의 마지막 제자가 되었다.

부처님은 제자들을 둘러보시면서 말씀하셨다.

"비구들아 의심나는 점이 있거든 묻도록 하여라. 승단이나 계율에 대해서도 물을 것이 있으면 물어라. 이것이 마지막 기회가 될 것이다."

"지금 이 자리에 모인 수행자 중에는 의문을 지닌 사람이 없습니다."

아난다의 말을 들으시고 부처님은 마지막 가르침을 펴시었다.

"너희들은 저마다 자기 자신을 등불로 삼고 자기를 의지하여라. 진리를 등불 삼고 진리를 의지하여라. 이 밖에 다른 것에 의지해서는 안 된다.

그리고 너희들은 내 가르침을 중심으로 화합하고 공경하며 다투지 말라. 물과 젖처럼 화합할 것이니 물과 기름처럼 겉돌지 말라. 함께 내 교법을 지키고 함께 배우며 함께 수행하고 부지런히 힘써 도의 기쁨을 함께 누려라. 나는 몸소 진리를 깨닫고 너희들을 위해 진리를 말하였다. 너희는 이 법을 지켜 무슨 일이고 법대로 행동하여라. 이 가르침대로 행동한다면 설사 내게서 멀리 떨어져 있더라도 그는 항상 내 곁에 있는 것과 다름이 없다.

죽음이란 육신의 죽음이란 것은 어쩔 수 없는 것이다. 여래는 육신이 아니다. 깨달음의 지혜다. 육신은 여기에서 죽더라도 깨달음의 지혜는 영원히 진리와 깨달음의 길에 살아 있을 것이다. 내가 간 후에는 내가 말한 가르침이 너희들의 스승이 될 것이다. 게을러 지지 말고 부지런히 정진하여라."

이 말씀을 남기시고 평안히 열반에 드셨다. 이때가 기원전 486년 2월 15일이었다. 부처님의 시신은 법식대로 잘 모셔져 천관사 화장터로 옮겨졌다. 다비일이 되어 천관사에서는 말나나국의 족장 네 사람을 시켜 불을 붙였으나 전혀 타지 않았다. 아난다가 이것을 보고 이는 분명 대카샤파 존자가 오지 않은 까닭이니 기다려 보자 하고 있을 때 대카샤파 존자가 당도하였다. 존자는 오른쪽으로 세 번 돌고 절한 다음

"세존이시여, 어찌 이렇게 빨리 열반에 드셨습니까? 세존의 열반이 너무 빠르지 않습니까?"

하시니 부처님의 두 발이 관 밖으로 쑥 나왔다. 대카샤파의 예배가 끝나자 시신은 곧 점화되었다. 부처님의 유해는 정골사리로 변해 광명을 발했다.

이 자리에 참석한 각국의 대신들은 각기 자기 나라로 가져가려 했다. 그들은 서로 의논한 끝에 향성발화문에 의해 8등분하여 각기 나라에 탑을 세우고 봉안하였다.

깨달음을 찾아 왕위를 박차고 출가하여 부처님이 되시고 수많은 사람들에게 여러 가지 방법으로 법을 화해 몸소 자비를 구현한 부처님은 이와 같이 열반에 드셨다. 부처님의 육신은 나이 여든으로 이 세상을 떠나셨지만 이 지상에 인류가 살아 있는 한 부처님의 가르침은 영원히 살아있을 것이다.

보장삼매론

유상의 상이 공이 아니고 무상의 상도 역시 상이 아니네. 저 상이 상이 아님을 떠나서 상이 무슨 상이 될까. 상으로써 알게 됨을 가상이라 하니 이런 인연으로 상과 가상을 떠나 다시 말물이 없다. 그러니 빗물도 역시 없다. 물이 없으니 멸할 것도 없고 물과 무물이 공한고로 일체 유위법이 다 공하고 무위법도 공하며 유위무위법도 공하니 나도 또한 공하다.

살아있을 때는 죽음이 없고 죽었을 때는 삶이 없다. 이것이 무다. 유무가 공하며 무유가 공하므로 일체의 유위 및 무위도 역시 공하니 중생도 역시 공하다. 있는 것은 변하는 상을 보이니 모든 법이 자성이 없다네. 자성이 없으매 법도 또한 없나니 모든 법이 다 공이다.

자신이 고락 받을 인연을 지어서 자신이 받는 것이다. 생긴 것은 다시 생하지 않는다. 모든 법이 무생이며 필경에는 공적이라 사대(四大; 지수화풍)는 내 몸이 아니고 오온(五蘊; 색수상행식)도 주인 아니네. 장차 칼날을 받는 가운데 봄바람을 베는 것과 같네.

방거사

거사의 이름은 온(蘊)이고 자는 도현(道玄)이며 성은 방(龐)이다. 720년 경 태어나 808년 7월 8일에 입적했다. 양양(襄陽) 사람으로 아버지는 위양(衛陽)의 태수(太守)를 지냈다. 형양의 남쪽에 초가를 세우고 불도 수행에 힘써 수년 뒤에는 가족 모두가 깨달음을 이루었다.

단원공제소유 但願空諸所有　다만 온갖 있는 것들을 비우기를
　　　　　　　　　　　　　원하고
신물실제소무 愼勿實諸所無　결코 없는 것들을 채우지 말라

임종계.

수행할 때에 거사가 마조대사에게 "일체존재와 상관하지 않는 자, 그것은 어떤 사람입니까?"라고 물으니 마조대사가 "자네가 저 서강의 물을 한입에 다 마시고 오면 그때 그것을 자네에게 말해주겠네" 했다. 그 말에 원래 대기대용이었으므로 생명의 실상을 바로 깨친 것이다.

세인중진보 世人重珍寶　세상 사람들은 재물을 중하게 여기지만
아귀찰나정 我貴利那靜　나는 순간의 고요함을 귀하게 여긴다
금다난인심 金多亂人心　재물은 사람의 마음을 어지럽히고
정견진여성 靜見眞如性　고요함은 진여의 성품을 나타낸다

　방거사는 원래 부호였으므로 재산이 많았다. 재물은 몸과 마음을 묶어놓고 근심 걱정하게 하는 원수라 하고 수만 수레나 되는 재물을 동정호에 버리기로 생각하고 가족과 이웃들에게 말하니, 남에게 주든지 아니면 불상과 탑과 절을 짓든지 하지 왜 아까운 재물을 바다에 버리려고 하냐는 대답이 돌아왔다. 방거사는 내가 원수로 알고 있는 재물을 어찌 남에게 주겠느냐면서 수만 수레를 동정호에 모두 가라앉혀 버렸다. 그러고 나서 남쪽 기슭에 초가를 짓고 가족이 함께 대바구니를 만들어 시장에 팔아 생활하였다.

　딸 영조가 시봉을 다하여 삼계에 물들지 않았고 방거사는 처자와 함께 선정의 경지에서 살았다. 오래전부터 부처님께 공양하여 선근을 심어온지라 마조대사의 법문에 무생법인의 깨달음을 얻은 것이다.

　평등이 어찌 산을 깎아서 연못을 채우는 것이겠는가? 학의 다리를 잘라 오리 다리에 이은 연후라야 평등한 것인가? 긴 것은 긴 것에 맡기고 짧은 것은 짧은 것에 맡기며 높은 곳은 높은 데 맡기고 낮은 곳은 낮은 데 맡김이 평등이다. 사물의 유별에 따라서 평등한 것이다.

　꽃잎 한 송이 한 송이가 다른 곳에는 떨어지지 않는구나. 방거사도 깨달은 경계를 표현하기는 어렵고 어렵고 어렵구나. 그러나 부인의 깨침의 표현은 쉽고 쉽구나. 침상에서 내려와 발로 땅을 밟는 것 같이 쉽

구나. 딸 영조는 도가 어렵지도 않고 쉽지도 않구나.

저 많고 많은 풀 끝에 조사의 뜻이 있다. 부인은 거사를 향해서 당신은 위를 향하기 때문에 어려웠지만 나는 편안한 밑을 향하였기 때문에 쉬웠다고 했다.

마음의 번뇌가 없으면 삶은 쉽다. 배고프면 밥 먹고 목마르면 물마시고 피곤하면 자는 것이 인생이다. 거사의 향상의 지향과 부인의 하향의 지향이 대조적이다.

거사가 임종에 즈음하여 영조에게 말하였다. 해가 어느 곳까지 와 있는지 보고 오시가 되면 알려다오. 이때가 죽는 시간이었다. 그러자 영조가 급히 알렸다. "해가 중천에 와 있습니다. 그런데 거기에 일식입니다. 거사가 문 밖으로 나가 해가 나오기를 기다리고 있는 사이에 영조는 아버지 자리에 올라 앉아 합장한 채 앉아서 죽어있었다. 이에 거사가 말했다. "딸 녀석이 꽤 민첩도 하구나."

가족이 나무를 주워 영조를 화장시켰고 그 후 다시 7일을 연장한 후 "온갖 있는 것들을 비우고 없는 것들을 채우지 말라. 인생은 그림자와 같고 메아리와 같다." 하고 꾸밈없이 입망도 좌망도 아닌 누운 채 와망으로 천화했다. 어머니는 딸의 좌망과 거사의 와망을 아들에게 알렸는데, 아들이 화전을 일구고 있을 때 이 말을 듣고 삽을 획 내던져 버린 채 입망했다.

마을 사람들에게 이 말을 전하고는 부인도 어디론지 사라져 버렸다 한다. "산다는 것은 다 수고로움뿐이고 죽음이라는 것은 쉬는 것이다. 사람이 산다는 것은 원망·시기·질투·아만·독선·분노·탐욕의 마음을 비우지 못하는 것이므로 괴롭다. 수행은 곧 비우는 것이다."

방거사는 유마거사의 후신이었다.

무탐승포시 無貪勝布施 　탐욕 없는 것이 훌륭한 보시요

무치승좌선 無癡勝坐禪 　어리석음 없는 것이 훌륭한 좌선이요

무진승지계 無瞋勝持戒 　성냄이 없는 것이 훌륭한 지계요

무념승구연 無念勝求緣 　잡념이 없는 것이 훌륭한 구도다

딸은 좌망, 아들은 입망, 거사는 와망, 부인은 자취도 없이 허공으로 사라졌다. 대 생명을 깨달은 거사 가족의 수행 삶이었다. 유마거사와 방거사의 수행 방법은 특이한 것 같으나 너무나도 현실적이고 실질적이었다. 적나라한 생명 실체를 깨닫고 번뇌에서 때 묻지 않고 가정을 이루어 살면서도 어느 한 가지에도 집착함이 없이 무애행을 읽혀, 일상생활에서 자유자재한 삶과 불교 참 진리의 삶을 살았던 것이다. 이 가정 수행은 무방 반야인으로 대 생명을 영유했던 붓다의 사상적 삶을 오늘날까지 전하고 있다.

방거사의 시

경을 읽으려면 모름지기 뜻을 이해해야 하나니

뜻을 이해한 대로 수행한다

요의학(了義學)을 의지해서 닦으면 열반성으로 들어간다네
그 뜻을 이해하지 못하면
많이 읽어도 눈먼 것만도 못해서 글에만 널리 찾으니
마음소가 밭을 능히 갈지 못함과 같아서
밭마다 온통 잡초로 뒤덮이니 벼가 어떻게 자라겠는가?

방거사의 특이한 점은 앞에서도 말했지만 재물은 많이 취할 것이 못 되므로 많은 재산을 남에게 주지 않고 주는 것을 허물로 삼아 수많은 재산을 동정호에 모두 가라앉혀 버렸다는 것이다.

논밭이 만 마지기라도 쌀 서 되면 되고, 집이 백 채라도 잠잘 때에는 방 한 칸이면 되고, 재산이 수억 만금일지라도 하루 먹는 밥 세 그릇이면 사람이 살아가는 데 있어서 지장 받지 않는다는 것이다.

인생은 공수래공수거라고 하였다. 부질없게 과욕을 부려 재산을 쌓아놓는다 하더라도 이 생명 마칠 때는 티끌 하나 물 한 방울, 흙 한 줌도 못 가져간다고 했다. 지나친 탐욕은 백 년 동안의 물거품이라는 것이다. 지족은 마음 작용에 있고 물질에 있는 것이 아니라는 것이다. 이 시대의 삶을 사는 사람들에게 심금을 울리는 교훈이라 할 수 있다.

생명의 혁명

이 세상에 태어날 때 자신의 뜻으로 태어난 사람은 단 한 사람도 없다. 자신의 의지와는 전혀 상관없이 전생의 업연에 의해서 나타났으므로 불가에서는 이것을 업생이라고 한다. 업으로 태어났으므로 무상하고 가짜 빈껍데기에 불과한 이 몸을 아웅다웅하며 온갖 번뇌 망상으로 윤회하고 있다. 백 년도 못 사는 지수화풍을 가지고 항하사수보다 더 많은 망상을 쫓아가고 있으니, 무섭고 위태롭고 허망한 인간의 생명이다.

과거는 꿈이요, 현재는 번개며, 미래는 구름이라 한다. 보리는 본래 나무가 없고, 밝은 거울은 거울이 아니다. 어디에서 진애가 일어나는가? 물은 젖는 성질이 있고 불은 타는 성질이 있다. 물에 젖고 불에 타는 것은 탐욕심에서 온다고 한다. 탐욕심을 버리면 물에 젖지 않고 불에 타지도 않는다.

어떠한 경우라도 이 생명은 잘 지키고 보존해야 한다. 이 생명을 오관으로 만 사천 번이나 잃어버린다. 그러면서 136지옥을 넘나들면서 정신없이 온갖 고통 속에서 갈팡질팡 살고 있다.

인간은 왜 생명을 모르고 살아가는가. 어찌하여 백 년도 못 사는 생명을 가지고 어둡고, 무섭고, 두렵고, 어렵고, 괴롭고, 불안하고, 불평과 불만으로 가득 차 있는 삶을 살고 있는 것인가. 이런 허망 속에서 막연히 나날을 지낼 것인가를 생각해 볼 일이다.

무상은 신속하다고 했다. 죽음은 코앞, 눈앞에 있다는 말이다. 인간은 항상 불안에서 헤매일 뿐 고요하고 안정된 삶은 맛보지 못하고 흘러가는 물과 같이 달아나고 있다. 내 생명이 달아나고 있다는 말이다. 있고 없는 것에 매이고 선과 악에 매이고 지옥과 극락에 매이고 온갖 것을 백팔염주 꿰듯이 꿰고만 있으니, 밝은 날은 언제이며 견성 날은 언제인가도 알 수 없이 관계에 매달려 놓을 줄 모르고 살고 있다.

구슬이 서 말이라도 꿰어야 보배가 된다. 이 생명을 흩어진 구슬로 놓아두고 살아갈 수는 없는 일이다. 내 생명줄에 꿰어야 한다. 꿰어놓아야 불생불멸한 내 생명이 된다. 구슬이 꿰이기 전에는 빈껍데기에 불과한 것이다. 모두 허상뿐이고 도깨비 춤추는 격이다. 구슬을 꿰어만 놓는다면 마음대로 사용이 가능하다. 그렇지 않으면 우리 존귀한 생명을 한 번도 써 보지 못하고 쓰레기통에 던지고 마는 것이다.

고귀한 생명을 쓰레기통에 던져버릴 수만은 없지 않은가? 내 튼튼한 생명줄에 꿰어가며 사는 것이 사는 길이고 또 살 길이다. 어떻게 꿰어야 하는가? 내 생명에게 눈을 부릅떠 놓치지 말고 하나하나 생명줄에 꿰어 나가야 한다. 앉고 눕고 서고 가고 먹고 자고 공부하고 일하고 노닐 때를 가리지 말고 흩어진 구슬을 꿰듯이 내 생명줄에 실체의 생명을 꿰어 나가야 한다.

이는 내 생각들을 흩어 놓지 말고 붙들어 매라는 말이다. 꿰어 나가면 고요해지고 맑아지고 밝아져 매사에 자족감을 느낄 것이다. 생명을 찾는 공부가 선결되어야 만사형통을 이룰 수 있다. 부처와 예수가 안겨 주는 것은 절대 아니다. 내가 생명을 꿰어만 놓는다면 올 때는 올 줄 알고, 갈 때는 갈 줄 알며, 괴롭고 즐거울 때는 고락인 줄 알고, 있고 없을 때는 있기도 하고 없기도 하는 줄 알게 된다.

짐이 무겁거든 놓아버리는 것이다. 괴로움이 있거든 놓으라는 말이다. 허공에서 구름을 잡고 빛에서 어두움을 찾는 것은 마치 토끼에서 뿔을 찾고 거북이 등에서 털을 찾는 것과 다를 바가 없다.

생명은 생겨난 바가 없으므로 사라짐 또한 없고, 사라짐이 없으므로 생겨난 바가 없다. 생겨나고 사라짐이 없는 것이 해탈이고 열반이며 진실한 실상이므로 대 생명이다. 내 생명이 있는 다음에 남의 생명이 존재한다. 생명은 거룩하고 신비스럽고 신령스러워 허공이 모양 없듯이 지수화풍으로 생긴 것이니, 형상과 모양까지 없으므로 주인이라고 할 수도 없다. 세상의 주인은 지구에서 단 하나뿐인 나의 생명이다.

생명체들은 항상 새 생명으로 발전해 나간다. 새 생명을 탄생시키기 위해서 노력하고 노력한다. 죽음을 초월하는 길을 모르고 백 년을 사는 것보다 단 하루라도 죽음을 초월하고 진리길을 알고 사는 것이 더 수승하다. 여기에 활기차고 씩씩하고 발가벗은 대 생명이 있다.

생사가 없는 곳에 따로 한 세계가 있으니 바야흐로 때 묻은 옷을 훌훌 벗어 버리면 바로 밝은 때이니라. 이런 생명을 깨치면 진리를 성취한 자라 할 수 있다.

모양이 공하고 성품이 공하고 행이 공하고 성스러운 지혜까지 공하고 이것저것 그것이 모두 공해서 불생불멸을 이룬다. 보아도 봄이 없이 보고 들어도 들음이 없이 듣고 행하여도 행함이 없이 행하게 된다. 이렇게 수행력을 가지고 살아가게 된다면 원만한 삶이 이룩될 것이다. 죽음에서 복을 짓게 되면 살게 될 것이고 깨달음에서 죽게 되면 격 밖에서 꽃이 피고 마른 나무에서 새잎이 피는 생명을 얻게 될 것이다. 영혼 생명은 본래 형체가 없어서 비우면 비울수록 밝아지게 되어 진면목인 내 생명으로 살게 될 것이다.

여기에 더 큰일을 하는 원력이 있다면 사마타행을 할 것이다. 헛되고 안 되는 것은 모든 행위에서 잘 나타나므로 행위가 곧 보리인 것이니 아무런 장애가 될 것이 없다. 이런 삶을 살아가는 자만이 참다운 삶을 사는 자이다.

붓다께서는 10대 제자들을 잘 이끌고 인류의 행복과 안녕을 이룩할 수 있도록 명령하셨다. 그것도 전문적인 분야에서 사마타행을 하라고 명령한 제자가 10대 제자이다. 10대 제자의 소임은 다음과 같다.

10대 제자의 소임

사리불 (지혜 제일) 존자

목건련 (신통 제일) 존자

대가섭 (두타 제일) 존자

아나율 (천안 제일) 존자

수보리 (해공 제일) 존자

부루나 (설법 제일) 존자

가전연 (논의 제일) 존자

우바리 (지계 제일) 존자

라후라 (밀행 제일) 존자

아난타 (다문 제일) 존자

붓다께서는 자기 생명을 전세에서부터 공부했기 때문에 금세에 북녘 하늘에 샛별 하나를 보고 생명 하나를 바로 깨달았다. 전생이 없는 금생이 없고 금생이 없는 전생이 없다고 하신 것이다.

이 생명은 불가사의하다. 생명은 시공을 초월하지만 시공을 포함한 무진장의 보고가 있어 일체 만법의 무가진보가 원만구족하다. 이를 진여라고도 하고 자성이라고도 한다. 생명은 무시 이래의 생사고뇌를 일으키고 여의보주로 법계를 장엄하기도 하는 무궁무진한 것이니, 이것을 견성이라고도 하고 성불이라고도 한다.

깨달으면 구경각이다. 생명은 절대적이고 주체적이며 불생불멸하다. 격외라 말했지만 자력, 자증, 자각할 수 있어야 한다. 이 생명이 탄생할 때 천지가 환영했고 천신도 환영했으며 조상도 찬탄하였다. 천상천하 유아독존으로 탄생된 생명이다. 이 생명은 선성(善性), 악성(惡性), 무기성(無氣性)을 여읜 것이고 작용도 없고 시작도 없다. 신보다 하늘보다 땅보다 우주보다 먼저였다.

물을 칼로 베지 못하고 허공을 칼로 자를 수 없는 것처럼 한 티끌에 있으면서도 만유를 다 덮고 삼라만상도 다 덮기도 한다. 그러면서도 이 세상도 만들고 우주도 만들어 내는 신령스러운 생명이다. 길 없는 길을 가기도 하고 문 없는 문을 드나들기도 한다. 이 생명을 항상 쓰되 쓴 바가 없고 써도 무디거나 날카롭지 않다. 오고 감이 없고 하나가 억겁이고 억겁이 하나다. 공문·공가·공심도를 이루어 나간다.

죽음은 흘러가는 물, 부는 바람과 같다. 거울 속 얼굴이고 연못에 비치는 달과도 같다. 생명은 있고 없는 것이 아니라 있기도 하고 없기도 하며, 낳고 죽는 것이 아니라 인연 따라 나고 죽으며, 아무것도 아닌 것이라 이것 저것 그것을 능히 하느니, 그림자 없는 이것을 받아서 고이 길러 후손에게 전하여야 한다.

생명은 천상천하에 홀로 가장 높은 것이므로 무엇으로도 짝할 것이 없고 언제나 홀로 외로운 것이니, 타를 따르게 되면 자기의 생명을 잃게 된다. 내 생명이 존재하고 있어야 모든 인간이 거룩하고 신비하며 신령스럽게 보이게 되어 우주도 아름답다.

이것이 동체대비행의 행복이다. 자기 생명을 찾게 되는 시점에서부터 보리 자루를 이루게 되는 것이니, 보리 자루 속에는 악한 불선이 존재할 수가 없다. 삼독심도 담지 않는다. 보리 자루만 이루어 놓는다면 모든 선행은 자유자재로 모두를 다 채울 수 있는 능력이 생기기에 생명 찾는 공부에서만 보리를 얻을 수 있다. 보리의 삶이 없이는 흙소가 서로 싸움질하다가 호수에 빠져버리는 격이 된다. 보리 자루만 이루어 놓는다면

자기 생명을 자유자재로 할 수 있고,

자기 몸을 잘 관리·유지해 나갈 수 있고,

자기 건강을 챙겨 오래 살 수 있고,

자식 남편·아내·친척이 건강하고 화평하며,

고통·괴로움·번뇌는 사라지며 삼독 번뇌를 벗어나고,

사무량심 사성제를 발하여 사람과 대화가 원만해지고,

팔정도 육바라밀의 눈을 뜨면 중생도 남도 고통의 바다에서 구출하게 되는 보현행의 보살도를 행한다.

내가 내 생명에게 눈을 떠야만 남의 눈을 뜨게 할 수가 있기 때문이다. 자신의 생명을 깨쳐야 후손의 생명을 깨치게 하고 더불어 후손이 모두 불생불멸의 생명을 깨치게 되는 것이다.

후손에게 대물림할 수 있는 길은 이것이다. 아웅다웅 빈껍데기 재산을 대물림하지 말라. 재산을 대물림하는 것은 탐욕심만 기르게 되는지라 방거사는 동정호에 전 재산을 모두 가라앉혀 버렸다. 내가 원수라 생각했던 것을 남에게 줄 수 없다는 것이었다.

자손에게 대물려 줄 것은 재물이 아니라 영원한 생명이다. 자식들을 무위인으로 대물림하는 인간이 되어야 한다. 비가 오면 이끼가 윤택해지고 봄이 오면 풀잎이 저절로 푸르다. 수고롭게 거울을 달지 않아도 날이 새면 스스로 밝아지리라. 인간은 전세에 지어놓은 원한을 보답하고 연분에 맡기며 살고 사물에 탐내지 않고 법, 자연, 현상, 이치 도리대로 살아가야 한다.

무상은 신속하고 세월은 총알 같고 인생이란 풀잎의 이슬과 같다. 허공에는 구름 한 조각이 잠깐 있다가 사라져 버린다. 생명공부를 안 하고 무엇을 할 것인가.

조사선에 들어선 자만이 나와 네가 하나 되어 있는 길이고 평등의 길이고, 평등의 길은 귀로는 보고 눈으로는 듣게 되는 격외를 말할 수가 있다. 아닌 것을 그것이다 말할 수 있고 그것을 아니라고 말할 수 있다.

유는 무이고 무는 유다. 밤은 낮이고 낮은 밤이다. 이 소식을 깨달으면 나다 너다 하는 분별심이 없다. 그렇게 되니 시비분별이 붙을 수가 없다.

혹 생명이 날 때 능히 본생도 난다면 오히려 생생은 번거로운 것이다. 어찌 능히 본생을 내리오. 등(燈) 가운데 스스로 어둠이 없으나 머문 곳도 또한 어둠이 없다. 어둠이 파하면 비춤이라 이름 하나니 등이 어디만 비추겠는가? 물길이 막히면 흐르지를 못하고 빛이 막히면 비치지 못한다.

인간의 생멸이 생멸이 아니고 왕복이 왕복이 아니며 현상과 현실을 직시 직관하는 경계가 열반 경계이므로 자유 대 평등이므로 대 생명을 누리면서 사는 그 자리가 무방 반야이다.

옛 부처 나기 전에 원상이 뚜렷했네. 붓다도 몰랐거늘 가섭이 어찌 전할쏘냐. 부처자리란 불생불멸이고 부증불감이고 불구부정이니라. 생명의 본체는 실체가 없고 무아이고 공이며 아무런 실체가 없는 것인데 아상, 인상, 중생상, 수자상에 집착하게 되니 그것이 중생이다.

붓다의 사덕은 진상, 진락, 진아, 진정이다. 붓다는 변함과 고가 없어 참으로 즐겁고 깨끗한 사덕을 갖추었다. 그래서 대 생명이라 한다. 중생들은 올바로 깨닫지 못하고 있기 때문에 중생이고, 붓다는 이와 같이 보고 이와 같이 듣고 이와 같이 말한 것을 이와 같이 행하기 때문에 붓다이다. 불변의 진리는 조금도 숨김이 없다. 이렇게 불가사의한 대 생명에서 삼계를 바로 보고 삼계에서 뛰어났다. 사생중생을 바로 보았으며 생명존중과 생명중시 사상을 천명하셨다.

붓다는 성을 떠난 바 없이 대 평등, 대 해탈, 대 열반, 대 생명을 이루었으므로 세존이시자 법왕으로 인류가 함께 우러르게 된 것이다. 이 생명은 어느 신, 어느 성인군자, 어느 부모, 어느 형제, 어떤 권력, 극대한 과학의 힘으로도 어찌 할 수 없는 신성불가침인 고유한 생명이다. 내 생명을 내가 갖고 태어났고 내가 갖고 살아가고 있다.

세상에 어떤 위상, 물질, 돈, 명예, 권력으로도 생명을 앞설 수 없다. 착각하지 말라. 신성불가침이고 극 미묘하고 신령스럽고 불가사의한 고귀한 생명을 헛되게 여기지 말고 생명의 실체에서 살아가야 한다. 자기만족을 하지 못하는 것이 이웃, 사회, 국가 때문이라 하면서 지구상에 하나뿐인 자기 생명을 마치 쓰레기 취급하고 있는 안타까움을 결코 간과할 수만은 없다.

그 이전에 제일 먼저 내 생명을 챙기고 찾자. 나의 존재가 무엇인가, 나는 왜 사는가, 나는 어떻게 살아 왔으며 어떻게 살 것인가를 생각하면서 살아간다면 자신 속에서 주어진 문제를 스스로 해결해 나갈 수 있다.

남에게서, 어느 경전에서, 어느 조사어록을 보고 찾아낼 수는 없다. 남에게서 얻었다면 얻은 것이 아니니 즉시 토해 버려야 할 것이다. 남의 것을 내 것으로 알고 남의 집을 내 집인 양 머물다가는 내 집을 놓칠 수 있다. 내 생명을 정화시켜 살아가는 것이 진정한 생명의 빛이라 할 수 있다.

생명은 예수나 석가에게는 결코 있을 수도 없고 있다고 하지도 않으셨다. 다만 너에게 있다고 하셨다. 새 생명을 맑히고 밝혀 챙기며 참답게 살자는 것이고 영원한 행복을 추구하자는 것이다. 이것은 내가 머문 곳이 안락처 됨을 알기 위한 공부로, 머문 곳에서 써먹기 위한 공부고 내 생명의 고향을 찾아가는 길이다. 이 길이 생명의 대 혁명인 것이다.

달마 선법

심외무불성(心外無佛性)

삼계가 홀연히 일어나는 것이 한마음으로 돌아가 전불 후불이 마음으로써 마음을 전하시고 문자를 세우지 아니하셨나이다.

승: 문자를 세우지 아니할진대 무엇으로 마음을 삼으리오.

달마: 네가 나에게 묻는 것이 곧 너의 마음이요, 내가 너에게 말하는 것이 나의 마음이니, 무시 광대겁으로 쫓아옴으로써 내지 시위 운동이며 일체처 시간과 일체처소가 다 나의 본심이다. 나의 본불이라 즉, 심시불도 또한 다시 이와 같으니라. 이 마음을 제하여 놓고는 마침내 다른 불을 가히 얻을 수 없다.

이 마음을 여읜 밖의 도와 불을 찾는 것이 옳지 않느니라. 마음 밖에 불이 있다고 할진대 불과 도가 어느 곳에 있는고. 비유하면 어떤 사람이 손으로 허공을 붙잡으려면 되겠느냐? 허공은 다만 이름만 있고 상도 없으니 취하려 해도 취할 수 없고, 버리려 해도 버리지 못하며, 잡으려 해도 잡지 못하니 이 마음을 제한 밖에서 불을 찾으려면 마침내 옳지 못하니라.

불은 내 마음이 스스로 지어서 얻는 것이니 무엇을 인하여 이 마음을 떠나 밖으로 불을 찾으리오. 전불후불이 다만 그 마음만 말하시니 마음이 곧 이 불이요, 이 불이 곧 마음이니, 마음을 떠나 불이 없고 불을 떠나 마음이 없느니라. 만일 마음 밖에 불이 있을진대 불이 어느 곳에 있는고. 마음 밖에 이미 불이 없으니 어찌 불을 보려 하는고.

서로서로 광혹하여 본심 실상을 알지 못하고 저 무정물에 합류되어 자유의 분상이 없도다. 만일 또한 믿지 아니할진대 스스로 자신을 속임이라. 불은 허물이 없건마는 불생이 전도되어 자심을 알지 못함이로다.

만일 자심이 이 불도를 이룰 때 마땅히 마음 밖에서 불을 찾지 말라. 불은 불을 제도하는 것이 아니니 마음을 가져 불을 찾으면 불을 모르는 것이라. 다만 마음 밖의 형상불만 숭상하는 것이니 다 자심이 불인 줄을 알지 못함이니라. 또 불을 가지고 불에 예배하지 말며 또 마음을 가지고 불을 생각하지 말라. 불은 경을 외우는 것도 아니며, 불은 계를 가지는 것도 아니며, 불은 계를 범하는 것도 아니며, 불은 가지고 행하지 않는 것도 없으며, 또한 선악 짓는 것도 없느니라.

만일 불을 찾고자 할진대 모름지기 견성할지니라. 이것이 곧 불이요, 만일 견성치 못하면 염불하고 경을 외우고 제를 가지고 계를 가져도 또한 이익이 없느니라. 염불은 인과를 얻고, 독경은 총명을 얻고, 지계는 천상에서 태어나고, 보시함은 복을 얻나니 불은 마침내 얻지 못하느니라.

만일 자기를 깨닫지 못하거든 모름지기 선지식을 찾아가서 생사근본을 마칠지니라. 만일 견성하지 못하면 선지식이 아니니라. 비록 십이부경을 다 설한다 할지라도 생사를 면치 못하며 삼계에 윤회하는 고를 받아 나올 기약이 없느니라. 과거에 선업을 지었으나 십이부경을 외어도 오히려 윤회를 면치 못하는 것은 다 견성하지 못한 까닭이니라. 착한 선행지도는 이와 같거니 지금 사람이 삼오본경을 논하여 불법으로 삼는 자는 어리석은 사람이로다. 만일 자신의 생명을 알지 못하고 팔만장경을 다 외운다 하더라도 도무지 쓸 곳이 없느니라.

만일 부처 찾기를 요구할진대 모름지기 견성하여야 할지니 이성이 곧 부처이니라. 부처는 곧 자재한 사람이며 만드는 사람이 아니니라. 만일 견성하지 못하면 종일토록 밖을 향하여 바쁘게 쫓아서 찾아보아도 부처는 찾지 못하느니라. 비록 한 물건도 가히 얻을 수 없으나 만일 알지 못할진대 또한 선지식을 찾아가서 간절히 구해야 마음으로 깨닫게 될지니라. 나고 죽는 일이 크니 실허금 공과하지 말라. 나를 속여 이익이 없느니라. 비록 보배가 태산 같고 권속이 항하사 모래와 같을지라도 눈을 뜨면 곧 볼 수 있으려니와 눈을 감으면 보겠느냐 못 보겠느냐. 그러므로 법이 몽환 같은 줄을 알지니라.

만일 급히 스승을 찾지 아니하면 일생을 헛되게 보냄이라. 그러니 불성이 너의 생명에 있으니 만일 스승을 인하지 아니하면 마침내 밝게 알지 못하니 스승 없이 저 혼자 깨치는 자는 만인 중에 드무니라. 만일 자기가 인연을 계합하여 성인의 뜻을 얻는 자는 선지식을 참례하지 말지니라. 이것은 나면서부터 아는 훌륭한 지혜 있는 자이니라. 만일 깨치지 못할진대 모름지기 근고 참학할지니 가르침을 인하여 바야흐로 깨침을 얻느니라.

만일 스스로 밝게 마칠진대 배우지 아니하여도 얻음이니 미한 사람과는 같지 아니하니라. 능히 색깔을 분별하지 못할진대 망령이 되어 불의 교칙을 펴지 말라. 이것은 불을 비방하며 법을 어지럽게 하는 것이니 이와 같은 자들은 설법을 비 쏟아지듯 하더라도 이것은 다 마설이지 불설이 아니며, 스승은 마왕이요, 마왕의 제자이니라. 미한 사람이 마왕의 지도를 받아 생사바다로 끌려감을 알지 못하는 도라. 다 견성하지 못한 사람이 망령되어 불이라고 일컬으나 이런 중생은 큰 죄인이니라. 저 일체중생을 속여 그로 하여금 마구니 경계에 들어가게 하는 것이니라. 만일 견성하지 못하면 십이부 경전을 설하여도 이것은 다 마군의 말이며 마군의 집 권속이며 제자가 아니니라. 이미 색깔을 가리지 못함이니 어찌 생사를 면하리오.

만일 견성하면 곧 성불이요, 견성하지 못하면 곧 중생이니라. 만일 중생의 성리를 떠나서 달리 불성을 얻을 것이 있을진대 불이 이제 어느 곳에 있는고. 중생의 성리가 곧 불성이니라. 성품밖에는 불이 없는지라 부처가 곧 성품이니, 이 성품밖에는 부처를 가히 얻을 것이 없고 부처밖에는 성품을 가히 얻을 수가 없느니라.

미심만행 미면 윤회(迷心萬行未免輪廻)

승: 만일 견성은 아니하였을지라도 염불하고 송경하고 보시하고 지
계하고 정진해서 널리 복리를 일으키면 성불함을 얻으오리까?

달마: 적은 법이라도 얻지 못하니라.

승: 또 물어 가로되 어찌하여 얻지 못합니까?

달마: 얻을 것이 있다면 이것은 하염있는 법이며, 이것은 인과며, 이
것은 업보 받는 법이며, 이것은 윤회 받는 법이라 생사를 면할
수 없거늘 어느 때에 불도를 얻으리오.

성불은 견성하여야 할 것이니 견성하지 못하고 인과를 말하는
것은 외도의 법이니라.

만일 불일진대 외도법을 익히지 말지니라. 불은 업이 없는 사람
이며 인과가 없으니 다만 작은 법이라도 얻을 것이 있으면 다
불을 비방하는 것이라 무엇을 빙자하여 이름을 얻으리오. 다만
한마음이든지 하나라도 능한 것이든지 하나라도 아는 것이든
지 하나라도 보는 것에 주착하면 불이 모두 허락지 않느니라.

불은 계행을 가지고 법한 것이 없는지라, 닦고 증할 것도 없으
며 인도 없고 과도 없느니라. 불은 계 가지는 것도 아니며 불은
선을 닦는 것도 아니며 불은 악 짓는 것도 아니며 불은 정진하

는 것도 아니며 불은 해태하는 것도 아니라. 불은 지음이 없는 사람이라 다만 주착하는 마음과 소견이 있으면 불이 곧 허락하지 않느니라. 불은 이런 불이 아니니 불이란 알음알이를 짓지 말지니라. 만일 이 뜻을 보지 못하면 일체 때 가운데와 일체처소에 다 이 본심을 알지 못할 것이니라. 만일 견성하지 못하고 일체시중에 무작상 짓기를 여길진대 이것이 큰 죄인이며 이것이 어리석은 사람이다.

무기 공중에 떨어져서 혼혼한 것이 술 취한 사람과 같아서, 좋고 나쁜 것을 가리지 못하리라. 만일 무작법 닦기를 여기 쓸진대 먼저 모름지기 견성한 연후에 반연한 생각을 쉬이리라. 만일 견성하지 못하고 불도를 이룬다고 하는 것은 옳을 것이 없느니라. 어떠한 사람이 인과를 쓸어 없애서 자연히 악을 지으면서 망령된 말을 하되 본래 공한 것이라 악업을 지어도 허물이 없다 하나니 이와 같은 사람은 무간지옥 흑암지옥에 떨어져 나올 기약이 없으니, 만일 지혜 있는 사람일진대 응당 이와 같은 견해를 아니하리라.

승: 이미 시위운동과 일체가 다 이 본심과 색심이 무상할진대 어찌 본심을 보지 못하는고.

달마: 생명이 항상 현전하되 네가 스스로 보지 못함이로다. 네 생명이 이미 반듯이 있을진대 어떠한 연고로 보지 못하는고. 네가 일찍이 꿈을 지었느냐?

승: 꿈을 지었나이다.

달마: 네가 꿈을 지을 때 꿈 안 꿀 때와 같으냐? 다르더냐?

승: 이 꿈 짓기 전에 본 몸이올시다.

달마: 너의 생명 작용이 꿈 짓기 전에 너와 다르더냐? 다르지 않더냐?

승: 다르지 않더이다.

달마: 다르지 아니할진대 곧 이 몸이 너의 본법신이며 이 법신이 곧 너의 생명이니라. 이 생명이 무시 왕대겁으로 쫓아옴으로 이제로 더불어 다르지 아니하여 일찍이 생사의 윤회가 없는지라.

나지도 아니하며 멸하지도 아니하며 덜하지도 아니하며 더럽지도 아니하며 깨끗하지도 아니하며 고운 것도 아니며 미운 것도 아니며 오는 것도 아니며 가는 것도 아니며 또한 남녀상도 없으며 승속 노소도 없으며 성인도 없으며 범부도 없으며 불도 중생도 없으며 닦고 증하는 것도 없으며 인과도 없으며 근력도 없으며 상모도 없음이 허공과 같아, 취하려 해도 취할 수 없으며 버리려 해도 버릴 수 없나이다.

산하석벽이 능히 걸리게 못하여 출몰왕래에 신통이 자재한지라 오온의 산을 뚫으며 생사 바다를 건너나니 일체 업이 이 법신을 거리낌은 어찌할 수 없느니라. 이 생명은 미묘하여 보기가 어려운지라 생상과는 다르니 이 생명이 불이니라.

사람마다 저 광명 가운데서 손의 놀림과 발의 움직임을 보고자 하는 자가 항하사 모래 수와 같되 묻는 데 미쳐서는 다 얻지 못한다고 하는 것이 무슨 연고인고. 불께서 말씀하시되 일체중생이 다 이만한 사람이라 미함을 인하여 업을 지을 때 생사 바다에 떨어져 아무리 나오고자 하여도 도리어 빠지나니 다만 견성하지 못한 까닭에 있다.

사람이 만일 미하지 아니할진대 무엇을 인하여 묻는고. 그 중에 한 사람도 아는 자가 없도다. 제가 손 놀리고 발 움직이는 것을 어찌 알지 못하는고. 그런고로 알라. 성인의 말씀이 어김이 없으되 미한 사람이 스스로 알지 못하도다. 그런고로 알라. 이 생명은 밝히기 어려우니 오직 불을 안 사람만 능히 이 생명을 알고, 중생들은 다 밝게 알지 못하니라.

만일 지혜로 이 생명을 밝게 요달(了達)하면 이름이 법성이며 또한 이름이 해탈이니, 생사에 걸리지 아니하며 일체법이 저것에 거리낌을 얻지 못함일세. 이 이름이 대자재 왕불이며 이름이 부사이이며 성체며 장생불사며 이름이 대 생명이니라. 성인의 종종분별이 다 생명의 자심을 떠나지 아니함이니라 하시니 심장이 광대하여 쓰는 데 응하여 무궁한지라.

눈으로는 빛을 보고 귀로는 소리를 들으며 코로는 향기를 맡으며 혀는 맛을 알며 작용함이 다 이 자심이며 일체시중에 언어 끼리 끊어지며 심행처가 멸하나니 이것이 대 생명이니라. 고로 이르되 불의 빛과 광명이 다함이 없으며 반야지혜도 또한 그러하다 하시니 색이 무진함이 이 자심이니라. 심식이 능히 일체를 분별하며 내지 생명의 작용이 다 이 지혜니 마음이 형상이 없을 새 지혜도 다함이 없느니라. 그런고로 불의 색이 다함이 없고 지혜도 다시 그러하다 하시니 사대 색신과 오장육부가 곧 이 번뇌의 몸이라, 곧 생멸이 있거니와 법신은 항상 머물러도 머문 바 없는지라 여래의 법신이 항상 변하지 않느니라.

경에 말씀하시되 사람이 마땅히 생명이 본래 있는 것을 알 것이라 하시니 가슴은 다만 본성을 깨치시고 다시 다른 일이 없으시니 본성이 곧 이 마음이요, 이 마음이 곧 성품이니 이것이 제 불심이라. 전불후불이 다만 이 마음을 전함이시니 이 마음을 제한 밖에는 불을 가히 얻을 것이 없느니라. 전도한 중생이 자심이 불임을 알지 못하고 밖을 향하여 찾음으로 날이 다하도록 바쁘게 하여 염불하고 예배하나니 불이 어느 곳에 있는고. 마땅히 이와 같은 소견을 짓지 말지니라. 다만 자심만 알면 마음 밖에는 다시 불이 없는 것이니라.

경에 말씀하시되 무릇 경 있는 바 이 허망한 것이라 하시고 또 말씀하시되 있는 바에 불이 있다 하시니 생명이 이 불이라 마땅히 불을 가지고 불께 예배하지 말라. 다만 이 불과 보살의 상모가 홀연히 나타나거든 간절히 예경하지 말라. 나의 생명이 공적하여 본래 이와 같은 상모가 없으니 만일 상을 취하면 곧 이 마가 성한 것이라. 다 상에 떨어지리라.

만일 환이 이 마음으로 쫓아 일어남을 알면 곧 예를 하지 말라. 예배하는 자는 알지 못하는 것이요, 아는 자는 예배하지 않나니 예배하는 것은 마귀에 섭함을 입는 것이니라. 학인이 알지 못할까 두려워하느니 이에 이르느라 제불의 본성 체상에 도무지 이와 같은 상모가 없으니 간절히 뜻에 둘지니라. 다만 다른 경계가 있거든 캐지도 말라. 겁도 내지 말며 의혹심도 내지 말라. 나의 생명이 본래 청정하니 어느 곳에 이와 같은 상모가 있으리오. 내지 천룡·야차·키신·재석·범천왕 무리일지라도 또한 경중심을 내지 말며 두려워하지도 말라.

나의 생명이 본래 공적한지라. 일체 상모가 다 이 허망한 것이라 다만 상을 취하지 말라. 만일 소견과 범부 붓다의 소견을 일으키거나 및 불과 보살의 등상에도 경중심을 내면 저는 스스로 중생의 위치 가운데 떨어지리라. 만일 참을 알고자 할진대 다만 일체상을 취하지 아니하면 곧 얻을지니 다시 별말이 없느니라.

금강경에 말씀하시되 무릇 상 있는 바 다 이 허망한 것이라 하시니 모두 일정하고 실상한 것이 없으며 환이 일정한 상이 없느니라. 이것이 무상한 법이니 다만 상을 취하지 아니하면 저 성인의 뜻에 계합하리라. 경에 말씀하시되 일체상을 떠나면 곧 이름이 대 생명이니라.

명불경소이(明不敬所以)

승:　어찌 불보살에게 예배를 하지 말라 하시나이까?

달마:　천마파순이와 아수라 무리들이 신통을 나투어 여래와 보살의 상모를 짓되 능히 여러 가지 변화를 하나니 이것이 외도이다. 여래가 아니니라. 불은 이 내 생명이라. 그릇 불께 예배하지 말라. 불은 중국말이니 우리말로 하면 깨친 성품이라는 말이니라. 깨친 것이라 하는 것은 이 생명이 신령스러움을 깨친 것이

146

니 기틀을 응하여 물건을 제접하면 눈썹을 드날리며 눈을 깜짝거리며 손을 내두르며 발을 움직임이다.

나의 생명의 영불이 성품이라 성품이 곧 마음이요, 마음이 곧 불이요, 불이 곧 도요, 도가 곧 불이니 불이라는 것은 범부가 측량할 바가 아니니라. 또 본성을 보는 것으로써 불을 삼나니 만일 본성을 보지 못하면 다만 불이 아니니라. 가사 천경만론을 다 말하더라도 생명을 보지 못하면 다만 범부이지 불법은 아니니라.

지극한 도는 깊고 깊어 말로 알 수 없으니 경전에 무엇을 가자하여 미치리오. 자기 생명만 보면 일자무식이라도 또한 얻느니라. 생명이 곧 이 불이니 성체가 본래 청정하여 잡란하고 더러움이 없느니라.

모든 말씀은 다 성인의 마음으로 쫓았음을 일으킴이니, 쓰는 체가 본래 텅 비어 이름과 말도 오히려 미치지 못하거든 십이부경이 어찌 미치리오. 나의 고향이 내 생명이니 도가 본래 뚜렷이 이룬 것이라 닦고 증득함을 쓰지 아니하며 또는 소리와 빛이 있는 것이 아니라 미묘하여 보기가 어려우니라. 사람이 물을 마시매 차고 더움을 아는 것과 같으니라.

또한 다른 사람을 향하여 말하지 말지어다. 오직 여래께서 아시고 인간과 하늘 사람들은 도무지 알지 못하느니라. 범부는 자기 생명의 고향에 미치지 못할 새 그런 소이로 상에 집착하느니라. 자기의 생명이 본래 공적함을 알지 못하고 망령되이 모든 상과 일체법에 집착하면 곧 외도에 떨어지리라. 만일 모든 법이 생명을 쫓아 남을 알면 마땅히 있는 것을 집착치 말지니 집착하면 곧 알지 못하느니라. 만일 본 생명의 실상을 보면 십이부경이 다 부질없는 문자이니라.

천경만론이 다만 마음을 밝힌 것이니 법을 가르치는 말 아래 확연히 계합하여 알면 경전을 장차 어디에 다 쓰리오. 지극한 이치는 말과 글이 다 끊어진 것이며 경전은 이 글이니라. 진실로 도가 아니니라.

만일 밤 꿈에 궁전누각이든지 코끼리나 말이나 수목총림이나 못이나 정자나 이와 같은 모양을 보거든 한 생각이라도 낙착심을 일으키지 말지니, 이것이 다 내가 의탁하여 나는 곳이 되느니라. 정신을 단단히 차려 간절히 뜻을 둘지어다. 임종 시에 도무지 상을 취하지 아니하면 곧 의심을 제하려니와 호말(毫末)이라도 생각을 일으키면 곧 마에 떨어지리라.

법신은 본래 청정하여 받는 것이 없건만 다만 미한 것을 인연하는 고로 깨치지 못하고 알지 못한 것이니, 이것을 인하여 망령되이 업보를 받을 새 소이로 낙착이 있어 자유자재치 못하느니라. 지금 만일 본래 내 생명을 깨치면 곧 섭기에 물들지 아니하리라.

만일 성인으로 쫓아 범부에 들어 여러 가지 집착된 무리를 나투는 것은 스스로 사람들을 위하는 연고이니라. 성인은 거슬리고 순한 데 다 자재함을 얻으니 일체 업이 저 성인을 구속하지 못하고 결박되지 않느니라. 성인을 이루어 오래 됨에 큰 위덕이 있으니 일체 업장이 저 성인에게 굽임을 입어 천당지옥이 저 성인을 어찌하지 못하느니라.

범부는 신식이 어두워 성인의 내외 명철한 것과 같지 않나니 만일 의심이 있거든 곧 짓지 말라. 의심을 지으면 곧 생사에 떨어지리니 후회하여도 쓸 곳이 없으니라. 빈궁하고 곤궁한 것이니 다 망상으로 쫓아 나는 것이니 만일 마음을 요달하여 서로서로 권면하되 다만 지음이 없이 지으면 곧 여래의 지경에 들어가리라. 초발심은 신식이 다 바르지 못한 것이니 만일 꿈에 자주 기이한 경계를 볼지라도 문득 의심하지 말라. 다 나의 마음에서 일어나는 것이라 밖에서 쫓아오는 것이 아니니라. 꿈에 만일 광명이 나타남이 수레바퀴보다 더 지내가면 곧 남은 습기가 다하고 법계성이 다 나타나고자 함이니라. 만일 이 일이 있으면 이것이 곧 성불할 인연이니 오직 저 혼자만 알고 가히 타인을 향하여 말하지 말라.

혹 고요한 가운데 행주좌와 어묵동정에서 눈에 광명이 혹 크고 적음을 볼지라도 타인에게 말하지 말며 또 취착하지도 말지니 역시 자심광명이니라. 혹 어두운 밤 가운데 행주좌와하다가 눈에 광명을 보는 것이 낮과 다름이 없더라도 괴이하게 여기지 말지니 아울러 자심이 밝고자 함이니라. 혹 밤 꿈 가운데에 별과 달을 분명히 보면 또한 자심에 모든 인연이 쉬고자 함이니 또한 타인에게 말하지 말라. 꿈이 만일 혼혼하여 마치 어둡고 음침한 곳에 닿는 것과 같으면 역시 자심에 번뇌장애가 무거운 것이니라. 만일 본 성품을 보았거든 독경염불을 하지 말지니, 널리 배워서 아는 것이 이익이 없는지라 신식이 전전이 어두우니라. 법문은 다만 마음을 표시하는 것이니 만일 마음을 알진대 어찌 경과 교를 보기를 쓰리오. 만일 범부로 쫓아 성인에 들어갈진대 곧 업을 쉬고 믿음을 길러 분을 따라 날을 지낼지어다. 만일 희로애락이 많을진대 도와는 어긋남이니 자기가 자기를 속이므로 이익이 없느니라. 생사 가운데서 자유자재가 출몰하여 숨고 나타남이 일정한 것이 없나니 일체 업이 저 성인을 구속하지 못하고 결박하지 못하며 능히 사마를 항복 받느니라.

일체중생이 다만 성품을 보면 업장과 습기가 다 없어지고 심식이 문득 밝아 알지니 참 도를 알고자 할진대 한 법도 집착하지 말고 업을 쉬고 정신을 집중하라. 업행과 습기가 또한 다하면 자연히 명백하여 공 드림을 쓰지 아니하리라. 외도는 불의 뜻을 알지 못함으로써 공역을 가장 많이 쓰나 성인의 뜻에는 가장 어기는 도다. 날이 다하도록 구구히 하여 염불독경을 하더라도 신성이 어두워서 윤회를 면치 못하느니라.

불은 한가한 사람이라 어찌 구구하게 힘 쓰리요, 넓이 명리를 배웠다 무엇에 쓰리요, 다만 견성하지 못한 사람은 독경 염불하며 정진하며 육시행도 예배하며 항상 앉아 눕지 아니하며 넓이 배우고 많이 듣는 것으로 불법을 삼나니 이러한 중생이 다 법을 비방하는 것이니라. 전불후불이 다만 견성을 말하시니 만일 견성하지 못하고 망령되이 내가 무상대도를 얻었다 할지라도 이것들은 큰 죄인이니라.

십대제자 가운데 경희가 박학다문하여 식견이 제일이나 붓다께서 꾸중하여 다만 성문과 외도로 모든 식견을 놓아버리게 하시니 닦아 증득하는 것은 인과에 떨어지는 것이니라. 이것은 중생의 업보라 생사를 면하지 못하며 불의 뜻에 크게 어긋남이라 불을 비방하는 사람이라 죽어도 죄가 없느니라. 만일 진정한 신심이 있을진대 이 사람은 붓다와 함께 있는 사람이라 만일 견성하지 못하면 간절히 선량한 사람을 비방하지 말라. 자기가 자기를 속이는 것이니 유익함이 없느니라.

선과 악이 역연하고 인과가 분명한지라. 천당지옥이 목전에 있느니라. 미련한 사람은 믿지 않는지라. 흑암지옥에 떨어지고 또한 136지옥에 떨어져도 알지 못하나니 다만 업이 중한 고로 믿지 않느니라.

비유컨대 눈이 없는 사람이 해가 빛이 있음을 믿지 아니하나니 비록 저를 향하여 말할지라도 또한 믿지 않는 것이니 다만 눈이 먼 연고니라. 무엇이 햇빛을 가리우리요, 어리석은 사람도 또한 이와 같아 현세에 축생 잡류에 떨어지며 빈궁하천에 탄생하여도 살기를 얻지 못하며 죽기를 구하여도 얻지 못하나니, 비록 이 고를 받으나 바로 물으면 대답하되 나의 즐거움이 천당과 다르지 아니하다고 말한다.

하시니 그런고로 알라. 일체중생은 생하는 것으로 쾌락함을 삼아 깨치지도 못하고 알지도 못하도다. 이와 같은 악인은 자못 장애가 무거울 새라 만일 생명이 이 불임을 볼진대 머리를 깎고 중이 되는 데 있지 아니하니 흰옷 입은 세상 사람이라도 또한 불이니라. 만일 견성하지 못하면 머리를 깎고 중이 되어도 또한 외도이니라. 살피고 살필지어다.

도불재산야(道不在山野)

승: 세인은 처지가 있어 음욕을 제하지 못하거늘 어찌 성불하오리까?

달마: 다만 견성만 말하고 음욕은 말하지 아니하노니 다만 견성만 하면 음욕은 본래 공적한지라. 음욕 끊기를 가자할 것도 아니며 또한 집착할 것도 아니니 비록 남은 습기가 있더라도 능히 해가 되지 않느니라. 어찌 그런고. 성품이 본래 청정한 연고니 오온색신 가운데 있을지라도 그 성품이 본래 청정하여 더럽히지 못하느니라.

자심은 본래 주고받을 것이 없으며 주리고 목마름도 없으며 한열도 없으며 질병도 없으며 은애도 없으며 권속도 없으며 고락도 없으며 좋고 나쁨도 없으며 장단 강약도 없으며 본래 한 물건까지 없으되 다만 색신이 있는 걸 인연하여 곧 기갈이며 한열, 질병 등이 있나니 만일 속지 않을진대 한번 짓기를 무방히 하여 생사 가운데 자제함을 얻어 일체법을 능히 굴려 성인의 신통과 자재무애 할진대 처소마다 편안하지 않는 곳이 없으리라. 만일 의심이 있으면 결정코 일체 경계를 뚫어내지 못하여 생사윤회를 면하지 못하리라. 만일 견성만 하면 동물, 소 등을 잡는 백정이라도 성불하리라.

도한역득성도(屠漢亦得成道)

승: 전다라는 살생 작업을 하거니 어찌 성불을 하리잇고.

달마: 다만 견성만 말하고 살생행의 작업은 말하지 않았으니 비록 업을 짓더라도 미한 사람과 같지 아니한지라. 일체 업이 견성한 사람을 구속하지 못하리라. 무시고아대겁으로 쫓아옴으로 다만 견성을 못함으로 지옥 가운데 떨어지나니, 그런 고로 업을 지어 생사윤회하거니와 본 성품을 깨치면 마침내 업이 되지 않느니라. 만일 견성하지 못하면 염불독경 기도해도 업보를 면하지 못하나니 살생을 의논할 것이 아니니라.

만일 견성하여 의심을 없애면 생명을 살해하였더라도 또한 업력이 견성한 사람을 어찌하지 못하느니라. 서천이십팔조로부터 다만 이 서로서로 심인을 전하고 나도 이제 이 나라에 온 것은 오직 돈교대기에 즉심시불을 전하고 계 가지고 정진하고 고행하며 내지 수화 중에 임의로 들어가고 겁윤에도 올라가며 일종하고 주야로 앉아서 눕지 아니한 그런 것은 말하지 아니하느니라. 그것들은 외도의 유위법이요, 불법이 아니니라.

만일 생명의 작용이 영각의 성품을 알면 너의 마음이 곧 제 불심이니라. 전불후불이 다만 마음을 전하는 것만 말하시고 다시 별다른 법이 없느니라. 만일 이 마음을 알면 일자무식이라도 또한 불이니라. 만일 자기 영각의 성리를 알지 못하면 가사 몸을 미진같이 부수더라도 성불은 못하리라.

불이라는 것은 또한 이름이 법신이며 불심이니라. 이 마음은 형상이 없으며 인과가 없으며 힘줄과 뼈가 없는지라 마침 허공과 같아서 취할 수 없나니, 질애가 있는 것과 같지 아니하며 외도와 같지 않느니라. 이 마음은 여래만 능히 알고 그 미한 중생들은 맑게 알지 못하느니라. 이 마음은 사대색신을 떠나지 아니하나니 만일 이 마음을 떠나고는 곧 능히 작용하는 것이 없느니라. 이 몸이 없는 것이 초목 초록과 같으니라. 이 몸은 무정하거니 무엇을 인하여 운동하느뇨. 만일 마음으로부터 내지 언어 시위 운동 견문각지가 다 이 심이 동한 것이며, 용이 동한 것이니라. 동한 것은 심이 동한 것이요, 동혜인 것이니라. 곧 그 용이니 동혜인 것이 용 외에는 따로 심이 없고 심 외에는 따로 동이 없는 것이니라. 동한 것을 의심이라 할 수 없고 심을 이 동이라 할 수 없으니 동의 근본이 심이 없고 심의 근본이 동이 없음이니라. 동은 심을 떠나지 않고 심은 동을 떠난 것이 아니나 심은 떠나고 떠나지 않을 것이 없으며 심은 동하고 동하지 않는 것이 없느니라. 의심이 용하고 용하는 것이며 이 심이 동하고 동하는 것이니 곧 심의 전체가 용하고 용하는 것이요, 곧 심의 전체가 동하고 동하는 것이니라. 동도 아니고 용도 아니니 용의 체가 본래 공하여 그 공한 근본은 동이 없음이니라. 동과 용이 한마음을 아나 마음 근본은 동이 없도다. 그런고로 경에 말씀하시되 동하여도 동한 바 없다 하시니

날마다 거래하여도 일찍이 거래함이 없고,
날마다 보아도 일찍이 보는 것이 없고,

날마다 하도록 웃어도 일찍이 웃는 것이 없고,

날마다 들어도 일찍이 듣는 것이 없고,

날마다 즐겨도 일찍이 즐겨하는 것이 없고,

날마다 다녀도 일찍이 다니는 것이 없고,

날마다 머물러도 일찍이 머무는 것이 없느니라.

경에 말씀하시되 언어도 끊어지고 심행처 멸함이라 하시니 견
문각지가 본래 고요한지라 내지 진심 나고 기꺼워하고 아프고
가려움이 어찌 목인과 다르리요, 전전히 추심하매 아프고 가려
움을 가히 얻지 못할 지로다.

고로 경에 말씀하시되 악업은 괴로운 과보를 얻고 선업은 착한
(즐거움) 과보를 얻는다 하시니 다만 악은 지옥에 떨어지고 선은
천상에 날 뿐만 아니라 만일 선과 악의 진이가 공한 줄을 깨쳐
다만 집착심이 없으면 곧 업력을 벗으리라. 만일 견성하지 못하
면 경을 강하고 논하더라도 결정코 의거할 것이 없느니라. 말로
다 논할 수 없어 간략히 정과 사를 이와 같이 표시하나 낱낱이
미치지 못하노라.

송하여 가로되, 일어나는 마음 안 일어나는 마음. 이 두 마음은
진실이 아니니 이 두 마음을 쓰되 안 쓴 마음으로 보는 마음을
가히 찾기 어렵도다. 너그러울 때는 법계에 두루하고 좁을 때에
는 바늘구멍에도 미치지 못하도다.

나는 본래 마음을 구하고 불을 구하지 않는지라 삼계가 공하여
한 물건도 없음을 밝게 알았도다. 만일 불을 구하고자 할진대

다만 이 마음을 구할지니 다만 마음이라고 마음 하는 마음이 이 불이니라. 나는 본래 마음을 구하여 스스로 마음을 가지니라. 마음을 구하매 마음 알기를 기다리지 말지니라. 본성은 마음 밖을 쫓아 얻는 것이 아니니 마음이 생하면 문득 죄가 성하는 것이니라.

계하여 가로되, 내가 이 나라에 온 것은 법을 전하여 미정을 구하려 함이니 한 꽃에 다섯 잎이 핌에 자연히 열매가 맺으리라.

오본래차지 전법구미정 吾本來此地 傳法救迷情

일화개오엽 결과자연성 一花開五葉 結果自然性

마음 깨달음의 기폭제

　삼계의 뜨거운 번뇌가 마치 불타는 집과 같은데 어찌 거기에 머물러 길고 긴 세월만 보낼까? 고통을 피하고자 하면 부처를 찾아야 하나니 부처를 찾으려면 부처는 곧 이 마음의 실상이니 어찌 먼 데서 찾으랴.

　이 몸을 여의지 않느니라. 4대(지수화풍)는 가짜라. 생이 있고 멸이 있지만 참 마음은 허공과 같아서 생멸이 없느니라. 그러므로 뼈와 살은 무너지고 흩어져 불로 돌아가고 바람으로 돌아가되 한 물건은 신령하여 하늘을 덮고 땅을 덮는다 하시니라.

　요즘 사람들은 어리석어 자기 생명이 참 부처인줄 알지 못하고 자기 성품이 참 법인 줄을 모르며 법을 구함에 멀리 성인들에게 미루고 부처를 찾고자 하면서도 자기 생명을 살피지 않는구나!

　만일 생명 밖에 부처가 있고 성품 밖에 법이 있다고 굳게 고집하여 불도를 구한다면 이 같은 사람은 오랜 세월이 지나도록 몸을 태우고 뼈를 두드려 골수를 내며 피를 뽑아 경을 쓰고 밤낮으로 눕지 않으며 하루 한 끼만 먹고 장경을 줄줄 외우며 온갖 고행을 닦는다 할지라도, 허공에서 발자국을 찾는 것 같아서 스스로 수고로움만 더할 뿐이다. 자기 생명만 알면 수많은 법문과 한량없는 진리를 구하지 않아도 얻게 되는 것이다. 그러므로 붓다께서 말씀하셨다.

"널리 모든 중생을 살펴보니 여래의 지혜 덕상이 갖추어 있고 모든 사람의 갖가지 허망한 생각이 다 여래의 뚜렷한 마음에서 일어난다."

이 생명을 떠나 부처를 이룰 수 없음을 알라. 마음의 바탕은 물듦이 없어서 본래부터 스스로 원만히 이루어진 것이니 망령된 반년을 여의면 곧 버젓한 부처이니라.

"만일 불성이 이 몸에 있다고 말한다면 이미 몸 가운데 있으면서 범부를 벗어나지 못한 것이니 어찌하여 저는 지금 불성을 보지 못하는 것입니까?"

"그대 몸 안에 있건만 그대가 스스로 보지 못하니 그러면 배고프고 목마른 줄 알며 차고 더운 줄 알며 성내고 기뻐하는 것이 무슨 물건인가? 또 이 육신은 지수화풍 네 가지 인연이 모인 것이라 그 바탕이 미련하여 식정이 없는데 어찌 보고 듣고 깨달아 알겠는가? 보고 듣고 깨달아 아는 것은 반드시 그대의 성품이니라."

그럼으로써 선사는 말씀하시기를,

"사대는 법을 설할 줄도 들을 줄도 모르고 허공도 또한 그러하며 다만 내 눈앞에 뚜렷이 홀로 밝은 형상 없는 것이라야 비로소 법을 설하고 들을 줄 안다."

여기서 말한 형상 없는 것이란 모든 붓다의 법인이며 그대의 본래 생명이다. 곧 불성이 그대 안에 있는데 어찌 그것을 밖에서 구할 것인가?

그대가 믿지 못하겠다면 옛 성인들의 도를 깨친 인연을 몇 가지 들어 의심을 풀어줄 터이니 진실로 믿으라.

옛날 이견왕이 바라제 존자께 물었다.

"어떤 것이 부처입니까?"

존자는 이렇게 대답하였다.

"성품을 봄이 부처님입니다."

"스님은 성품을 보았습니까?"

"그렇습니다. 나는 불성을 보았습니다."

"성품이 어느 곳에 있습니까?"

"성품은 작용하는 데에 있습니다."

"그 무슨 작용이기에 나는 지금 보지 못합니까?"

"지금 버젓이 작용하는데도 왕이 스스로 보지 못합니다."

"나에게도 있단 말입니까?"

"왕이 작용한다면 볼 수 있지만 작용하지 않는다면 그 체도 보기 어렵습니다."

"이것을 작용할 때에는 몇 군데로 출현합니까?"

"출현할 때에는 여덟 군데가 있습니다."

왕이 그 여덟 군데를 말해달라고 하자 존자는 다음과 같이 가르쳐 주었다.

"태내에 있으면 몸이라 하고 세상에 나오면 사람이라 하고 눈에 있으면 보고 귀에 있으면 듣고 코에 있으면 냄새를 맡고 혀에 있으면 말을 하고 손에 있으면 붙잡고 발에 있으면 걸어 다니고, 두루 나타나서는 온 누리를 다 싸고 거두어들이면 한 티끌에 있으니 아는 사람은 이것이 불성인 줄 알고 모르는 사람은 혼이라 부릅니다."

왕이 이 말을 듣고 곧 마음이 열리게 되었다.

또 어떤 스님이 귀종 화상께 물은 일이 있었다.

"어떤 것이 부처입니까?"

화상은 이렇게 말씀하셨다.

"내 이제 그대에게 일러주고 싶지만 그대가 믿지 않을까 걱정되노라."

"큰스님의 지극한 말씀을 어찌 감히 믿지 않겠나이까?"

"그것은 곧 너이니라."

"어떻게 닦아 가리까?"

"한 가림이 눈에 있으니 허공 꽃이 어지러워지는구나."

그 스님은 이 말끝에 알아차린 바가 있었다.

옛 성인의 도에 드신 인연이 이와 같이 명백하고 간편하여 힘들지 않았으니, 이 공안으로 말미암아 알아차린 바가 있다면 그는 곧 옛 성인과 더불어 손을 마주 잡고 함께 가리라. 바라건대 모든 도 닦는 사람은 이 말을 연구해 보아서 다시 의심하여 스스로 퇴굴심을 내지 말아야 할 것이다. 대장부의 뜻을 갖추고 위없는 보리를 구하는 사람이라면 이것을 버리고 무엇을 할 것인가?

결코 그에 집착하지 말고 바로 뜻을 알아 자기에게 돌아가 본종에 계합하면, 스승 없는 지혜가 저절로 앞에 나타나고 천진한 이치가 분명해 어둡지 아니하여 혜신을 성취하되 타인으로 말미암아 깨닫지 않을 것이다. 이 묘한 뜻이 비록 모든 사람 분상에 있지만 일찍이 반야 종지를 심은 대승 근기가 아니면 능히 한 생각에 바른 믿음을 내지 못할 것이니 어찌 한갓 믿지 못할 뿐이랴. 또한 이를 비방하여 도리어 무간지옥을 부르는 이가 적지 않으리라. 비록 믿어 받지 못할지라도 한 번 귀를 스쳐 잠시라도 인연을 맺으면 그 공덕을 헤아릴 수 없을 것이다.

　저 『유심결』에 이르기를,
　"듣고 믿지 않더라도 오히려 불종의 인을 맺고 배워 이루지 못하더라도 오히려 인천의 복을 덮는다."
고 하니 성불할 정인을 잃지 않거든 하물며 들어 얻고 배워 이루어서 수호해 잊지 않는 이야 그 공덕을 어떻게 헤아릴 것인가.

　과거 윤회의 업을 따라 생각건대 그 몇천 겁을 흑암지옥에 떨어지고 무간지옥에 들어가 갖가지 고통을 받았을 것인가? 그 얼마나 불도를 구하고자 하면서도 선한 벗을 만나지 못하고 오랜 겁에 빠져 답답히 깨닫지 못한 채 갖은 악업을 지었던 것인가? 때로 한번 생각한다면 나도 모르게 긴 한숨이 나오는 터이니 게을리 지내서 다시 그전 같은 앙화를 받지는 말아야 하겠다.

　그리고 누가 나로 하여금 이제 인간의 몸을 받아 만물의 영장이 되어서 도 닦는 길을 어둡지 않게 한 것일까? 진실로 눈먼 거북이가 나무를 만남이요, 겨자씨가 바늘에 꽂힘이라. 그 다행함을 어찌 다 말할 수가 있으랴.

　내가 만일 이제 스스로 퇴굴심을 내거나 게으름을 부려서 항상 뒤로 미루다가 그만 목숨을 잃고 지옥에 떨어져 온갖 고통을 받을 때에는 한

마디 불법을 들어 믿고 받들어 괴로움을 벗고자 원한들 어찌 다시 얻을 것인가. 위태로운 데 이르러서는 뉘우쳐도 이로울 바 없음이니 원컨대 모든 도 닦는 사람들은 게으르지 말며, 탐욕과 음란에 집착하지 말고, 머리에 타는 불을 끄듯 하여 비추어 살핌을 잊지 말라.

무상이 신속하여 몸은 이슬과 같고 목숨은 석양과 같은 것이므로 오늘에 있을지라도 내일에는 또한 편안히 보존하기 어려움이니 간절히 뜻에 새겨둘 일이다. 또 세간 유위의 선만 의지하여도 삼악도의 고통을 면하고 천상과 인간의 수승한 과보를 얻어 모든 쾌락을 받거늘, 하물며 이 최상승의 심이 깊은 법문을 잠깐 믿을지면 그 공덕은 과히 비유로써 말할 수 없는 것이다.

경의 말씀은,

"만일 어떤 사람이 삼천세계에 칠보로써 그곳 중생에게 보시하고 공양하여 다 만족을 얻게 하고 그곳 일체중생을 교화하여 사과를 얻게 하면 그 공덕이 한량없고 가히 없지만, 밥 먹을 동안만이라도 한 번 이 법을 바로 생각하여 얻은 공덕만 같이 못하다."

하시니 내 이 법문이 가장 높고 귀하여 모든 공덕에 견줄 수 없는 줄을 알아라.

"한 생각 깨끗한 마음이 도량이라, 수없이 많은 칠보탑을 조성하는 것보다 수승하느니라. 보탑은 마침내 무너져 먼지가 되겠지만 한 생각 깨끗한 생명은 정각을 이룬다."

원컨대 수행하는 사람들은 이 말을 깊이 살펴서 간절히 새겨둘 일이다. 이 몸을 금생에 제도하지 않으면, 다시 어느 때 제도할 것인가? 이

제 닦지 않는다면 만겁에 어긋나 등질 것이요, 힘써 닦으면 닦기 어려운 행이라도 점점 어렵지 않게 되어 공행이 저절로 나아가리라.

요즘 사람들은 주려 음식을 먹으면서도 맛을 모르고 병들어 의사를 만나고서도 약을 먹을 줄 모르니 아, 어찌할 것인가. 따르지 않는 사람은 성인인들 어쩔 수 없구나! 세간의 함이 있는 일은 그 모습을 볼 수 있고 그 공을 징험할 수 있다. 그러므로 사람들이 한 가지 일만 얻으면 그 희유함을 찬탄하지만 우리 이 심종은 모습을 볼 수 없어서 언어의 길이 끊어지고 마음 간 곳이 없다. 그러므로 천마와 외도가 훼방하려야 할 수 없고 제석천과 범천의 하늘들이 칭찬하려야 미치지 못하는 것인데 하물며 얄팍한 범부의 무리가 어찌 추측이나 할 것인가? 슬프다. 우물 안 개구리가 어찌 창해의 넓음을 알며, 여우가 어찌 사자의 소리를 내랴?

그러므로 알아라. 말법 세상에 이 법문을 듣고 희유한 생각을 내어 믿고 받아 가지는 사람은 이미 한량없는 겁에 모든 성인을 받들어 섬겨서 갖가지 선근을 심고 깊이 반야의 정인을 맺는 최상의 근성인 것이다.

경에 말씀하기를,

"이 글귀에 능히 신심을 내는 이는 마땅히 알라. 이 사람은 한량없는 붓다의 회상에 모든 선근을 심은 것이다."

하시고 또,

"대승을 발한 이를 위해 설하며 최상승 발한 이를 위하여 설한다."

원컨대 모든 수도하는 사람들은 미리 겁을 내지 말고 용맹한 마음을 낼 것이니 숙세의 선근은 알 수 없느니라. 만일 수승함을 믿지 않고 하열함을 달게 여겨 어렵다는 생각을 내어 닦지 않으면 비록 숙세의 선근이 있을지라도 이제 그것을 끊는 것이므로 더욱 괴로움에 자꾸 멀어지리라. 이미 보배 있는 곳에 이르렀으니 빈손으로 돌아가지 말지니라.

한 번 사람 몸을 잃으면 만겁에 돌이키기 어려우니 원컨대 마땅히 삼갈 것이니라. 어찌 지혜로운 이가 보배 있는 곳을 알고도 구하지 않아 길이 외롭고 가난하고 원망하랴? 보배를 얻으려면 가죽 주머니를 놓아 버리고 생명에 눈을 떠야 한다.

자기 생명 찾기는 어렵지 않네. 버릴 것은 오직 집착뿐, 밉다 곱다 마음 없으면 명백하리라. 털끝만 한 차별이 있어도 하늘과 땅만큼 벌어지나니 참 나가 나타나려면 순(順)도 역(逆)도 두지 말라. 모두가 어긋난다. 시비를 하면 이것이 마음의 병이니 깊은 뜻을 모르면 생각을 가라앉힌다 해도 소용이 없다.

허공처럼 원용하여 남고 모자람 없건마는 도리어 취사심 때문에 여여하지 못하도다. 인연을 쫓지도 말고 적멸에도 빠지지 않아서 한 가지 그대로만 지니면 헛것은 스스로 다하리라. 움직임을 쉬어서 그침으로 돌아가면 그침이 다시 움직이나니 오직 양쪽 가마에 머물거늘 어찌 종일을 알 수 있으리오. 일종을 통하지 못하면 양쪽 끝에 빠쳐 공덕을 잃으리니 유를 버리면 유에 빠지고 공을 따르면 공을 등지느니라. 말이 많고 생각이 많으면 어지러움이니 막히지 않고 말과 생각이 끊어지면 통하지 않는 것이 없느니라.

근원에 돌아가면 실체를 얻고 비춤을 따르면 근본을 잃나니 잠깐 반조하면 앞의 공보다 훨씬 뛰어나니라. 앞의 공이 뒤처져 변하면 모두 망령된 생각을 비추나니 참을 구하려 들지 말고 다만 망상을 쉴지어다.

두 견해에도 막힘없이 하라. 조그만 시비라도 일으키면 어지러워 본심을 잃느니라. 둘은 하나 때문에 있는 것이니 하나마저도 두지 말라. 허물없으면 법이 없고 나지 않으면 마음이라 할 것도 없으니 능은 경계를 따라 없어지고 경계는 능을 쫓아 가라앉느니라. 경은 능으로 말미암아 경이요, 능은 경으로 말미암아 능이니 양단된 뜻을 알고자 하거든 본래로 일공임을 알아라. 일공이 두 가지에 같아서 삼라만상을 다 포함하나니 정밀하고 거친 것에 구분 없으면 어찌 편단이 있으리오.

큰 도는 바탕이 넓고 커서 쉽고 어려울 것 없지만 좁은 소견에 의심 지어 서두르는 것이 도리어 늦어지도다. 붙들고 있으면 척도를 잃어 반드시 삿된 길에 들고, 놓으면 자연하여 자체에 가고 머묾이 없도다. 성품에 맡겨 도에 합치하면 일없는 듯 번뇌 끊기고 마음뿐, 참뜻 어기면 흐리멍덩 잠겨서 좋지 않다.

좋지 않으면 정신이 번거로우니 무엇 친소를 따지리오. 일승으로 나아가려면 육진을 싫어하지 말라. 육진을 싫어하지 않으면 도리어 오른 깨침이 되느니라. 지자는 함이 없건만 우자는 스스로 얽매이도다. 법에 두 가지 법이 없건만 망령되이 스스로 애착하여 마음으로써 마음을 쓰니 어찌 그릇 되지 않으리오. 미하면 생사가 있고 깨치면 좋고 궂음이 없나니, 일체 분별을 망령되이 집착하도다. 몽환이요 공화인 것을 무어라 애써 붙들려 하는가. 얻고 잃고 옳고 그름을 한꺼번에 놓아버릴지니라.

눈에 잠이 없으면 모든 꿈은 저절로 사라지고 마음이 다르지 않으면 만법이 한 가지로 여여하리라. 일여는 바탕이 현묘하여 모든 인연을 잊었으니 만법을 평등이 관찰하면 자연 그대로 돌아가리라. 모든 까닭이 없어져서 무엇에 비교할 수도 없으니 그침이 곧 움직임이요, 움직임이 곧 그침이로다. 두 가지가 이미 성립되지 않는데 하나인들 어찌 있을쏜가? 마지막 다한 이치에는 법칙이 따로 없느니라.

마음에 계합하여 평등케 되면 능소가 함께 끊어지고 의심이 다해 없어지면 바른 믿음이 고루 곧게 되느니라. 모든 것은 머물러 있지 않으니 기억할 아무것도 없으니, 허허로운 밝게 비치나니 애써 마음 쓸 일 아니로다. 사랑으로 미칠 바 아니라 정신으로 헤아릴 수 없나니 진여법계는 남도 없고 나도 없도다. 급히 상응코자 하거든 둘 없는 이치를 말할 뿐이니 둘 아님은 같다는 것 포용치 않음이 없도다. 모든 성현들이 다 이 종취(宗取)로 돌아오나니 종취는 빠르고 늦음 없어서 한 생각이 곧 천 년이로다.

유무가 따로 없어서 시방이 바로 눈앞에 펼쳐졌도다. 아주 작은 것은 큰 것과 같아서 경계를 알 수 없고 아주 큰 것은 작은 것과 같아서 그 끝을 볼 수 없도다. 있는 것이 곧 없는 것이요, 없는 것이 곧 있는 것이니 만약 이 같지 않거든 모름지기 지킬 바가 아니로다. 하나가 곧 일체요, 일체가 곧 하나이니 다만 이렇게만 한다면 마침을 걱정하리요. 생명은 둘이 아니니 둘 아닌 생명은 말길이 끊기고 과거 세상, 현재 세상, 미래 세상이라 할 수 없다.

법계에 자비로운 보배 사람 있으니 오랫동안 그 몸 묶어두고 명심하여 이르되 '옛적에 마음을 거두어 잡은 사람이다' 고 하니 살피고 경계

할지니라. 많이 생각하지 말고 많이 알려고도 말라. 아는 것이 많으면 일 또한 많으니 마음을 쉬는 것만 같지 못하고, 생각이 많으면 잃음 또한 많나니 하나를 가지는 것만 같지 못하다. 생각이 많아지면 뜻이 흩어지고 아는 것이 많으면 마음이 어지러우니 마음에 번뇌가 나고 뜻이 흩어지면 이룸이 막히게 되느니라. 그러므로 감히 욕심내지 말지니 그 고통만 더욱 길어질 뿐이요, 무엇이 두려운지 말하지 말라. 그 화가 솥 속의 끓는 물과 같으니라. 물방울일지라도 끝없이 이어지면 마침내 사해에 가득 채워지나니 작은 번뇌를 끊지 않으면 장차 오악(五嶽)을 이루게 되느니라.

결실을 잘하려면 근본을 다스려야 하나니 비록 처음은 적을지라도 가볍게 여기지 말라. 눈·귀·코·입, 육정(六情)을 닫아서 색을 엿보지 말고 소리를 듣지도 말지니, 소리를 듣는 것은 눈으로 봄과 같이하고 눈으로 보는 것은 귀로 들음과 같이할지니라.

한 가지 학문과 한 가지 재주가 허공 가운데의 작은 묘기요, 한 가지 기술과 한 가지 기술이 햇빛 아래의 외로운 등불과 같도다. 영특하고 현명하고 재주 있고 뛰어남이 오히려 어리석음 기르나니, 순박함을 버리고 화려한 데 빠져들면 식마(識馬)가 쉽게 날뛰어 생각을 제어하기 어렵도다. 정신이 피로하면 몸이 반드시 상하여 쓰러지게 되고 미혹하여 삿된 길로 빠져들면 수도의 길이 영원히 막히게 되느니라.

영현재능(英賢才能)을 일컬어 마음이 혼미함이라 하는 것은 서툰 것을 자랑하고 고요한 것을 부러워하여 그 덕이 미치지 못하기 때문이다. 명성만 높고 행이 없으면 높은 명성이 빨리 무너지고, 융성할 때 펴고 힘들 때 그만 두면 그 쓰임이 한결같지 못하며, 안으로 교만과 자랑하는 마음을 품으면 밖으로부터 원망과 증오를 받게 되느니라. 혹 입으로 말하고 혹 손으로 글을 써서 사람들로부터의 명예를 구한다면 또한 심히 더러운 것일세. 범부는 그것을 길하다고 하지만 각자는 그것을 허물이라 이르노니 좋고 즐거운 것은 잠깐이요, 슬픔과 근심은 장구하니라.

그림자와 발자취를 두려워하여 달아나면 달아날수록 더하리니 단정히 나무 그늘에 앉아라. 자취도 그림자도 없어질 것이다. 생을 싫어하고 늙는 것을 근심하는 생각과 조작들이 끊임없이 이어지지만 마음에 만일 생각이 없어지면 생사가 길이 끊어진다. 한 도가 비고 고요하여 만물이 평등해지는 경지에 이르면 무엇이 빼어나고 무엇이 열등하며 무엇이 무겁고 무엇이 가벼우며 무엇이 귀하고 무엇이 천하며 무엇이 욕되며 영화로우랴.

맑은 하늘은 깨끗한 것을 부끄러워하고 밝은 해는 빛을 부끄러워하나니 태산보다 편하게 하고 금성보다 견고히 하라. 공경히 성현들에게 비결을 물려주노니 이 도는 이로움도 되고 해로움도 있느니라.

붓다의 가르침

붓다께서는 녹야원에 머물고 계셨다. 그때 부처님께서는 5비구에게 이렇게 말씀하셨다.

"비구들이여, 출가자가 삼가야 하는 2가지 극단이 있다. 하나는 감각적 욕망과 또 하나는 그로부터 비롯되는 쾌락의 탐욕이다. 그러한 것은 고통을 줄 뿐이며 부끄럽고 이롭지 못하다."

이 두 가지 극단은 어느 쪽도 따르지 않으므로 붓다는 식견과 이해를 낳게 해주는 중도를 깨달았다. 이 식견과 이해는 평화, 앎, 완전한 깨달음과 열반의 바탕이 된다. 붓다가 깨달았다고 하는 중도란 무엇인가. 그것은 정견·정어·정사·정념·정정·정사유·정정진으로 이루어진 팔정도다.

"비구들이여, 여기 고성제가 있다. 태어남은 고통이다. 늙음, 병듦, 죽음이 고통이다. 고뇌, 슬픔, 비통, 근심은 고통이다. 싫어하는 이와 함께하는 것, 좋아하는 이와 헤어져 있는 것, 간절히 바라는 것, 갖지 못하는 것은 고통이다. 다른 말로 하자면 오온이 자아를 구성한다고 생각하는 것은 고통이다.

비구들이여, 여기 집성제가 있다. 그것은 태어나고자 하는 욕망, 다시 태어나는 것을 즐거워하는 것, 그리고 여기저기에서 볼 수 있는 쾌락에 집착하는 것이다. 따라서 감각적 쾌락을 얻고자 하는 갈망, 존재하고자 하는 갈망 그리고 더 이상 존재하고자 하는 갈망이 있게 된다.

비구들이여, 멸성제가 있다. 그것은 갈망을 흔적 없이 없애버려 소멸시키는 것이다. 그것은 갈망을 버리고 멀리하는 것이다.

비구들이여, 고통의 소멸로 통하는 도성제가 있다. 그것은 정견·정사·정어·정업·정명·정근·정념·정정의 팔정도다.

비구들이 내가 고성제를 깨닫기 전에는 들어보지 못한 것들에 대해서 식견, 이해, 통찰, 지혜의 빛이 나에게서 생겨났다. 내가 고성제를 알아야 한다는 사실을 깨닫기 전에는 들어보지 못한 것들에 대해서 식견, 이해, 통찰, 지혜와 빛이 나에게서 생겨났다.

내가 집성제를 깨닫자 전에는 돌보지 못한 것들에 대해서 식견, 이해, 통찰, 지혜와 빛이 나에게서 생겨났다. 내가 집성제를 알아야 한다는 사실을 깨닫기 전에는 들어보지 못한 것들에 대해서 식견, 이해, 통찰, 지혜와 빛이 나에게서 생겨났다. 내가 고통의 원인에서 벗어나야 한다는 사실을 깨닫기 전에는 들어보지 못한 것들에 대해서 식견, 이해, 통찰, 지혜와 빛이 나에게서 생겨났다.

내가 멸성제를 깨닫자 전에는 내가 들어보지 못한 것들에 대해서 식견, 이해, 통찰, 지혜와 빛이 나에게서 생겨났다. 내가 멸성제를 체인하고 있다는 사실을 깨닫자 전에는 들어보지 못한 것들에 대해서 식견, 이해, 통찰, 지혜와 빛이 나에게서 생겨났다.

내가 고통의 소멸로 통하는 도성제를 깨닫기 전에는 들어보지 못한 것들에 대해서 식견, 이해, 통찰, 지혜와 빛이 나에게서 생겨났다. 내가 고통의 소멸로 통하는 길을 수행해야 한다는 사실을 깨닫기 전에는 들어보지 못한 것들에 대해서 식견, 이해, 통찰, 지혜와 빛이 나에게서 생겨났다.

이 3단계에 걸쳐 12가지 양상을 가진 사성제를 있는 그대로 파악하고 이해하지 못하는 한 인간들이 사는 세상에서 나는 가장 높은 깨달음을 이루었다고 말할 수 없다. 비구들이여, 3단계에 걸쳐 12가지 양상을 가진 사성제를 있는 그대로 파악하고 이해하자마자 인간들이 사는 세상에서 나는 가장 높은 깨달음을 이루었고 이해와 식견이 생겼으며 마음의 해탈은 흔들리지 않기에 이번이 최후의 태어남이며 다시는 태어나지 않는다고 말할 수 있다."

붓다께서 이렇게 말씀하시자 다섯 비구들은 마음이 기뻤다. 사성제에 관해서 듣자 교진나에게는 집착하는 일 없이 가르침의 의미를 파악할 수 있는 순수한 눈이 생겼다. 그는 생겨나는 것은 무엇이나 소멸한다는 사실을 깨달았다.

붓다께서 이와 같이 법륜을 굴리시자 여러 지신이 선언했다.

"녹야원에 있는 선인주처에서 가장 높은 법륜이 이제 막 굴렀습니다. 어느 세상의 그 누구도 그것을 되돌릴 수 없습니다."

사천왕은 지신들의 소리를 듣고 이렇게 선언했다.

"녹야원에 있는 선인주처에서 가장 높은 법륜이 이제 막 굴렀습니다. 어느 세상의 그 누구도 그것을 되돌릴 수 없습니다."

사천왕이 이렇게 외치는 소리를 듣자 도리천의 여러 신 염마계의 여

러 신 도솔천의 여서 신 화락찬의 여러 신 타화자재천의 여러 신 그리
고 범천계의 여러 신들이 선언했다.

"녹야원에 있는 선인주처에서 가장 높은 법륜이 이제 막 굴렀습니다.
어느 세상의 그 누구도 그것을 돌릴 수 없습니다."

그 시간 그 순간 그 찰나에 그 선언은 범천계까지 미쳤고 일만 세계
가 흔들리고 또 흔들렸다. 모든 신들의 광명을 능가하는 한량없는 광명
이 세상을 구석구석 비추었다. 이때 부처님께서는 감격스러운 목소리
로 말씀하셨다.

"정말로 교진나가 알아들었구나. 정말로 교진나가 알아들었구나."

그래서 교진나는 알아들은 교진나라는 이름을 얻게 되었다.

현명한 왕

현명한 왕이 있어 닭이 울 때에 먼저 일어나 불당(佛堂)에 들어가 성자(聖者)에게 경례하여 복의 도움이 있을 것을 믿고 조종(祖宗)에 제사 드려 은덕 갚을 것을 생각하며 사람들로 하여금 효도하도록 기도하고 온 세상에 남모르는 이익을 내리십사 발원한 다음 조종에 나아가 모든 대신들과 정사를 다스린다.

이 두 가지 일을 마친 다음에야 수라를 들며 그 다음에 목욕을 하고 원림에 나가 놀며 해가 질 무렵에는 전각에 논좌(論坐)를 만들고 국내의 큰 지혜가 있는 사문을 청해 바른 가르침을 설법하게 하되, 무엇이 선이요 무엇이 악이며 무엇이 바른 일이요 무엇이 잘못이요 무엇이 발전하고 나아가는 작용이요 무엇이 멈추고 멸하는 작용인가를 물으며 때로는 슬기로운 신하와 높은 수행자를 모아 국정을 물어 그 득실을 평하게 한다. 이렇게 하는 까닭에 스스로 반성하고 스스로 경계하는 것이 되어 왕의 덕은 날로 등대해 갈 것이며 이웃의 강국은 모두 굴복하고 온갖 신하들은 모두 다 엄숙해져서 한마음이 될 것이다.

나라를 잘 다스리려면 먼저 자신부터 단련하고 자애로운 마음을 길러서 그 마음을 가지고 국민을 대하며 사람들을 가르치고 이끌어서 마음속의 때를 벗겨내고 몸과 마음을 부드럽게 하여 세속의 즐거움보다 바른 진리의 즐거움을 얻게 하여야 한다.

아난다 너는 밧지국 사람들이 자주 모임을 가지고 바른 일을 서로 의논하여 몸소 지킨다는 말을 들은 일이 있느냐. 밧지국의 임금과 신하가 화목하고 윗사람과 아랫사람이 서로 공경한다고 들은 일이 있느냐. 밧지국 사람들이 법을 받들어 삼가야 할 것은 삼가고 예의를 어기지 않는다고 들은 일이 있느냐. 밧지국 사람들은 부모에게 효도하고 어른을 공경하며 순종한다고 들은 일이 있느냐. 그들이 조상을 공경하여 제사를 지낸다고 들은 일이 있느냐. 그 나라의 부녀자들이 정숙하고 진실하며 웃고 농담할 때라도 그 말이 음란하지 않다고 들은 일이 있느냐. 그 나라 사람들이 수행자를 공경하고 계행이 청정한 일을 존경하여 보호하고 공양하기를 소홀히 하지 않는다고 들은 일이 있느냐. 그렇다면 어른과 젊은이들은 서로 화목하여 갈수록 더 흥성할 것이다. 그 나라는 언제나 안온하여 누구의 침략도 받지 않을 것이다. 나라를 다스리는 이가 이 일곱 가지 법을 실행한다면 어떠한 적도 그 나라를 위태롭게 할 수 없을 것이다.

도리에 맞는 일을 실천하는 왕이 다른 사람을 괴롭혀 옥에 가두어 묶어 놓는다든가 다른 지방으로 추방한다든가 하면서 자비심이 있다고 하는 것은 모순이니, 어떻게 도리에 맞는 일을 실천하는 왕이라 할 수 있단 말인가?

174

대왕이시여, 이 같은 도리에 대해 말씀드리겠습니다. 비유컨대 나쁜 짓을 하는 자식을 걱정하는 부모가 참회시키고자 하여 방편으로 괴로움을 주어 그 죄를 다스리는 것과 같습니다. 이 경우 괴로움을 준다 해도 목숨은 끊지 말고 제근(諸根)도 파괴하지 않으면서 때리거나 꾸짖는 등 기타의 방법을 마음에 따라 씀으로써 괴로움을 주어 치죄하는 것이어서 결코 악한 마음이나 괴롭히려는 마음의 발로라고는 볼 수 없습니다. 오직 자식을 생각함이 무거우므로 참회케 해 다시는 악을 저지르지 않게 하기 위한 것뿐입니다. 그러기에 도리 아닌 짓이라 못하고 자식을 생각하는 행위라 해야 할 것이어서 결코 사랑하는 마음을 상실함이 없는 터입니다.

도리에 맞는 행위를 실천하는 왕의 악행을 다스리는 태도 또한 이와 같습니다. 자비의 마음이 무거워 참회시키고자 하는 것뿐이므로, 죽이지 않고 제근도 파괴하지 않으면서 대자심과 대비심을 일으켜 옥에 가두고 결박해 놓고 꾸짖는다든가 그 재산을 몰수하여 딴 곳으로 추방한다든가 해서 악을 버리고 선을 쫓게 하는 것이며 그렇게 함으로써 악을 저지르려는 생각을 품고 있는 다른 사람들도 도리 아닌 짓을 못하고 악한 마음을 일으키지 못하게 하는 것입니다.

그러므로 죄지은 사람들을 다스림이 일부러 남을 괴롭게 하는 것과는 전혀 다릅니다. 그러므로 두 행위가 반대인 듯도 하나 조금도 모순됨이 없다고 해야 하겠습니다.

법을 실행한다면 어떠한 적도 그 나라를 위태롭게 할 수 없을 것이다. 국가의 장이 되어 재용에 힘쓰는 자는 소인이며 국가를 어지럽게 하는 자니 벼슬자리에서 물리치고 어진 인재를 높은 자리에 명하여 만민에 힘쓰게 하면 백성이 편안하리라. 범행을 행하는 왕은 중생에게 8가지 마음을 내야 한다.

1) 중생 생각하기를 아들같이 하고
2) 악한 중생 생각하기를 병든 아들같이 하고
3) 고통 있는 사람에게는 대비심을 내고
4) 낙을 받는 사람에게는 환희심을 내게 하고
5) 우치한 사람에게는 그 어리석음을 덮어 두호하고
6) 사이가 좋지 못한 자들에게는 허물을 감싸주고
7) 일 처리를 잘하는 자는 좋은 약같이 하고
8) 자신에 대해서는 우아한 마음을 내느니라.

이 여덟 가지를 행하면 길운이 모이고 풍우가 때를 맞추어 오곡이 풍성하고 기갈이 없어지고 모든 피해자가 사라지며 비록 원수와 적이 국내에 있더라도 모두 자업의 죄과에 의해 스스로 고뇌를 받다가 소멸되느니라.

평안한 나라, 번창하는 나라, 만약 저 발기국 사람들이 옛 법을 잘 받들어 행하고 남의 부인이나 처녀를 범하지 않고 사람을 존중하고 받들며 열심히 일하면 모든 성자를 옹호하여 쇠하지 않고 이길 것이다.

다섯 가지 공포 없는 나라가 되어야 한다.

1) 조심성이 있고 과세기준이 평등해서 수탈의 공포가 없을 것

2) 군인이 충절이 있고 현명하여 욕심내지 않고 국민들을 협박
   하지 않고 공포심이 없게 하는 것
3) 관서가 직분을 지키고 은혜와 관용으로써 혹사 고통 받는다
   는 공포가 없을 것
4) 겸양하여 나라에 왜곡된 일이 없어 도적의 공포가 없을 것
5) 이웃 나라와 관계가 평화로워서 교류가 잘 이루어지고 침략
   의 공포가 없을 것

  이와 같이 수탈과 협박, 도적, 침략의 공포가 있으면 국민들은 불안
하다. 왕이 청정하면 신하들도 다 청정해질 것이다. 왕의 마음에 굴곡
이 없다면 모두가 존경해 받들 것이다. 왕이 탐심 없으면 죽어서 천왕
이 될 것이고, 편견이 없어 친불친을 두지 않으면 평등심을 지님이니
죽어서 천왕이 될 것이고, 아첨하는 말을 거절하고 바른 사람 말을 감
로와 같이 즐긴다면 죽어서 천왕이 되고, 백성을 사랑으로써 양육하면
복덕과 지혜가 구족해서 천룡팔부 신장들이 수호할 것이다.
  관리와 백성을 잘 수호한다면 청정한 덕으로 인해 신하들도 바른 행
위를 하게 되고, 백성들은 가을 하늘에 걸린 달처럼 청정해져서 인과를
배워 다투는 일이 없을 것이며, 어디나 다복되고 국민들은 평등함을 누
리게 될 것이다. 이렇게 될 때에 평온하고 화평하고 행복해지는 나라라
이를 수 있다.

어버이의 은혜

어버이 은혜를 어찌 높은 산에 비하며 어찌 넓은 바다에 비하리까? 이 자식 열 달 태중에서 기르실 때 오슬오슬 추운 적은 얼마였으며 자시고 싶은 입덧은 얼마나 있었습니까? 벗어놓은 신발을 되돌아보시고 산실로 들어가실 적에 걱정스러운 모습, 애기가 집 자리에 떨어지자 으앙 우는 소리를 듣고 사지백절이 찢어지는 고통 속에도 아들딸의 소리 듣고 안심하시던 그 모습, 어머니의 비애이시다. 3년쯤은 단잠을 못 주무시면서 키워주신 어머니 그 은혜, 이 몸 부수어서 가루를 만들어 어머니께 공양한들 만분의 일이라도 보답 되오리까?

대 생명을 나아주신 어버이 사랑은 표현할 수 없다. 이 고귀한 생명은 하늘에서 떨어지지 않았고 땅에서 솟아나지 않았고 오직 어버이로부터 이어받아 나의 생명이 탄생했다. 어머니의 뱃속에서 10달을 잘 길러주셨다. 어버이의 은혜를 하늘에다 비할까, 땅에다 비할까, 사회에다 비할까. 어버이의 은혜란 그 아무것과도 비교할 수 없다. 비교될만한 대상도 없다. 아예 비교가 안 되는 것, 비교할 수 없는 것, 비교해서도 안 되는 큰 은혜가 어버이의 은혜다.

하늘이 높다 한들 어버이의 은혜보다 못하고, 땅이 넓다 한들 어버이의 은혜보다 넓지 않고, 바다가 깊다 한들 어버이의 은혜보다 깊지 않고, 공기보다 더 고마운 어버이 은혜. 자식은 이렇게 큰 은혜를 입고 고귀한 생명만물의 영장을 받았으니, 어버이의 은혜는 잊을 길이 없다.

이와 같이 큰 은혜를 매시간 날이면 날마다 해가 바뀌어도 언제나 어느 때고 항상 감사한 마음으로 살아야 한다. 이 몸이 다할 때까지는 감사함을 잊지 말아야 한다. 이 세상에 가장 훌륭한 사람은 다른 사람이 아니고 나의 대 생명을 이어주신 어버이시다. 어버이의 은혜는 이 몸 다 바친다 하더라도 다할 수 없는 것이니 이 몸 다할 때까지 감사해야 할 것이며 사후까지라도 잘 모셔드려야 한다.

현대 사회에서 살아가는 과학 문화에 살아가는 청장년들에게 어버이의 은혜를 잊지 않고 높은 은혜에 감사할 수 있도록 어버이의 은혜인 경전 하나를 기록하고자 한다.

붓다의 10대 제자 중에 신통제일인 목련 존자는 어머니의 은혜를 잊지 않고 사후에까지 찾아가서 지옥(아비지옥, 무관지옥, 설산지옥) 등을 모두 샅샅이 살펴보시고, 지옥에서 온갖 고통을 받고 계심을 신통으로 보시고 무서운 지옥에서 살고 계신 어머니를 지옥에서 구출하셨다. 하늘에서 내린 효심이 아니고 땅에서 나게 하는 효심이 아니라 도를 깨치고 마음에서 우러나는 목련 존자의 효심은 이 시대를 살아가는 모든 이에게 표상이 되고 경종을 일깨운다. 효심이 담겨있는 경이 목련경이다.

음력 7월 15일 백중일은 지옥문이 열리는 날이라 하여 어버이의 은혜를 살아생전에 못다 한 자식들이 사후에라도 다소나마의 정성으로 고통을 받는 어버이의 지옥생활을 벗어날 수 있게 하는 날이다. 금생에 못다 갚은 은혜에 대해 내생에서도 감사할 수 있는 마음이 우리 인간의 발로심이다.

인간이 살아가자면 어려운 일도 닥쳐오는 것이다. 쉬운 일은 음덕이고 어려운 것은 베풂이라 한다. 사람은 어버이로부터 생명을 이어받아 태어났지만 그 큰 음덕과 은혜를 잊기는 쉬운 일이고 은혜를 갚기는 참으로 어려운 일이라 하겠다.

사람이 짓는 행위는 악업일 수도 있고 선업일 수도 있다. 가능하면 악업은 하지 않는 것이 인간이다. 인간은 원래로 선한 것이라 나에게도 이롭고 타인에게도 이로운 행위만이 사람이 할 일인 것이다. 하지만 사람으로 태어나서 사람답게 살다가 사람답게 가기란 어렵고 어려운 일이다. 이런 사람이 과연 몇 명이나 있을까? 그런 사람들의 삶은 아주까리 백 천 개를 거꾸로 세워놓기 같이 어려운 것이다.

그렇다면 어떻게 사는 길이 잘 사는 길인가? 덜고 살면 가벼워지고 놓고 살면 빛난다 했으니, 베풀고 나누고 적게 갖고 선심선행자가 빛을 발하는 삶인 것이다. 가능하다면 생명을 찾아서 견성 성불하는 길로 가는 것 또한 지족한 삶이 될 것이다.

4장
보리도에 이르는 생명관

보리도에 이르는 생명관

생명은 나, 영혼, 자기, 자아, 아트만이다.

우리 몸 안에서나 밖에서 상주하고 있는 불멸의 실체라는 관념은 거짓된 믿음이고 정신적인 무아의 개념이다.

1) 일상적으로 행위하는 주체로서 나는 인정이 된다.
2) 수행을 통해서 얻게 되는 인격의 의미는 아니다.
3) 참다운 아(我)를 진아(眞我)라 한다.
4) 육체는 죽더라도 진아는 영원불멸한 불성이다.
5) 이 생명은 가아에서 벗어나 진아를 찾자는 생명이다.
6) 내 생명은 실상의 존재다.
7) 내 생명의 고향 찾아 안락처를 이룬다.

나는 가아일 뿐 진아가 아니기 때문에 무아상으로 자아의 아집으로부터 해탈이며 열반이니 사상을 쳐부수는 일이고 아뇩다라삼먁삼보리를 이루어 간다. 새 생명 챙겨가는 것은 창조성을 이룬다. 별개의 존재인 오온을 가지고 자아라 할 수 있고 존재의 지속성을 가지고 자아라 하며 사후에 어떠한 존재로 다시 태어나는 것을 자아로 삼는다.

이렇게 자아 때문에 항상 윤회에서 헤어나지 못하므로 무상무아가 공문이면서 공이라, 무상이 자성이므로 금강경의 사상으로 종을 삼고 공을 채로 삼아 반야라 한다. 사상을 떠난 자리가 곧 반야라 철저한 면벽, 철저한 은산철벽만이 사상이 없어진다.

마음의 근본을 깨닫게 되면 예술적인 삶으로 인생을 살아갈 것이다. 그러면서 이웃과 친척, 사회, 국가에 공헌할 수 있는 공덕을 쌓을 것이다. 우리들 몸은 병으로 괴롭힘을 당하고 있어 404병을 앓으며 살아갈 수밖에 없다. 404가지의 약과 치료로써 해결한 적은 있으나 현재는 404가지보다 더 많은 병으로 심신의 병고에 많은 사람이 고통을 받는다. 몇십 배의 병명이 발견되므로 수천 수 가지의 의술과 약이 대치하게 된 것이다. 84,000병이 나타나고 이를 치유하기 위한 것이 곧 84,000가지의 의술과 의약이다.

하지만 갈수록 원인도 이름도 모르는 질병이 만연되어 사람들을 괴롭히고 죽인다. 그러므로 인류는 날이 갈수록 고난과 고통 속에서 살아갈 수밖에 없다. 다른 묘안이 서지 않는다. 묘안이 있다면 중생들이 고난과 고통에서 벗어날 수 있도록 하기 위하여 일찍이 붓다가 남겨주신 말씀이라 할 수 있다. 3,000년 전 이미 인류의 고통과 고난을 걱정하여 49년 동안을 노심초사하여 위대하신 말씀을 남겨 주신 것이 오늘날의 팔만사천 경장이라 할 수 있다.

인간은 만물 중에서도 가장 뛰어난 영장 동물로 태어났다. 시간마다 날마다 고통 바다에서 헤매고 있는 우리 중생들을 고통과 고난에서 구제하기 위해 80평생을 몸 바쳐 가르쳐 오셨다. 지옥(136지옥) 중생을 구출해 내기 위해 갖은 방편을 써가면서 생명존중과 더불어 대자대비로써 극락세계로 이끌고 안락국토에 태어나기를 염원해 오셨고, 더욱 행복한 삶을 누리도록 온갖 가르침을 주셨다. 만물의 영장인 인간으로 태어난 우리들 생명이 만물의 영장답게 살아갈 수 있도록 이끌어 주신 것이다.

이 모두가 고통과 고난뿐인 인간의 삶을 곧 내 몸의 고통 고난으로 여기시고, 어떻게 하면 모두를 구제할 수 있을까 하는 하나의 화두로 숙원을 이루기 위해 현세뿐 아니라 미래제가 다하도록 발원해 주신 것이다.

미래 세상은 사후에만 있는 것이 아니라 금생인 현세에서도 존재하고 있음을 말씀하셨다. 현상계에서는 과거·현재·미래가 존재하고 있다고 하지만 정신세계인 도법에서는 과거·현재·미래가 존재할 수 없음을 깨달으시고 과거가 현재이고, 현재가 과거이며, 미래가 과거이고, 미래가 현재이며, 현재가 미래이므로 삼세가 모두 개합된 경계로 차별을 두지 않았고, 높고 낮고 길고 짧고 남녀노소 선악 지옥과 천당 극락과 중생과 부처 생과 죽음을 모두 계합하는 계합법을 깨닫도록 하셨다.

사실을 사실대로 속임 없이 적나라하게 모두를 밝혀 주시고 구경성 정각에 이르는 길로 인도하셨다. 인류의 평안과 평화를 대 자유와 번영을 영원한 행복과 즐거움으로 인류에게 광명의 빛을 밝혔다.

도법에 굶주린 자만에 한해서 팔만사천 장경이 필요한 것이다. 도법이 필요치 않는 자에게는 금구성언일지라도 불필요한 것이니 불필요한 자를 위한 것은 아니다. 광장 설장을 늘어놓고도 끝에 가서는 나는 한마디도 설한 바가 없느니라 십만 팔천 대중 앞에서 말씀하셨다. 법은 법이되 법을 말하지 않았다고 한다. 저 열반을 증득했다고 한 말이 없다고 하셨다. 다 지옥이 따로 있고 미래가 먼 데 있고 미래가 사후에도 존재한다고도 말하지 아니하셨다.

삼세는 시간을 다투지 않고 찾아들고 있게 된다. 오늘이 편하고 즐겁고 행복한 것을 말했을 뿐, 다가오지 않는 길흉화복을 말한 것이 아니다. 즐거움·안녕·행복은 곧 바로 너에게 있노라.

현실을 간파하는 것이 지혜이다. 과거는 과거로 돌리고 현재는 현재로 살아가는 것이 인간이기 때문에 현실에 더욱더 충실하고 성실하게 살아가는 것이 가장 현명한 삶이라고 생각한다. 사람들 생각은 과거·현재·미래를 구분해 놓고 있으나 또한 그것만으로는 현실을 왜곡되게 보는 경우도 있어서 현실을 바로 보고 바로 아는 지혜와 현실을 바로 살아가는 것 또한 의미 있는 것이라 할 수 있다. 삶의 질을 향상하고 증장시키는 것이 무엇보다도 가장 시급한 일이 아니겠는가? 인류를 선도해야 할 오늘의 책임은 선각자에게 있다.

생명을 탄생시키어서 천만 가지 질병을 걱정하시었고 잘 길러주신 어버이 은혜는 하늘보다 높고 땅보다도 넓어, 은혜를 생각할 적에 시시각각 잊지 않고 감사와 고마움을 올려야 함에도 그렇게 하지 못하고 있다. 다시 한 번 뉘우치면서 반성할 때가 아닌가 생각된다.

부모님의 은혜는 자식이 갚아야 한다. 과연 무엇으로 은혜를 갚을 수 있겠는가. 인간 세상은 혼탁할 대로 혼탁해져 있으니 조상님들께 부끄럽고 송구스러울 뿐이다. 이렇게 은혜를 받고 살아있는 인생이니 나의 인생을 그럭저럭 헛되이 보낼 일이 아니다.

나의 인생 문제를 한번쯤 생각해 보자. 내 인생 문제를 해결해 줄 자는 아무도 없다. 그렇다면 누가 해결해야 되는가? 인생의 열쇠는 나만이 가질 수 있다.

모든 고난과 고통을 겪어가면서 살아가고 있는 것이 인생인 것이니 해결이 열쇠를 찾아내도록 생명공부에 힘써야 한다. 이렇게 생명공부에 힘쓰게 되면 생사는 무섭지 않다. 생명공부는 행주좌와에서 안락처를 이루기 위함이다. 때로는 일터에서 직장에서 써먹기 위한 것이고 내 생명의 고향을 찾아가는 길이 된다.

인생이라고 하면 나를 먼저 생각해 보아야 한다. 내가 어떻게 생겼는가? 나는 왜 나를 알지 못하고 살아왔던가? 나를 찾는다는 생각보다 생명을 찾는다는 관념의식이 수승했을 때 작용하는 생명을 알아보고 찾는 것이 더 시급할 것이다. 때문에 내 생명을 관하고 챙겨보는 데 집중한다면 가능하다. 생명의 위급성을 말하게 되면 물불을 가리지 않고 서두르게 될 것이다. 생명은 누구나 할 것 없이 차별이 없다.

새 생명공부를 해야만 생활화, 근대화, 대중화, 현대화, 세계화, 예술화로 승화될 수 있다. 붓다는 사생의 자부이시고 육도 중생을 불쌍하게 생각하시었고 생명을 존중하신 분이다. 생명존중을 첫째로, 그 다음으로 대자대비 사상 이고득락 보리도를 이루자는 것이다.

전 인류 생명존중의 차원에서 많은 생명 살상을 가져오는 핵무기는 전폐될 것이다. 세계 평화·인류 안녕은 여기에 뜻을 두고 점차적으로 해결해 나가야 한다. 이것은 오직 생명존중에서만 가능하다. 1차 세계 대전, 2차 세계대전 그 외에 동서양 각 지역에서 많은 전쟁이 발발했던 것을 볼 때 사람들이 생명경시와 아집에 사로잡혀서 뭇 생명을 죽였고 피비린내를 내왔음은 모두가 잘 아는 사실이며 겪어온 사실이다.

인류 양극화, 민족 간의 양극화, 국가 간의 양극화, 정치·경제·문화·사회 모든 생활이 극단을 치닫고 있다. 이것은 생명경시를 말하는 풍조이다.

삼독심 하나가 남에게 피해를 주고 남을 죽이는 결과를 만든다. 그러므로 생명을 보호하기 위해서 생명을 찾는 공부를 해야 한다. 이것이 안녕이고 행복이고 대 자유이면서 대자대비한 대 생명을 가져올 수 있다. 나만 잘 살고 내 나라만 잘 살고 내 국민만 잘 사는 이기주의 오만심은 버려야 한다. 남도 잘 살고 이웃 민족도 잘 살 수 있는 정치·경제·문화·사회 각 분야에서 잘 이끌어 나가는 지혜 발굴이 시급한 것이다. 우리 세대만이 아니라 미래 세대의 생명을 잘 보살펴 서로가 함께 잘 살 수 있는 기틀을 마련하자는 것이다.

자타가 따로 있는 것이 아니다. 타가 있어야 자가 있고 자가 있어야 타가 존재한다. 자타가 하나 되고 나라가 하나 되고 세계가 하나 되고 인류가 하나 되는 길이 평등사상이다. 이것이 붓다의 외침이고 가르침이다.

내 생명을 찾고 챙기면서 살아간다면 누구나 생명존중을 일으키게 되고 다함께 잘 살아 보자는 미덕으로 살 것이다. 새 생명을 찾고 살아가게 되면 양극화 현상은 자연히 치유될 것이다. 오늘이 평화임을 알고 오늘이 행복임을 알고 오늘이 새로움을 알고 오늘 살아있다는 것을 알고, 자신이 정화되고 안정되는 날 가정과 사회가 안정되고 국가·민족이 안정되며 나아가서는 세계·인류가 안정되어 평화를 이루게 될 것이다. 이렇게 되는 것만이 인류의 희망이다.

그렇지만 나만 잘 살고 내 국가만 잘 살고 내 민족만 잘 살기를 고집한다면 분열과 적대감과 반목만을 거듭할 것이다. 먼저 인격완성을 이루고 자리이타를 가져오는 수행 정진이 있어야 인류 사회가 번영하고 행복할 수 있다. 이 운동을 실행하는 자만이 대승 보살행이라 일컬을 수 있다. 생명관에 수행 정진이 없이는 대보살심을 발휘할 수 없게 되고 대 생명을 구하는 선구자라고 이름 할 수 없을 것이다.

나 하나가 청정하면 인류가 청정하고 나 하나가 혼탁하면 인류가 모두 혼탁하다. 생명공부는 자기가 자기 노릇을 하자는 것이고 자신을 극복하는 것이며 삶의 복이라 할 수 있다. 오직 정신만이 작용을 일으킬 수 있는 생명 찾는 챙김 공부로 일심 통일을 기대할 수 있다. 내가 먼저 통일을 알게 되면 인류·사회·국가가 통일의 길에 계합될 수도 있는 공부이기 때문이다.

생명존중인 사생자부로 육도중생을 구제로 이끌어 오신 붓다에게 믿음을 발하여 위대한 세존을 받들어 자기 생명관에 수행 정진해서 보리도에 이르게 되는 날, 보은하게 되고 세계 평화와 인류 안위를 앞당길 수 있다. 미래세에까지 그 광명을 영원토록 발원하는 길이 대승사상적 생명관이며 보리도의 구현이다.

출가시

곳곳이 총림이요 쌓인 것이 밥이어니
대장부 어디 간들 밥 세 그릇 걱정하랴
황금과 백옥만이 귀한 줄을 알지마소
가사 옷 얻어 입기 무엇보다 어려워라

이내 몸 중원천하 임금 노릇 하건마는
나라와 백성 걱정 마음 더욱 시끄러워
인간의 백 년 살이 삼만 육천 날이란 것
풍진 떠난 명산대찰 한나절에 미칠쏜가

당초에 부질없는 한 생각 잘못으로
가사 장삼 벗어 치고 곤룡포를 감게 됐네
이 몸을 알고 보면 서천축 스님인데
무엇을 인연하여 제왕가에 떨어졌나
이 몸 나기 전에 그 무엇이 내 몸이며

세상에 태어난 뒤 내가 과연 뉘기런가
자라나 사람노릇 잠깐 동안 내라더니
눈 한 번 감은 뒤에 내가 또한 뉘기런가

백 년 세상일은 하룻밤의 꿈속이요
만 리의 이 강산은 한판 노름 바둑이라
우임금 구주 긋고 탕임금은 걸을 치며
진시황이 육국 먹자 한태조가 새 터 닦네

자손들은 제 스스로 제 살 복 타고났으니
자손을 위한다고 소, 말 노릇 그만하소
수천 년 역사 위에 많고 적은 영웅들아
푸른 산 저문 날에 한 줌 흙이 되단 말가

올 적에 기쁘다고 갈 적에는 슬프다고
속절없이 인간에 와 한 바퀴 돌단 말가
애당초 오잖으면 갈 일조차 없으리니
기쁨 없었는데 슬픔인들 있을쏜가

나날이 한가로움 내 스스로 앎이라
이 풍진 세상 속에 온갖 고통 여읠세라
입으로 맛들임은 시원한 선열미요
몸 위에 있은 것은 누더기 한 벌 옷이로다

오호와 사해에서 자유로운 손님 되어
부처님 도량 안에 마음대로 노닐세라
세속을 떠나는 일 하기 쉽다 말을 마소
숙세에 쌓아 놓은 선근 없이 아니 되네

그동안 지나간 일 자유라곤 없었도다
강산을 뺏으려고 몇 번이나 싸웠더냐
내 이제 손을 털고 산속으로 돌아가니
만 가지 근심걱정 내 아랑곳 할 것 없네

도를 위해서 중이 되면 다음과 같은 10가지가 있다.

1) 의식주는 모두 해결되고

2) 공부는 해결되고 하기 싫어 못하고

3) 공기 물 맑고 좋은 산천에 살고

4) 구경여행 세계여행은 하고자 하는 데로 하고

5) 강원도 열려 있고 참선방도 열려있고 대학도 열려있고

6) 항상 여래의 품 안에서 살고

7) 선생, 강사, 교수, 박사, 선사도 되고

8) 종교·철학·진리에서 살고

9) 생명의 실상을 깨치고 무방 반야의 삶을 살고

10) 생사를 자제함을 얻을 수가 있다.

인류의 공생과 상생

우주계·태양계·은하계에는 수많은 세계들이 있지만 조화를 잘 이루고 서로 방해하지 않고 잘 유지계승하고 있다. 산천초목도 그렇고 모든 생물 또한 서로가 방해하지 않고 적대감 없이 상생하고 있다. 적대감 없이 상호가 조화를 이루면서 평화스럽게 유지하는 것을 너무나도 잘 알고 지켜보면서 배우며 산다.

그런데 우리 사람들은 어떻게 살아가고 있는 것인가. 내 생명을 지키기 위해서 온갖 수단과 방법으로 사력을 다하고 있다. 남은 죽든지 살든지, 막무가내로 물리적으로 무작위로 남을 적대시하고 살상하는 일을 서슴지 않고 저지르고 있다.

사람들은 왜 오직 자기 삶에만 급급하고 고귀한 생명을 앗아가는 길만 선호하는지, 한탄스러울 뿐이다. 죽이는 일에만 치중하는 것은 인간이 할 일이 아니다. 제도가 잘 되어있고 감시 감독이 철저하다지만 이것만으로는 감당키가 어려울 것이다. 제아무리 성현이 비 오듯 쏟아진다 하더라도 역부족인 것은 사실이다.

인류의 스승이요, 사생의 자부이신 우리의 붓다는 뭇 중생의 생명을 극히 존중하고 있다. 가장 시급하고 중시해야 할 것이 생명존중임이 오늘의 현실 아닌가. 사람의 마음은 원래 착한 것이다. 살다 보니 많은 악업을 저지르고 있지만 선행도 또한 행하고 있다.

인간 몸으로 태어나 인간다운 삶을 살다가 가자는 것을 반대할 사람은 없다. 인간답게 살아가는 것이 인류의 소망이며 바람이 아니겠는가. 자연은 우리에게 많은 교훈을 일깨워주고 있지만 무지하기 때문에 알지 못하고 느끼지 못하며 자신을 망각하고서 살아간다.

내 생명이 귀중하니 남의 생명도 보호하는 것이 내가 사는 길이다. 내 생명을 내가 갖고 살면서 자신의 생명을 발견하지 못하였기 때문에 존경하고 존중할 줄 모른다.

생명은 빛이요, 광명이요, 대 생명이라고 일컬었다. 사람만이 아니라 동식물에게도 자비의 마음을 내야 한다. 이 자비는 어버이의 자비이다. 대가를 바라지 않은 자비라서 대자대비라 하였다. 생명을 일깨워 알게 된다면 대 자비심은 우리에게도 넘쳐날 것이다. 하지만 중생은 무섭고 두렵고 괴로울 뿐이다. 팔만 사천보다도 더 많은 번뇌 망상에 흠뻑 젖어있어서 헤어날 길이 막연하기에 불행한 삶을 살아가고 있다. 성현들의 입장에서 볼 때 얼마나 안쓰럽고 가련할 것인가. 차라리 내가 대신하겠다는 서원까지 하셨으니 부모님의 마음가짐이라 할 수 있다.

사람을 죽이고 뭇 생명을 죽이고 인류를 20~30번이나 죽이고도 남는 살상무기인 핵이 남아돈다고 하니, 생명 있는 것들은 한시도 편하게 마음 놓고 살 수 없는 것이 오늘의 삶이다. 지금 즉시 중생을 죽이는 핵무기는 전면 폐기하여 지구상에서 더는 존재치 말아야 할 것이다. 그를 위한 선결조건 하나가 있다면 내 생명을 맑히고 밝혀 일깨워 챙겨 가는 것이라 할 수 있다.

붓다는 이런 대사건을 해결하기 위해서 먼저 자신부터 고행 정진 수행으로 궁전을 나서게 된 것이 아닌가? 나를 알았기에 남을 알고 남을 대 생명으로 일깨웠던 대 선구자임은 너무나도 자명한 사실이다.

중생은 깨어라. 어둡지 말고 빛내어라. 빛과 광명은 영원한 것이고 불변하는 것이다. 인류의 생명이 또한 이런 것이다.

핵무기는 자멸하고 상멸하고 공멸하는 무서운 것이다. 이 무서운 핵은 존재할 수도 없고 존재해서도 안 된다. 핵전쟁은 무작위 살상을 가져온다. 이렇게 무서운 핵의 폐기는 어느 한두 지도자의 몫이 아니니 전 인류가 다 함께 노력하지 않으면 이루어지지 않을 것이다.

행복은 먼 곳에 있지 않다. 서방 극락국토에도 없다. 내 생명은 내가 가지고 살아 왔고 살고 있고 살아갈 것이기 때문이다. 생명 밖에서는 서방 극락국토도 존재할 수 없다. 생명이 진리인 것이니 진리에서 살다가 진리에서 가고 진리에서 다시 오는 것이 진리인지라. 진리는 나에게 반드시 현존하고 있는 것이다. 사람은 자력 자증 자각할 수 있는 힘과 꿈과 희망을 내재하고 있다. 자력 자증 자각은 타에서는 결코 가져올 수 없고 오직 자기에게서만 이룰 수 있다. 이 길만이 인류의 공생 공영 상생의 길이다.

위정자들은 생명을 중시해야 하므로 국제연합(UN), 핵확산금지조약(NPT), 국제원자력기구(IAEA)를 통해서 핵을 전폐시켜야 마땅하다.

인류는 에너지 공포에서 벗어나기 위해 최첨단 과학기술을 통한 원전 개발에 혈안이 되어 있고, 안보적 측면과 경제적 측면을 앞세워 원전 개발에 광분하고 있다. 이미 지구상에 400~500기의 원전이 가동 중에 있을 뿐만 아니라 증설이 가중되어 몇천 기의 원전이 눈앞에 다가오고 있다. 핵의 원소는 1,700종으로 생명에 유해한 물질임이 이미 밝혀져 있다. 각처에서 원전 폭발로 인류와 생물에게 상상을 초월하는 피해를 가져왔다. 핵에너지 정책으로 삶은 편리해졌다 하지만 결국 인류에게 폐해를 가져올 뿐이다.

우선 먹기는 곶감이 달다고 나라마다 원전 증설을 계획 중이다. 핵폐기 물질은 몇 10억 년이 지나야 소멸된다고 하니 과연 에너지산업정책으로 타당한 것인가를 의심해 볼 일이다.

곶감이 아무리 달더라도 유해한 1,700여 종의 원소로 이루어진 핵은 감당할 수 없는 일이다. 안보적·경제적 차원만을 앞세워 갈 것이 아니다. 핵이 가진 연쇄적 폭발성으로 하나의 원전만 터진다 하더라도 1,000여 기가 폭발할 경우를 생각해 보아야 할 것이다. 국제원자력기구(IAEA)의 핵우산 정책으로 강대국들의 핵 긴축 정책에 따라 수가 감축된 상태이기는 하지만 6~70년도만 하더라도 6~7만 기의 핵의 위력은 70억 인류를 25번 멸살시키고도 남아도는 양이었다. 현재에도 역시 1만여 기가 있다고 하니, 70억 인류를 몇십 번을 멸살시키는 양이 지구상에 존재하고 있다는 사실이다.

그러므로 핵무기가 있는 한 인류의 공포를 잠재울 수 없다. 감독 감시 협약이 철저하다 하지만 실수가 있을 수 있기에 결과는 불 보듯 뻔한 사실이다. 과학기술이 어쩌고저쩌고 해도 지구상에 있는 1만 기의 핵무기는 70억 인류와 동식물의 생명을 담보하고 기다릴 뿐이다. 앞으로도 핵무기가 각 나라에서 얼마나 증핵될지 알 수 없다.

한반도에서 핵 폐기 운동을 발기해야 한다. 역사적으로 볼 때 한반도에서 많은 위인이 출현했다. 신라 원효, 설총의 이두문자, 세종대왕의 한글편찬으로 이미 세상에 위상을 드날렸다. 이런 민족 저력의 뿌리가 생생하게 살아 있어 앞으로의 어지러운 세계정세를 바로 세울 수 있는 것이다. 민족은 단결해야 한다. 핵 폐기의 책무가 눈앞에 있고 세계 통일과 인류 통일도 다가오고 있다. 핵 없는 세상, 세계 평화 통일에 발기해 나간다면 밝은 내일이 올 것이다.

뿌리가 없는 인류는 없다. 인류는 너와 내가 따로 있지 않고 우주와 인류가 따로 있지 않은 상생적 개념이다. 지구도 인류도 뗄 수 없는 상생 관계에 있다. 내가 없으면 너 또한 없고 내가 있으면 너도 있다.

사상적 이데올로기는 구시대적 사상으로 자국의 국위선양화에서 일어난 현상에 지나지 않는다. 땅 뺏기 식의 식민지화에 뛰어든 몇 사람의 불장난에 그쳤을 뿐이다. 하지만 그 불장난으로 세계 1차, 2차 세계대전이 발발하여 많은 인류의 생명뿐 아니라 문화유산까지도 앗아가 버렸다. 생물·식물·동물·사람이 모두 생명 하나를 위해 안간힘을 기울이고 살아가는데 전쟁으로 죽이고 재난으로 죽고 인위적으로 죽이고 천재지변으로 죽고 사고로 죽고 병으로 죽고 못 먹어 죽고 타살자살로 죽고 약으로 죽고 사형으로 죽임을 당한다. 게다가 수십만의 핵무기가 있으니 지구상에서 인류의 생명은 바람 앞의 등불이 아닐 수 없다. 첨단 과학기술 역시 멸살시키는 일에만 몰두하고 있으니 세상이 두렵고 무서울 뿐이다.

새 생명을 밝히고 맑혀가는 내 생명 챙기는 공부를 전개하여 세계 종교가 통일되고, 생각이 통일되고, 생명존중을 일으키는 마음이 통일되어 평화·자유·평등이 하나 되는 과업을 성취하는 것이 인류를 위하는 길이다. 인류의 생명을 보호하기 위해 핵무기는 전폐되어야 하고 70억 인류가 편안하게 살아갈 수 있는 세상이 되기를 희망해야 한다. 이 말은 이미 3,000년 전 붓다의 유언이기도 하다.

태평양 전쟁에서는 무작위 살상기구인 핵무기를 투하하여 침략적 근성을 잠재울 수 있었지만 이후 그로 인해 핵실험이 여러 나라에서 수백 번, 수천 번씩 강행되었다. 여러 나라가 앞다투어 핵 보유에 열을 올려 핵보유국이 5~6개에서 수십 개국까지 늘었으며, 6~7만 기의 핵무기가 만들어지고 있는 실정이니, 국제연합(UN), 핵확산금지조약(NPT), 국제원자력기구(IAEA)가 제 구실을 못하고 있는 것이다.

21세기에 접어들어 핵무기 긴축정책을 펼쳐가고 있다 하더라도 많은 나라들이 안보적·경제적 측면을 내세워가며 핵무장과 증핵에 몰두하고 있다. 그럼에도 국제연합(UN), 핵확산금지조약(NPT), 국제원자력기구(IAEA)는 방관하고 있으므로, 핵우산 정책은 무너져버린 것이다. 강대국의 무기 보유는 인정하면서 약소국의 무기 보유는 인정하지 않아 국가 간 적대와 갈등만이 고조되어가는 실정이다.

핵우산이 무너진다면 세계는 핵무기로 가득찰 것이고, 수십만 기의 핵무기로 인류뿐만 아니라 동식물, 생물, 더 나아가 지구 파괴라는 결과를 불러올 것은 불 보듯 뻔한 일이다. 세상이 공포에 겁을 먹고 인류가 단 하루도 마음 편하게 살 수 없다.

핵은 인류에게 적이다. 제아무리 핵정책이 잘 되어 있다 하더라도 믿을 수 없다. 누가 어디에서 어떻게 불장난을 일으킬지 알 수 조차도 없다. 핵은 자멸이고 상멸이며 공멸뿐이다.

3,000년 전 인도의 붓다는 생명 하나를 깨닫고 생명존중을 인류에게 선포하여 불살생의 교훈을 주셨다. 그러나 가르침에는 뒷전이고 나 살고 너 죽자, 내 나라는 살고 네 나라는 죽자는 비이성적인 탐욕만 채우며 인류에게 공포심만 불어 넣고 있다. 이런 심산은 오직 에고(ego)에서 올 뿐이다.

이제는 더 머뭇거리고 지체할 수 없다. 인류의 소망이므로 결단을 내려야 한다. 나도 살고 너도 사는 길, 나의 나라도 살고 너의 나라도 사는 길을 찾자는 것이다. 이 길이 인류가 사는 길이고 세계가 번영하는 길이니, 이는 시대적 사명감에서다.

부설거사

    신라 때 거사로서 성은 진씨요, 이름은 광세(光世), 자(字)는 의상(宜祥)이며, 왕도의 한 사람으로서 성덕여왕 때 경주에서 출생하여 5세 때 경주 불국사에 출가하여 원정선사(圓淨禪師)의 제가가 되어 법명을 부설이라 하였다.

    지계와 선정이 정명하고, 도반 영조 영희 두 스님과 함께 두류산에 가서 경론을 연구하였다. 능가산 법왕봉 아래에 묘적함을 짓고 10년간 정진하다가 문수보살 성지인 오대산으로 가다가 도중에 김제 만경에 있는 두릉의 구무원의 집에서 하룻밤을 머물게 되었다. 그 집의 18세 되는 딸 묘화는 나면서부터 벙어리였으나 부설의 법문을 듣고 말문이 열리게 되었다. 그때부터 부설을 유혹하여 함께 살기를 애원했으나 부설이 승의 신분을 들어 이를 거절하자 묘화는 자살을 결심했다. 부설은 보살의 자비는 중생을 인연 따라 제도하는 것이라 믿고 묘화와 부부인연을 맺었다.

    15년을 살면서 아들 등운과 딸 월명을 낳은 뒤 아이들을 묘화부인에게 맡기고 수도에만 전념해 왔다. 영조 영희의 두 스님은 오랜 수도를 마치고 돌아가는 길에 부설을 찾았다. 세 사람은 그간의 도력을 시험하기 위해서 물병 세 개를 매달아 놓고 각자가 돌로 쳐서 물이 흘러내리는지 아닌지를 시험하기로 하였다. 영조 영희 두 스님의 병은 깨져 물이 흘러내렸으나 부설거사의 병은 깨졌어도 물이 흘러내리지 않고 그대로 공중에 매달려 있었다.

이 광경을 본 영조 영희 두 스님은 부설거사의 도력이 출중함을 칭탄하였다. 심산유곡을 찾아 수도하였지만 어찌 고요한 산중에서만 도를 얻을 수 있겠는가? 가정을 이루어 생활하면서도 도 공부를 열심히 하면 도를 깨칠 수 있는 것인지라. 부설거사가 천화하자 화장하니 사리가 수도 없이 나왔으므로 두 스님이 사리를 거두어 묘적함에 사리부도를 세워주었다.

그 뒤 등운과 월명은 변산에 월명암을 짓고 수도하여 도를 깨쳤으며 묘화부인은 110살까지 살았다. 부설거사는 중국 방거사의 수행력을 이어받아 실행해 옴으로, 재가자 불자도 자력 자증 자각을 이룰 수 있는 대 생명의 깨달음을 얻고 무방 반야의 경지에서 삶을 살았다.

✖ 부설거사 사부시(四浮詩)

부설거사는 죽음에 대해서 '뜰 부(浮)' 자를 달아서 4가지 허망하다는 시를 남겼다.

처자권속 삼여죽 妻子眷屬 森如竹   처자 권속이 삼대와 같이 많고

금은옥백 적사구 金銀玉帛 積似邱 금은보화가 쌓여 있더라도
임종독자 고혼서 臨終獨自 孤魂逝 임종 시에는 고혼만이 홀로 가니
사량야시 허부부 思量也是 虛浮浮 생각하면 다 허망해서 뜨고 뜬 것
이로다

조조역역 홍진로 朝朝役役 紅塵路 날마다 분주히 출세하기에 바쁘다
작위재고 이백두 爵位纔高 已白頭 벼슬이 높아지면 이미 인생이 늙
었더라
염왕불파 패금어 閻王不怕 佩金魚 염라대왕이 사람이 벼슬 높은 것
을 두려워하지 않으니
사량야시 허부부 思量也是 虛浮浮 생각하면 다 허망해서 뜨고 뜬 것
이로다

금심수구 풍뢰설 錦心繡口 風雷舌 마음씨가 곱고 말을 잘해 우레와
같은 사자후를 하고
천수시경 만호후 千首詩輕 萬戶候 천 편 시 문장으로 만호 제후를
비웃어도
증장다생 인아본 增長多生 人我本 다생을 나지만 자만심만 더할 뿐
사량야시 허부부 思量也是 虛浮浮 생각하면 모두가 허망해서 뜨고
뜬 것이니라

가사설법 여운우 假使說法 如雲雨 입으로 설하되 구름 덮듯 비 나리듯
감득천화 석점두 感得天花 石點頭 하늘 꽃 떨어지고 돌 사람이 끄덕

여도

건혜미능 면생사 乾慧未能 免生死 번뇌를 못 끊으면 생사를 못 면하리

사량야시 허부부 思量也是 虛浮浮 이것으로 생각하면 모두가 허망

해서 뜨고 뜬 것이니라

부귀나 세도나 문장이나 지식으로는 생사를 면치 못한다는 것이다.

죽은 뒤에는 어찌 되는가, 나면 죽고 죽으면 생하는 것.

이것이 인과 법칙이다.

❈ 부설거사 팔죽시(八竹詩)

차죽피죽 화거죽 此竹彼竹 化去竹 이런 대로 저런 대로

풍타지죽 낭타죽 風打之竹 浪打竹 바람 부는 대로 물결치는 대로

죽죽반반 생차죽 粥粥飯飯 生此竹 죽이면 죽, 밥이면 밥

시시비비 간피죽 是是非非 看彼竹 옳으면 옳고 그르면 그르고

빈객접대 가세죽 賓客接待 家勢竹 손님 접대는 집안 형편대로

시정매매 세월죽 市井賣買 歲月竹 물건 사고팔고 하는 것은 세월대로

만사불여 오심죽 萬事不如 吾心竹 세상만사 내 맘대로 되지 않아도

연연연세 과연죽 然然然世 過然竹 그렇고 그런 세상 그런대로 보내네

가정의 도,
공가·공문·공심(空家·空門·空心)

가정과 가족은 공가·공문·공심(空家·空門·空心)으로 살아가야 한다.

붓다의 말씀에 사람이 비록 삼악도에서 벗어났다 하더라도 사람의 몸 받기가 어렵고 사람의 몸을 받았더라도 여자의 몸을 버리고 남자의 몸 받기가 어려우며 남자의 몸을 받았더라도 육근을 완전히 갖추기 어렵고 육근을 완전히 갖추었더라도 문화의 중심국에서 태어나기 어렵고 문화의 중심국에서 태어났다 하더라도 붓다 계신 세상 만나기 어렵고 붓다 계신 세상에 태어났다 하더라도 진리를 깨달은 분을 만나기 어려우며 진리를 깨달은 분을 만났다 하더라도 믿는 마음을 내기 어려우며 믿는 마음을 냈다 하더라도 깨달으려는 마음을 내기 어려우며 깨달으려는 마음을 냈다 하더라도 닦을 것도 증득할 것도 없는 것에 이르기 어렵다고 했다.

인간되기 어렵고 남자 되기 어렵고 육근 갖추어지기가 어렵고 문화의 중심국에서 태어나기 어렵고 부처님 계실 때 태어나기 어렵고 도를 깨달은 분을 만나기 어렵고 도를 깨달은 분을 만났더라도 믿는 마음 내기가 쉽지 않아 공과 무아 연기의 이치를 깨닫기가 어려운 것이다.

중생이 부모와 자식을 죽이는 것은 원죄요, 사람을 죽이는 것은 중죄요, 그 외에는 경죄가 되느니라.

죄는 136지옥이 있다 하는데 과보에 따라 고통을 받는 지옥이다.

인간은 보이지 않는 곳에서 와서 보이지 않는 곳으로 가고 있다. 대체적으로 선행, 악행에 따라 받는 것이므로 모두 136지옥이 있다 한다.

8한 지옥: ①알부타 ②니랄부타 ③알절타 ④확확파 ⑤호호파
⑥울발라 ⑦발특마 ⑧마하발특마

8열 지옥: ①다초열지옥 ②초열지옥[1] ③대규환지옥 ④규환지옥[2]
⑤중합지옥 ⑥흑승지옥[3] ⑦등활지옥[4] ⑧사소지옥(무
간지옥)

사람이 알아야 할 고통이 있는데 삼악도를 모르고 살고 있으며, 무지무식하기 때문에 모르고 죄 짓고 살아가고 있다. 우리 중생은 무명해서 알게 모르게 죄업을 짓고, 여러 가지 고통을 받고 있다고 한다.

---

1)초열지옥: 살생·투도·사음·음주·망어 죄를 짓고 받는 고통
2)규환지옥: 살생·도둑질·음행·술 먹는 죄를 범한 자의 고통
3)흑승지옥: 사람을 죽이고 도둑질한 사람이 떨어지는 지옥
4)등활지옥: 산목숨을 죽인 사람이 받는 고통

부모의 도

예사 아니셨어라. 어버이께서 큰 고통을 받으사 열 달이 차도록 내 태를 품으시며 태어난 다음에는 마른자리로 옮겨 눕히사 습기를 제거하시며 더러운 똥오줌을 치우시며 젖 먹이고 씹어 먹여 길이 기르사 내 몸을 보호하시도다. 이런 도리로 나는 항상 그 은혜에 보답해야 하니 어버이를 봉양하고 모셔서 지켜드리며 그 뜻을 받들어 섬겨야 하리라.

─『열반경』

만약 중생이 그 어버이를 충심으로 존중하며 예배하며 섬겨서 경애하는 마음을 가지고 가까이 살아간다면 이런 사람은 무량한 복을 낳으며, 온갖 지혜 있는 이들이 다 칭찬하여 명예가 널리 드날리며, 여러 사람 속에 있어도 두려움이 없고, 죽은 뒤에는 선취에 태어나리라.

무슨 이유로 중생이 어버이를 충심으로 존중하고 예배하며 경애하는 마음으로 섬겨야만 하는 것인가? 어버이는 자식에게 깊은 은혜가 있는 까닭이다. 어버이는 자식을 낳아 자애의 정으로 젖 먹이고 씹어 먹였으며 씻고 닦고 하여 길러내셨다. 또 갖가지를 제공하여 세상의 온갖 법칙을 가르쳐 마음 가운데 늘 괴로움을 제거하고 즐거움을 얻게 하고자 하여, 잠시도 생각을 중단함이 없이 마치 그림자가 형태를 따름과 같도다. 그리고 무식한 것을 제거하고 유익한 것을 주려 애쓰며 온갖 악을 제거하고 온갖 선을 닦으라고 권하며 정숙한 아내를 택해 장가들이며 때로는 귀중한 보배나 재물이나 곡식 따위를 내리기도 한다. 그러므로 중생들은 그 부모를 충심으로 존중하며 예배하고 섬겨야 한다.

붓다께서 사위국에 계실 때 모든 비구에게 이르셨다.

"어버이는 자식을 낳아 젖먹이고 씹어 먹여 이를 기르며 천하 만물을 자식에게 보여 선악을 알게 한다. 그러므로 자식이 한 어깨에 아버지를 다른 어깨에 어머니를 업고 목숨이 다하도록 수미산을 돈다 해도 어버이의 은혜를 갚음이 없으리라. 부모가 살생을 좋아하면 자식된 자는 간해서 끊게 하며 어버이가 악한 마음이 있으면 늘 간해서 선을 염하게 하며 어버이가 어리석고 지력이 둔해 불법을 모르면 진리를 일러주며 어버이가 탐욕이 많고 질투심이 있으면 유순하게 간하며 어버이가 선악을 모르면 차례로 유순하게 일러줄 것이니 비구들아, 자식된 자는 마땅히 이 같아야 하느니라."   —『아유달경』

부부의 도

가정은 두 주인이 합하여 하나의 가정을 이루었으니 이것은 약속의 신뢰 실천으로 소원과 성취를 원만히 이루는 인생의 첫걸음이라고 할 수 있다.

행복과 안녕을 위하여 어떠한 고난과 고통도 함께하고 자신을 희생하는 것이 부부의 사명감이며 나아갈 길이다. 사랑하고 존경하며 이해로써 희망과 행복한 생의 밭을 갈고 씨를 뿌리고 가꾸고 거두어, 삶의 경영을 잘 하기 위해 상호가 노력하여야 한다. 부부는 번영과 행복을 위하여 노력하자는 굳은 약속과 더불어 믿음으로 이루어졌다.

때로는 지치고 어려운 난관에 부딪치겠지만 이를 이겨나기 위해서
노력하자는 굳은 약속으로 생을 함께 할 것을 약속한 것이다. 어떠한
난관과 험난함을 이겨나가기 위해서는,

　• 서로가 정직하고 솔직하게 노력하며 의심받을 만한 행위가 없어야
한다.

　• 예의를 지켜가면서 협동·협력으로 서로를 받드는 미덕, 희생하는
미덕, 불평·불화하지 않는 미덕, 화합하고 상통하는 미덕, 이해하고 관
용하는 미덕, 그리고 가정을 빛내는 미덕이 있어야 원만한 가정을 이루
어갈 수 있다.

　• 부부는 서로 위로해 주면서 함께 지혜로써 경제적 어려움이나 심
신의 괴로움을 보살피며 번영·안녕·행복을 이루어야 한다.

　• 부부는 존경받는 부모가 되기를 일심정녕을 다하여, 훌륭한 자식
을 두어야 한다. 훌륭한 자식은 부부가 노력하지 않고서는 탄생시킬 수
없다.

　• 부부가 좋은 자식을 두고 사는 것이 보람된 삶인지라. 자식을 둘
마음이 있다면 먼저 부부가 정신이 해맑고 사대육신과 이목구비와 오
장육부가 건강하여야 하고, 심신수행으로써 잘 닦고 잘 가꾸어 놓아야
아름답고 훌륭하고 원만한 자식을 낳게 되는 것이다. 부모가 어느 한

가지라도 소원하여 심신이 병들고 괴롭고 불행한 중에 자식을 낳게 되면 그 자식을 원만한 자식으로 탄생시킬 수 없다. 공덕은 공덕을 낳는다.

• 부부에게는 가정의 도가 필요하다. 그러기 위해서 상호가 마음이 순일하고 깨끗하고 맑고 밝고 상통하고 성심하고 성실하고 근면하고 절제해야 한다. 원만한 가족을 이루어 가는데 뜻을 합하여 항상 여일한 마음가짐을 가질 때 가정이 빛날 수 있고 나아가서 이웃·사회·국가에 이바지할 수 있다. 한 가정이 충실했을 때 화합을 이룰 수 있을 것이다.

무엇이네, 무엇이네 해도 먼저 가정의 건강이 바탕이 되어야 한다. 건강이 무너지면 가정이 무너지고 사회·경제·문화 그리고 평화·행복도 무너진다. 가정과 사회·국가의 번영과 행복도 기대할 수 없다. 일체는 나의 건강에서부터 이루어진다.

• 가정은 마음을 합일시켜 이어받은 생명을 챙기고 찾고, 새 생명으로 유지·발전시키며, 새 생명을 맑히고 밝히고 일깨워 가는 공부를 해야 한다. 인간의 생명은 너와 나라는 구분이 없고, 남편과 아내라는 구분이 없고, 자식과 가족이라는 구분이 없으며, 하나가 되어 일하고 노력한다. 생명 하나를 지키기 위해서 가정이 형성된 것이다.

생명은 건강과도 직결되어 있다. 내가 가지고 태어난 이 몸을 구성하고 있는 사대색신과 이목구비, 오장육부 각 기관을 사랑하고 칭찬하여야 한다.

또한 남편과 아내와 자식, 친척과 이웃을 돕고 칭찬하고 사랑하며 베풀 줄 알아야 한다. 우선 칭찬하고 사랑해야 한다. 나를 칭찬하고 사랑할 줄 모르는 사람은 다른 사람을 칭찬하고 사랑할 줄 모르기 때문이다. 나를 칭찬하고 남을 칭찬하게 되면 갈등·시비·반목·적대감이 사라져 화합을 가져온다. 이렇게 화합하고 가정의 빛도 충만해질 때, 절도·강도·강간·살인·자살·타살 등 사회 사건도 점차 줄어들어 안녕한 사회, 복된 사회, 행복한 사회 건설을 이룩할 수 있다.

이와 같이 된다면 불신·불만·무질서·부정부패가 점점 사라지고, 부부가 건강하게 되고, 자식이 건강하게 되어, 이웃의 평화와 행복까지 가져 온다. 무엇보다도 자신의 심신이 먼저 건강해야 만사형통을 가져올 수 있다.

심신이 건강하자면 내 생명이 어디에 있으며 어디서 왔으며 어디로 가는 것인지 알아야 한다. 생명을 찾아내고 밝혀서 내가 쓰고 내가 활용해야 한다. 생명공부를 하지 않고는 이 뜻을 이룰 수 없다. 가족이 함께 이 공부를 게을리 하지 않고 부지런히 정진한다면 갈등과 반목이 사라져 정이 생기고 평화와 꿈과 희망이 이룩될 것이다. 내 생명만 찾아간다면 항상 편안하고 즐거우며 여일하여 평안과 넉넉함이 찾아들게 될 것이기 때문이다.

우리 생명은 항상 죽음에 대한 두려움과 무서움에 떨고 있다. 사람은 죽음에 대한 두려움 때문에 온갖 삼독심을 내고 있다. 병들면 아프다 하고, 배고프면 먹어야 하고, 목마르면 물을 찾고, 숨을 못 쉬면 산소호흡기라도 달아야 하고, 더운 것과 추운 것도 잘 못 참는 것이 사람이다. 이렇게 약한 것이 사람인데, 강한 척하고 오래 살 것처럼 온갖 권세와 갖은 세도를 다 부리고 산다.

• 부부는 생명을 먼저 생각하고 생명 관리를 잘 해야 한다. 철저한 생활관과 건강 조절로 이 몸을 버리고 떠날 때까지 잘 지키고 잘 보살펴주어야 한다. 이 육체를 함부로 하다가 단명을 자초해 버리고 만다. 누가 준 몸인데, 함부로 학대하고 방치하면서 악행만을 되풀이 하며 살아가서야 되겠는가? 예를 들어 많은 사람들이 술꾼, 노름꾼, 사기꾼, 싸움꾼, 돈꾼이 되어 자기 정신을 망각하고 산다. 반면 도꾼은 찾아보기가 어려운 시대다.

• 붓다는 이 몸 받아 나기 어렵다 했다. 바로 인생난득난인 것이다. 생명이 존재하고 이 몸이 건강할 때 정진도 할 수 있고 도법도 성취할 수 있기 때문이다. 이 몸 떠나고 난 후에 무엇을 가지고 도업을 성취하겠는가? 도업 성취는 조용한 곳이나 산중에서만 이룰 수 있는 것이 아니다. 한가한 곳이나 가정·사회·직장, 행주좌와 어묵동정에서도 할 수 있는 것이 내 생명을 챙기며 찾아가는 공부다.

생명공부를 혼자 하면 독각성취를 이루겠지만 여러 사람이 다 함께 공부하는 것이 평등일여를 앞당길 수 있으며 이것이 참다운 생명공부일 것이다. 내 생명을 내가 찾는 것이니, 이 생명은 내 생명이고 네 생명이다. 반야용선을 함께 타고 대해를 건너는 것이다.

생명은 나에 있고 너에 있다. 생명을 내 몸속에 내가 갖고 내가 활용하여, 진실한 나의 생명을 밝혀 보고 살자는 것이다.

부부가 함께 호흡을 맞추어 삼십 분이고 한 시간이고 공부를 하게 되면 부부 생활도 참답게 느끼게 될 것이다. 실다운 느낌 없는 부부는 진정한 부부라 할 수 없는 것이니 진정한 합일이 되고 귀일이 되는 부부가 부부라고 말할 수 있다.

이 생명공부는 당장 실천해야 한다. 이 외에 무슨 일이 시급하겠는가?

• 절도와 질서와 예지와 도덕이 함께 하는 것이 부부다. 자연을 보아라. 물은 거스르지 않고 순리에 따라 흘러가고, 바람은 부는 대로 불고, 햇빛은 비치는 대로 비추고, 어둠은 어둠 그대로이다. 모두가 조화롭게 순리대로 거스름 없이 잘 이루어 가고 있다. 현명한 부부도 이처럼 서로 양보하고 인내하고 감싸고 베풀며 순리대로 살아야 한다.

사회는 나날이 변화해 간다. 부부 역시 시대에 따라 변화하니, 유혹과 이별과 파경뿐이다. 부부가 결혼할 때는 몸과 마음을 희생하여 당신에게 이 몸을 다 바치겠노라고 굳게 다짐하지만, 짝이 되고서는 무자비하게도 망각해 버린 채 책임을 못다 하고 팽개치고 헤어지고 이별 아닌 이별을 한다. 그 각자의 책임을 회피하면서 가정·사회·친척·이웃을 탓하고 못된 행위를 하는 본인들의 과실과 무지에 있다.

원만한 가족을 이루기 위해서는 인내와 기다림뿐이다. 인내는 미덕이고 인욕은 사명이다. 부부는 파행이 오기 전에 인욕행을 바탕으로 살아야 한다. 『금강경』에서 이르시되, '활절신체로써 내 몸을 베고 해할 적에 내가 아상·인생상·중생상·수자상이 있었다면 원망이 일어나겠지만, 이와 같이 사상이 없는데 네가 활절신체를 천만 번 휘둘러 치더라도 나는 베임을 받지 않는다'고 하시었다(가리왕과 세존석존의 경우).

사상이 떠난 자리에서는 허공을 베이는 것처럼 이것을 인욕보살이라고 한다. '부부가 인욕보살심이 아니고서는 백년해로를 할 수 없다'고 여기는 것이다. 육바라밀을 상기하자면 첫째가 보시인 것이니, 내가 너에게 보시하고 네가 나에게 보시하기로 심인까지 한 부부는 인욕행으로써만 한 가정생활을 이루어나갈 수 있다.

부부 행복과 가정 행복은 목전에서 이루어져야 한다. 구호로만 찾으면 오지 않는 행복이기에 내일로 미루고 다음 달로 미루고 다음 해로 미루면 부부의 행복은 요원한 것이다. 찾을 수도 없고 불러도 올 수 없는 것이 행복인지라, 사람에서나 사회에서나 어떤 종교에서나 성인에게서 구할 수 없고 찾을 수 없다. 괜히 종교를 탓하거나 성인을 원망할 것도 못 되고, 오직 자기 자신에게 구하고 찾아야 할 것이다. 밖에서 구하고 찾게 되면 허상에 빠지고 허탈감만 더할 뿐, 필경에는 자아까지 잃게 되는 것이다. 무지하여 이런 현상이 나타나는 것이니, 맑음과 밝음을 찾고 잘 생각해야 할 것이다.

조상이 물려주신 몸이고 생명이라, 이 불생불멸한 생명을 찾아 성불하기를 발원해 가야 할 것이다. 수행수도 없이는 이루어 갈 수 없다. 행복은 현재 사는 가정과 현실, 지금 이 시간에 나를 기다리고 있기 때문이다. 행복은 남편에게서도 찾을 수 없고 아내에게서도 찾을 수 없다. 내 생활 속에서 만족을 느끼며 사는 삶이 행복한 삶이 아닐까?

부부라면 서로가 향기를 내뿜으며 살아가야 한다. 검은 머리가 파뿌리 될 때까지 무거운 짐들을 다 내려놓고 가볍게 살아가는 것 또한 아무런 탈 없이 백 년을 해로하는 방법이 아닐까?

남편이 아내를 돌보는 5가지

1) 드나들 때에는 마땅히 아내를 공경하고
2) 밥 걱정이 없게 하고 철 따라 의복을 해 주고
3) 금은보석패물을 대어 주고
4) 집안의 소유를 모두 맡기며
5) 자기 아내 이외에는 딴 여자를 두지 않는 것이니라.

아내가 남편을 섬기는 5가지

1) 남편이 외출했다 돌아오거든 일어나서 맞이할 것이고
2) 남편이 외출하고 없거든 밥 짓고 소재하고 기다릴 것이며
3) 남편 외에 딴 마음을 가지지 말고 남편이 꾸짖더라도 반박하
   거나 성내지 말고
4) 남편의 가르침을 지키고 집물을 숨기지 말며
5) 남편이 쉬거든 이불을 덮어 주어 편히 쉬도록 하고 눕는 것
   이다.

부모가 자식을 돌보는 5가지

1) 마땅히 악을 버리고 선으로 나가게 하며
2) 가산과 글월을 가르치며
3) 계행과 경전을 가르치며

4) 정해진 때에 장가를 보내며

5) 생활을 잘 이끌어 줄 것이다.

부부가 함께 생명공부를 잘 하면서 살게 된다면 원만하고 훌륭한 자식을 둘 수가 있다. 그러지 못하고 물질만 탐하고 악행만을 저지른다면 선신들이 용납하지 않아 불효자식을 두어 대자가 아닌 소자에 머물고 말 것이다.

복은 지은 대로 받는다고 한다. 선행복을 지어 놓으면 안 받을 수 없고, 악행을 지어놓으면 안 받을 수 없다고 한다. 인과가 역연하다는 것이다. 그러니 부부도 선행을 닦아야 선자를 두게 된다. 선행은 물질로도 베풀겠지만 생명공부를 하여 무애사상을 베풀면 그 베풂은 참 선공덕이 될 수 있다. 나도 이롭고 너도 이로운 베풂이 될 것이기 때문이다. 이러할 때에 대자도 효자도 훌륭한 자식도 받게 된다고 했다.

이 생명공부는 보리심을 일으키는 근본이 됨으로 발아뇩다라 삼먁삼보리를 얻는다고 불경에 나와 있다. 그러므로 가정의 도에 충실해야 하고, 가정의 율법을 잘 지켜 조상의 뿌리를 잊지 않고 은혜를 항상 생각하며, 사후까지도 위선 봉사해야 훌륭하고 거룩한 자식을 탄생시켜 건강하고 원만한 인격자를 탄생시키고 인격을 양성할 수 있다.

인간의 인연법

1) 한나라의 백성으로 태어나는 것은 함께 쌓은 천겁의 선연의

인연으로부터 이루어진 것

2) 하루 동안 같은 길을 가는 것은 이천겁의 선연의 인연으로부터 이루어진 것

3) 하루 저녁 한 지붕 밑에서 함께 자는 것은 삼천겁의 선연의 인연으로부터 이루어진 것

4) 고향이 같은 것은 사천겁의 선연의 인연으로부터 함께 쌓아 이루어진 것

5) 한마을에 태어나는 것은 오천겁의 선연의 인연으로부터 이루어진 것

6) 하루 저녁 동침은 육천겁의 선연의 인연으로부터 이루어진 것

7) 한가문에 태어나는 것은 칠천겁을 쌓아 온 선연의 인연으로부터 이루어진 것

8) 부부의 인연을 맺은 것은 팔천겁을 쌓아 온 선연의 인연으로부터 이루어진 것

9) 한형제로 태어나는 것은 구천겁을 쌓아온 선연의 인연으로부터 이루어진 것

10) 부모와 자식, 스승과 제자로 인연을 맺은 것은 만겁을 지내며 함께 쌓은 선연의 인연으로부터 이루어지는 것이니라.

위에 든 10가지 예시는 현재와 미래가 모두 자신이 혹은 함께 만든 선연이 이룬 인연에서 온 것이다.

어버이 은혜의 가르침(어버이은중경)

✠ 이 경의 연유

이렇게 내가 들었다. 한때 부처님께서 사위국의 왕사성 기수급고독원에서 대 비구 삼만 팔천 인과 보살 마하살들을 데리고 함께 계셨다.

✠ 마른 뼈의 교훈

그때 세존께서 대중을 거느리시고 남방으로 나아가시다가 한 무더기의 뼈를 보셨다. 그때 여래께서는 오체를 땅에 던져서 그 마른 뼈에 절을 하셨다. 아난과 대중이 이를 보고 의아하여 부처님께 사뢰었다.

"세존이시여, 여래께서는 3계의 큰 스승님이시고 4생의 자비로운 어버이시라, 여러 사람들이 귀의하여 존경하옵거늘 어찌하여 마른 뼈에 절을 하시나이까?"

부처님께서 아난에게 말씀하셨다.

"네가 비록 나의 우두머리 제자로서 출가한 지 오래지만 아직 아는 것이 넓지 못하다. 이 한 무더기의 마른 뼈는 혹시 나의 여러 전 세상의 조상이나 어버이의 뼈일 수도 있다. 그래서 내가 이제 절을 하는 것이다."

부처님께서 다시 아난에게 말씀하셨다.

"네가 이 한 무더기의 마른 뼈를 가지고 나누어서 둘로 갈라놓아 보아라. 만일 남자의 뼈이면 희고 무거울 것이고, 만일 여인의 뼈이면 검고 가벼우리라."

아난이 사뢰었다.

"세존이시여, 남자는 세상에 있을 때 띠를 매고 가죽신을 신고 사모를 써 이런 차림으로 남아의 몸인 줄을 알며, 여인은 세상에 있어서 붉은 주사와 연질을 곱게 바르고 난사로 치장을 하므로 여인의 몸임을 알게 됩니다. 그러나 지금 저것처럼 죽은 후의 백골이야 일반이옵거늘 제자로 하여금 어떻게 알아보라고 하시나이까."

부처님께서 아난에게 말씀하셨다.

"만일 남자이면 세상에 있을 때에 가람에 들어가서 강의도 듣고 경도 외우며 3보께 예배도 하고 부처님의 명호도 염송하였을 것이다. 그런 까닭으로 그 뼈는 희고 무거우니라. 여인은 세상에 있을 때 음욕이나 뜻을 두며 아들딸을 낳아서 기르되, 한 번 아이를 낳을 때에 서 말 서 되의 엉긴 피를 흘렸고, 여덟 섬 너 말이나 되는 젖을 먹여서 길러야 한다. 그런 까닭으로 그 뼈는 검고 또 가벼우니라."

아난이 이 말씀을 듣고 칼로 베는 듯 마음이 아파서 눈물을 흘려 슬퍼 울면서 부처님께 사뢰었다.

"세존이시여, 어버이의 은덕을 어떻게 보답하오리까?"

�֍ 잉태했을 때의 고생

부처님께서 아난에게 말씀하셨다.

"너는 이제 자세히 들어라. 내가 이제 너를 위하여 분별하여 해설하리라. 어머니가 아이를 배면 열 달 동안의 그 산고가 극심하리라.

어머니가 잉태한 지 첫 달에는 태아가 마치 풀 위의 이슬방울 같아서 아침에는 보존하나 저녁에는 보존하지 못하나니 이른 새벽에는 모여 왔다가 오시만 되면 흩어져 가느니라. 어머니가 잉태한 지 두 달이 되면 태아가 마치 엉킨 우유방울을 떨어뜨린 것과 같으니라. 어머니가 잉태한 지 셋째 달에는 태아가 마치 엉킨 피와 같으니라. 어머니가 잉태한 지 넷째 달에는 차츰 사람의 모양을 이루고 다섯 달이 되면 어머니 뱃속에서 다섯 부분의 모양이 생기느니라. 다섯 부분이란 머리가 그 한 부분이요, 두 팔꿈치를 합쳐서 세 부분이며, 두 무릎을 합쳐서 다섯 부분이니라. 어머니가 잉태한 지 여섯째 달이 되면 어린 아기가 어머니 뱃속에서 여섯 가지 정기가 열리느니라. 그 여섯 가지란 무엇인가. 첫째는 눈이요, 둘째는 귀며, 셋째는 코요, 넷째는 입이며, 다섯째는 혀요, 여섯째는 뜻이니라. 어머니가 잉태한 지 일곱 달이 되면 어린 아기가 어머니 뱃속에서 삼백육십의 뼈마디와 팔만사천의 털구멍이 생기느니라. 어머니가 잉태한 지 여덟 달이 되면 그 의식과 지혜가 생기고 아홉 개의 구멍이 확실하여지느니라. 어머니가 잉태한 지 아홉 달이 되면 어린 아기가 어머니의 뱃속에서 무엇인가를 먹게 된다. 복숭아나 배나 마늘은 받지 않고, 오곡의 정기만을 받느니라. 어머니의 생장은 아래로 향하고, 숙장은 위로 향한 자리에 한 산이 있으니 이름이 세 가지이니라. 한 이름은 수미산이요, 한 이름은 업산이며, 또 한 이름은 혈산이니라. 이 산이 한 번 무너지면 화하여 한줄기의 엉킨 피가 되어서 어린 아기의 입 속으로 흘러드느니라. 어머니가 잉태한 지 열 달이 되면 바야흐로 강생하게 된다. 만일 효순할 자식이면 손을 들어서 합장하고 나오므로 어머니 몸이 상하지 않게 된다. 그러나 만일 오역을 할 자식이면 어머니의 포태를 깨고 손으로는 어머니의 염통이나 간을 움켜쥐며, 다리로는 어머니의 엉덩이뼈를 버텨서 어머니로 하여금 마치 일천 개의 칼로 배를 휘저으며 일만 개의 송곳으로 염통을 쑤시는 것처럼 괴롭힌다. 이렇게 고통스럽게 해주고 이 몸이 나왔으면서도 그 위에 또 열 가지의 은혜가 있느니라."

✖ 어버이가 낳아서 길러주신 은혜

첫째는 아기를 배어서 지켜 주신 은혜이다.

여러 겁을 거듭한 지중한 인연으로 이승에 다시 나와서 모태에 의탁했네.

달이 지나 머리와 팔다리가 생기고 일곱 달이 되면 육정이 열리어 오네.

어머니는 태산같이 무거운 몸을 바람만 불어도 쓰러질까 겁을 내며, 비단옷은 두고도 아니 걸치고 화장대에는 언제나 먼지만이 쌓였네.

둘째는 해산할 제 고통 받으시는 은혜이다.

아이 배어 열 달이 차서 해산의 어려움이 임박하면 아침마다 중병 든 것 같고 날마다 정신도 흐리어지네. 그 두려움을 말로 이어 다 하리, 근심 짓는 눈물이 흉금에 차네. 슬픔을 머금고 친족에게 하는 말은 '이러다가 죽지나 않을지 겁이 납니다.'

셋째는 자식을 낳고 근심을 놓는 은혜이다.

어머니가 그대를 낳던 날은 오장이 온통 물러났었네.

몸과 마음이 함께 까무러쳤고 피는 흘러서 양을 잡은 것 같았네.

낳고 나서 아기의 충실함을 듣고는 그 기쁨이 평시의 몇 배였는지.

그러나 기쁨 뒤엔 다시 아픔이 염통에 창자에 사무쳐 왔네,

넷째는 쓴 것은 삼키시고 단 것은 뱉어서 먹이신 은혜이다.

어버이의 은혜보다 더한 것이 무엇인가?

무겁고 깊은 사랑 잃을 때가 없으시네. 단 것은 뱉어서 자식에게 먹이시고 쓴 것만을 잡수셔도 찡그리지 않으셨네.

지중하신 그 애정을 어떻게 참으리까? 깊으신 은혜에는 슬픔만이 더합니다.

언제나 자식만을 배불리 먹이시면 어버이는 굶주려도 만족하신 그 사랑.

다섯째는 아기는 마른 데로 누이시고 자신은 젖은 자리로 누우시던 은혜이다.

어버이는 온통 몸이 젖으셔도 아기만은 마른 데로 골라서 누이셨네.

두 통의 젖으로 기갈을 채워주고 옷소매론 찬바람을 가려 주셨네.

아기 걱정 때문에 단잠도 폐하건만 귀여운 재롱으로 기쁨을 삼으셨네.

언제나 아기만을 편안하게 하시고 어버이는 편안함을 구하지 않으시네.

여섯째는 젖을 먹여서 길러주신 은혜이다.

어머니의 사랑을 땅에 비유다면 아버지의 가르침은 하늘과 같네.

덮고 씻는 하늘과 땅의 은혜와 같이 어버이의 사랑도 마찬가지일세.

눈이 설사 없다 해도 미워함이 없으시고 손과 발이 불구여도 싫어하지 않으시며 내 속으로 친히 낳은 자식이기에 온종일 아끼시고 가엾이 여기시네.

일곱째는 깨끗하지 않은 것을 씻어주신 은혜이다.

아…… 예전의 아름답던 그 얼굴이 예쁘던 그 모습이 풍만도 하시더니, 푸른 두 눈썹은 버들잎과 같으시고 붉은 두 뺨은 연꽃 빛을 앗은 듯하시더니, 은혜가 깊을수록 그 모습 꺾여 더러운 것 세탁에 주름살만 늘으셨네.

아…… 아들딸만 생각하는 그 노고로 어머님의 얼굴이 저렇게 변하셨네.

여덟째는 자식이 멀리 출타하면 걱정하시는 은혜이다.

죽어서 이별이야 말할 것도 없지만 살아서 생이별도 역시 슬픈 것.

자식이 집을 떠나 타관으로 나가면 어버이의 마음도 타향에 있네.

낮이나 밤이나 자식 따라가는 마음, 흐르는 눈물이 천 줄기일세.

자식 생각에 진정 간장이 끊어지네.

아홉째는 자식을 위하여 나쁜 일을 하시는 은혜이다.

강산같이 중하신 어버이의 그 깊은 은혜는 실로 갚기 어려워라.

자식의 괴로움을 대신 받기 원하시고, 아이가 수고하면 어버이는 불안하네.

먼 길을 떠난다는 말만 들으셔도 행여나 객지에서 무고할지 걱정하니, 아들딸의 고생은 잠깐이건만 어버이는 오래도록 마음 졸이네.

열째는 끝까지 염려하시는 은혜이다.

깊고 무거우신 어버이의 은혜. 잠시도 끊임없는 그 크신 은혜. 일어서나 앉으나 항상 마음 쓰시고 가거나 오거나 노상 염려하시네.

자식의 나이가 팔십이 되어도 백 살 난 어버이는 여전히 걱정이니 어버이의 이 사랑이 언제 끊어지리. 목숨이나 다하면 그때 끝날까.

✖ 어버이에게 불효

부처님께서 다시 아난에게 말씀하셨다.

"내가 중생을 보니 비록 인품은 이어받았으나 마음과 행동이 어리석고 어두워서 어버이의 큰 은혜를 생각지 않고 공경하는 마음을 내지 않으며 은혜를 버리고 덕을 배반하며 어질고 착한 마음이 없어서 효순하지 않고 의리가 없느니라."

부처님은 말씀을 계속하셨다.

"어머니가 아이를 배어 열 달 동안은 일어나고 앉는 것이 편안치 않아서 마치 오랜 병자와 같다.

달이 차서 아이를 낳을 때는 한없는 고통을 받아서, 잠깐 동안의 잘못으로 무상한 죽음이 되지 않나 두려워하며, 돼지나 양을 잡은 것같이 피가 흘러서 땅에 번진다. 이와 같은 고통을 받으면서 이 몸을 낳으신 뒤에는 쓴 것은 자신이 삼키시고 단 것은 뱉어서 자식을 먹이면서 안아주고 업어주어서 기르신다.

더러운 것을 세탁하시면서 싫어하지 않으시고 더운 것도 참고 추운 것도 참으면서 온갖 고생을 사양하지 않으신다.

마른 곳을 골라서 자식을 뉘시고 젖은 데서는 어머니가 주무신다.

삼 년 동안 어머니의 젖을 먹으면서 자란 어린아이가 성년이 되면 예절과 의리를 가르치며, 장가들이고 시집보내며, 벼슬길 학업도 닦게 하고 직업도 가지게 한다.

이렇게 애써서 기르고 가르치는 일이 끝나도 은혜가 끊어졌다고 말할 수는 없다. 아들딸이 병이 있으면 어버이도 병이 생기고 자식의 병이 나으면 어버이의 병도 따라서 낫는다. 이렇게 양육하여서 빨리 어른이 되기를 원한다."

부처님은 말씀을 계속하셨다.

"자식이 드디어 장성한 뒤에는 도리어 효도하지 않는다. 어버이와 함께 이야기를 하는데도 그 응대함이 온당치 않아서 눈을 흘기고 눈동자를 굴린다. 백부도 숙부도 속이고 업신여기며, 형제간에도 때리고 욕설을 하며, 친척들을 헐뜯고 예의가 없으며, 스스로 가르침을 따르지 않고 어버이의 가르침과 영을 쫓지 않으며, 형제간의 말도 일부러 어긴다. 출입 왕래함에 있어서도 어른께 말하지 않고 말과 행동이 교만하며 제멋대로 일을 처단한다.

이런 것을 훈계하고 책망하고 그른 것임을 말하여 주어야 하거늘 어린아이라 하여 어여쁘게만 보고 어른들이 감싸주기만 한다. 이렇게 점점 장성하여 가면 사나워지고 비꼬아서, 잘못한 것에도 항복하지 않고 오히려 성을 내게 된다. 좋은 벗을 버리고 나쁜 사람을 사귀며, 그러한 습관이 드디어 천성이 되어서 무리한 계획을 하며, 남의 꼬임에 빠져서 타향으로 도망하여 어버이를 배반한다.

집을 떠나고 고향을 이별하여 혹 장삿길로 나가거나 싸움터에 나가서 그럭저럭 지내다가 문득 결혼이라도 하게 되면 여기에 걸려서 머물기 때문에 오래도록 집에는 돌아오지 않게 된다. 혹은 타향에서 조심하지 않다가 남의 꾐에 빠져서 횡액으로 잡혀가 원통하게 형벌을 받기도

하며 감옥에 갇혀 손발에 고랑을 차기도 한다. 혹은 병을 만나고 액란에 얽혀서 괴롭고 배고프고 헐벗어도 돌봐주는 사람이 없으매, 남의 미움과 천대 속에서 거리에 버려지는 신세가 되어서 죽어가도 누구도 거둬주지 않는다. 마침내 시체는 불어터지고 썩어 문드러져서 볕에 쪼이고 바람에 불리어 백골만 뒹굴게 된다. 이렇게 타향 땅에 버려지면 친족들과의 만남은 영원히 어긋난다. 이렇게 되면 어버이는 자식 걱정에 마음이 언제나 근심과 슬픔으로 가득 차서 혹은 울다가 눈이 멀기도 하고 혹은 슬픔으로 기가 막혀서 병을 이루기도 하며 혹은 자식을 생각하다가 지쳐서 죽어 원혼귀가 되어도 끝내 잊히지 않는다.

혹은 또 자식이 효도와 의리를 숭상하지 아니하고 이단 무뢰들과 어울려서 거칠고 사나워지며 술 마시고 노름한다. 이러한 여러 가지 과실은 형제에게 그 누가 미치거나 어버이의 마음을 어지럽게 한다. 새벽에 나갔다가 저물게야 돌아오는 자식 때문에 어버이는 항시 근심에 쌓인다.

어버이는 일상생활에는 춥거나 덥거나 조금도 아랑곳없고 아침에도 저녁에도 초하루에도 보름에도 어버이를 모실 생각은 조금도 없고 오히려 어버이가 연만하여서 노쇠한 모양이 보기 싫게 되면 이것을 남이 보면 창피하다 하여 괄시와 구박을 한다. 혹은 또 어버이가 홀아비 홀어미로 되어서 홀로 빈방을 지키게 되면 마치 손님이 남의 집에 붙어 있는 것처럼 여겨서 침대와 자리의 먼지를 털고 닦고 때가 없으며 조석으로 문안하는 일 따위는 아주 끊어져 버리고 마니, 어버이가 춥거나 덥거나 배고프거나 목마르거나 알 까닭이 없다. 이리하여 어버이는 낮에나 밤에나 항상 혼자서 슬퍼하고 스스로 탄식하게 된다.

혹 맛있는 음식을 만나면 가지고 가서 어버이께 올리는 것이 옳거늘

이를 도리어 부끄러운 일인 것처럼 여겨 다른 사람이 웃는다고 하면서 제 아내나 자식에게 주는 것은 추태요, 수고로운 짓이지만 부끄러운 줄을 모른다. 또 제 처첩과의 약속은 이행하면서도 어버이의 분부나 꾸지람은 전혀 어렵고 두렵게 생각하지 않는다.

혹 또 딸일 경우에는 다른 사람의 배필이 되어서 가는 것이지만 시집을 가기 전에는 대개 모두 효도하고 순종하던 것이 결혼을 한 후에는 불효한 마음이 점점 더 늘어간다. 어버이가 조금만 꾸짖으면 곧 원망하지만 제 남편이 때리고 꾸짖는 것은 참고 달게 받는다. 성이 다른 쪽의 종친에게는 정이 깊은 권속으로서 소중히 하면서도 자기 친가의 골육에게는 도리어 소원하게 한다. 혹 남편을 따라서 타향으로 옮겨가면 어버이를 이별하고서도 사모하는 마음이 없어서 소식이 끊어지고 편지도 없어진다. 그렇게 되면 어버이는 간장이 뒤집히고 오장육부가 거꾸로 매달린 것처럼 되어서 딸의 얼굴을 보고 싶어 하는 것이 마치 목마른 때의 물 생각처럼 간절하여 잠시도 쉴 때가 없게 된다. 이렇게 어버이 은덕은 한량이 없고 끝이 없건만 그 불효의 죄는 이루 다 말할 수 없다."

✠ 보은의 어려움

이때 모든 사람들이 부처님께서 말씀하시는 어버이의 은덕을 듣고 온몸을 땅에 던져서 스스로 부딪히니 몸의 털구멍마다 피가 흘렀고 곧 기절하여 땅에 쓰러졌다. 이윽고 깨어나서 그들은 높은 소리로 부르짖었다.

"괴롭습니다. 마음이 아프옵니다. 우리들은 이제야 죄인임을 깊이 알게 되었습니다. 그동안은 아무것도 몰라 깜깜하여 밤에 절벽을 대한 것

같더니 이제야 깨달아서 잘못을 알고 보니 염통과 쓸개가 모두 부서지듯 하옵니다. 원하옵나이다. 세존이시여, 불쌍히 여기시어 구원하여 주옵소서. 어떻게 하여야 어버이의 깊은 은혜를 갚겠나이까?"

그때 여래께서 8가지의 깊고도 무거운 범음으로 모든 대중들에게 말씀하셨다. 너희들이 마땅히 알아야 할 것을 내가 이제 너희를 위하여 분별하여 말하리라.

1) 가령 어떤 사람이 왼쪽 어깨에 아버지를 업고 오른쪽 어깨에 어머니를 업고서 피부가 닳아서 뼈에 이르고 뼈가 닳아서 골수에 이르도록 수미산을 백천 번 돌더라도 오히려 어버이의 은혜는 갚을 수가 없느니라.

2) 가령 어떤 사람이 굶주리는 겁운을 당하여서 어버이를 위하여 자진이 온 몸뚱이를 저미어 내어서 그걸 마치 작은 티끌과 같이 곱게 다져서 바치는 일을 백천겁이 지나도록 하더라도 오히려 어버이의 은혜는 갚을 수가 없느니라.

3) 가령 어떤 사람이 손에 잘 드는 칼을 가지고 어버이를 위하여서 가지의 눈동자를 도려내어서 어버이께 바치기를 백천 겁이 지나도록 하더라도 오히려 어버이의 깊은 은혜는 갚을 수 없느니라.

4) 가령 어떤 사람이 어버이를 위하여서 역시 잘 드는 칼로 자신의 염통과 간을 베어 피를 흘려 땅을 적셔도 아프다는 말을 하지 않고, 그렇게 하기를 백천겁이 지나도록 하더라도 오히려 어버이의 깊은 은혜는 갚을 수가 없느니라.

5) 가령 어떤 사람이 어버이를 위하여서 백천 개의 칼을 가지고서 자

기의 몸을 좌우로 찔러서 이리저리 꿰뚫는 일을 백천겁이 지나도록 하더라도 오히려 어버이의 깊은 은혜는 갚을 수가 없느니라.

6) 가령 어떤 사람이 어버이를 위하여서 몸에 불을 붙여서 그 몸으로 심지를 삼아 여래께 등불공양을 하는 일을 백천겁이 지나도록 하더라도 오히려 어버이의 은혜는 갚을 수가 없느니라.

7) 가령 어떤 사람이 어버이를 위하여서 뼈를 부수어서 골수를 내며 또 백천 개의 칼과 창으로 일시에 몸을 찌르는 일을 백천겁이 지나도록 하더라도 오히려 어버이의 은혜는 갚을 수가 없느니라.

8) 가령 어떤 사람이 어버이를 위하여서 뜨거운 철환을 삼켜서 온몸이 다 불타도록 하는 일을 백천겁이 지나도록 하더라도 어버이의 깊은 은혜는 갚을 수가 없느니라.

대중들이 어버이의 은덕을 듣고 눈물을 흘려 슬피 울면서 부처님께 사뢰었다.

"세존이시여, 저희들이 이제야 큰 죄임을 알았나이다. 어떻게 하여야 어버이의 깊은 은혜를 갚을 수 있나이까?"

부처님께서 제자들에게 말씀하셨다.

"어버이의 은혜를 갚고자 할진대 어버이를 위하여 이 경을 쓸 것이며 어버이를 위하여 이 경을 독송할 것이며 어버이를 위하여 죄를 참회할 것이며 어버이를 위하여 삼보께 공양할 것이며 어버이를 위하여 제계를 받고 지킬 것이며 어버이를 위하여 보시하여 복을 닦아야 하느니라. 만약 능히 이와 같이 한다면 효순하는 자식이라 할 것이지만, 이러한 일을 하지 않으면 지옥에 떨어질 사람이 되느니라."

✠ 어버이에게 불효와 지옥

부처님께서 아난에게 말씀을 계속하셨다.

"불효한 자식이 몸뚱이가 무너지고 목숨이 다하면 136지옥 중 무간지옥에 떨어지니라. 이 큰 지옥은 가로와 세로가 팔만 유순인데, 사면에는 무쇠성이 둘려 있고 다시 그 둘레에 철망이 둘러 쳐졌느니라. 그리고 그 땅은 붉은 쇠로 되어있는데 거기서 맹렬한 불이 활활 타오르면서 우레와 번개까지 번쩍이느니라. 여기서 끓는 구리와 무쇠 녹인 물을 죄인에게 들어부으며, 쇠로 된 뱀과 구리로 된 개가 항상 연기와 불을 토하는데 이 불로 인하여 죄인은 데고 타고 지지고 볶아져서 기름이 지글지글 끓게 되니 그 고통이란 말할 수 없느니라.

또 쇠꼬챙이와 쇠망치, 쇠창, 여러 가지 모양의 칼 따위가 마치 공중에서 빛처럼 우박처럼 쏟아져 내려서 사람이 수없이 베고 찌르고 한다.

이렇게 죄인들을 괴롭혀서 벌하는 것이 여러 겁이 지나도록 계속되어서 잠시도 그 고통 받는 일이 쉴 새가 없다. 그러다가 또 다시 다른 지옥으로 가면 머리에 불화로를 이게 하고 쇠수레로 온몸을 찢으며 창자와 살과 뼈를 이리저리 태워서 하루에도 천 번 만 번 죽었다 살았다 하게 된다.

이와 같이 고통을 받는 것이 모두 전신이 오역불효를 저지른 몸이었기 때문이니라."

✠ 어버이 보은의 길

이때 대중들이 부처님께서 말씀하신 어버이의 은덕을 듣고 눈물을 흘려 슬피 울면서 부처님께 사뢰었다.

"저희들이 이제 어떻게 하여야 어버이의 그 깊으신 은혜에 보답하오리까?"

부처님께서 제자들에게 말씀하셨다.

"은혜를 갚고자 하거든 어버이를 위하여 거듭 경전을 간행하여 펴는 일을 할 것이니, 이것이 참으로 어버이 은혜를 갚는 것이니라. 능히 이 한 권을 만들면 한 부처님을 뵈올 것이며 능히 열 권을 만들면 열 부처님을 뵐 것이며 능히 백 권을 만들면 백 부처님을 뵐 것이며 능히 천 권을 만들면 천 부처님을 뵐 것이며 능히 만 권을 만들면 만 부처님을 뵐 것이니라. 이런 사람에게는 이 경을 만들어서 편 공덕 때문에 모든 부처님들이 항상 오셔서 지켜주시고 그 어버이로 하여금 천상에 태어나서 모든 쾌락을 받게 하셔서 영원히 지옥의 괴로움을 모면하게 되느니라."

✠ 이 경의 명칭

이때 아수라·가루라·긴나라·마후라가 인비인·하늘·용·야차·건달바와 내지 모든 작은 왕들과 전륜성왕과 그리고 모든 대중들이 부처님의 말씀을 듣고 각각 이렇게 원을 발하였다.

"저희들은 앞으로 영원히 미래제가 다하도록 차라리 이 몸을 부숴서 작은 먼지와 같이 백천겁을 지낼지언정 맹세코 여래의 거룩하신 가르침을 어기지 않겠나이다. 차라리 백천겁 동안 혀를 뽑아내어서 그 길이가 백 유순이나 되게 하고 그걸 다시 쟁기 보습으로 갈아서 피가 흘러 내를 이룬다 하도라도 맹세코 여래의 거룩하신 가르침을 어기지 않겠나이다.

차라리 철망으로 이 몸을 두루 감아 얼어서 백천겁을 지낼지언정 맹세코 여래의 거룩하신 가르침을 어기지 않겠나이다.

차라리 작두와 방아로 이 온몸을 썰고 짓찧고 해서 백천만 조각이 되고 가죽과 살과 힘줄과 뼈가 모두 가루가 되어서 백천겁을 지날지언정 끝까지 여래의 거룩하신 가르침을 어기지 않겠나이다."

이때 아난이 부처님께 사뢰었다.

"세존이시여, 이 경을 무엇이라 이름 하오리까?"

부처님께서 아난에게 말씀하셨다.

"이 경은 대 부모의 은중경이라 할 것이니 이 이름으로 너희는 마땅히 받들어 지닐지니라."

이때 대중들이 하늘·인간·아수라 따위들도 부처님의 말씀을 듣고 모두 크게 기뻐하면서 믿음으로 받아서 받들어 행할 것을 맹세하고 절하고 물러가니라.

　　보부모은진언 나모 삼만다 못다남 옴 아아나 사바하
　　왕생정토진언 나모 사만나 못다남 옴 숫제유리 사바하

자식의 도

어버이와 자식 간의 인연은 전생에서 일만 겁의 인연으로 맺어진 관계다. 그러므로 효도로써 공양·공경하여야 한다. 어버이 사랑은 내리사랑이라 하여 자식이 이 세상 다할 때까지 근심과 걱정과 사랑으로 여생을 마친다. 자식이 제아무리 어버이를 존경·공경·공양으로 효도한다 할지라도 그리고 육신을 갈아 부수어서 가루를 만들어 공양한다 할지라도 손 한 번 잡아 개울을 건너 주고 콧물, 눈물 닦아 주신 것과 어릴 적 기저귀 갈아 주는 은혜에도 미치지 못한다고 붓다는 말씀하셨다.

이러한 큰 은혜도 저버리고 오히려 근심 걱정을 끼쳐드리고 말도 듣지 않으며 제멋대로 행동하고 온갖 성질을 다 부리면서 눈을 부릅뜨면서 어버이를 마치 종이나 하인처럼 취급하고, 심지어는 자기 뜻에 어긋나고 소원했다고 해서 끔찍한 주먹질도 하고 살해하는 자식도 있다.

그런가 하면 형제끼리 사랑하고 우애로 감싸고 보살펴야 하는데도 서로 시기 질투하여 재산 싸움에 현혹되어서 남 보듯 하고, 협력하기는 커녕 상호가 불신하며 못 잡아먹어서 안달복달하고 있다. 형제는 피와 살을 나눈 관계인데도 형제의 따뜻한 정도 잃어버리고 자기 이익만 챙기면서 다투고, 아귀수라에서 하는 말과 행동을 서슴지 않는다. 형제끼리 싸우고 다투는 것을 보는 어버이는 더할 수 없는 괴로움과 슬픔에 젖어 원망으로 자탄하게 되는 것이다. 먹든 굶든 잘살든 못살든 형제끼리 화목하고 오고가고 서로서로 정으로 감싸며 살아가야 하는 것인데 내 몸만을 아끼고 내 것만을 챙기고 형제는 조금도 돌볼 생각을 하지 않는다.

늙은 어버이를 서로 다투면서 잘 모시겠다고 해도 어버이는 서운한 것인데, 행여나 자기 집이나 오지 않을까 두려운 마음뿐이다. 혹 아들 집이라고 들러볼 것 같으면 문전박대하기 일쑤이고 안면수심으로써 어버이를 대하는 것이 한두 사람이 아니다. 어버이가 병이 들면 서로 다투며 간호하고 보살펴드리며 봉양을 잘 하여야 함에도 세상살이가 바쁘다는 핑계로 한 번도 문안드리지 않는다. 자식은 사후까지 어버이를 공경 예배해야 하는데도 숨만 끊어지면 땅에 묻고 화장하기 바쁘다. 그것도 2~3일이 못 간다.

어버이께서 편하고 즐겁도록 해드려야 하고 남은 여생을 수행 정진하도록 하고 생명의 무상과 생명의 영원성을 깨우치도록 도와주어야 진실로 자식이라 할 수 있다. 그러나 자식은 현실의 도를 망각하고 오히려 무지와 탐욕 속에 빠져서 극락도 모르므로 인도해 드리기가 쉽지 않다.

지구는 올바로 돌아가지만 자식들은 거꾸로 가는 세상이 되고 있다. 윤리를 저버리면서 그저 흥청망청 먹고 마시고 향락 생활만 즐기면서 제 몸까지 망쳐 놓는다.

자식은 어버이를 자기 자식보다 더 받들고 존경해야 할 책임이 있다. 자식의 희생정신을 통해서만 가정이 원만하고 사회국가에 봉사할 수 있는 기틀이 설 것이기 때문이다. 지금이라도 개심하고 부모님의 은혜, 사회의 은혜, 국가의 은혜를 위해서 올바로 생각하고 올바른 삶을 살아가야 한다.

여유를 따질 것이 아니라 어버이를 친근히 하고 형제끼리 우애 있고 사회에 봉사할 수 있는 인생관을 확립하여야 한다. 인간이 살아가다 보면 어려운 일이 더 많다. 선행하기 어렵고 베풀기 어렵고 어버이께 효도하기 어렵고 이 몸 버리기 어렵고 이 마음 깨치기는 더 어렵다. 어버이께 효자로 남기는 더더욱 어렵다. 어버이를 잘 모시고 사후까지도 지극한 정성으로 받들어야 자식의 도리라 할 수 있다. 이것보다 수승한 것은 어버이께 생사에서 벗어나는 길을 인도하고 살아생전에 도를 얻고 극락세계로 가시기를 발원하는 것이다.

깨우치도록 노력해야 어버이와 자식은 한 몸이 된다. 부모가 자식이고 자식이 부모인 것이다. 죽어도 자식, 살아있어도 자식, 죽었어도 부모, 살아있어도 부모님이다. 구분할 수 없는 관계로 형성된 한 덩어리로 이루어진 생명이다.

이와 같은 어버이인데 불효란 웬 말인가. 자식은 자식임을 알고 어버이를 대해야 한다. 참다운 자식 되기를 희망하는 효심이 있어야 한다.

요즈음 세상에서는 부모님의 유산 때문에도 형제간에 의가 상하는 경우가 많다. 유산을 넘보기 위해서 자식이 됐는지, 윤리를 벗어나고 오직 재산에만 눈이 어둡다.

시대를 불문하고 자식이 부모에게 하는 효도는 엄존하였고, 인간이면 이 효도를 어김없이 행하는 것으로 이념이 전승되었다. 부모가 계시는 동안 아무 사고 없이 잘 자라주는 것이 효자의 도리이고, 부모는 늙어 자식에게 누추한 꼴을 보여주지 않는 것이 부모의 도리이다.

무지한 부모가 무지한 자식을 낳는다 해도 자식까지 무지해서는 안 된다. 자식은 부모의 밑에서 자라야 마땅하다. 더불어 엄부 아래에서 자라야 한다. 윗물이 맑아야 아랫물도 맑다는 말처럼 부모 밑에서 자란 자식은 부모 없이 자란 자식들과 어딘가 다르다.

부모님은 탓하지 말라. 부모는 부모 역할을 다했을 뿐이다. 부모님이 살아계실 때 잘 해야 자식의 책무를 행했다고 할 수 있다. 사후까지도 자식의 책임이 크다. 이것이 위선 봉사 봉공이다.

자식의 효도

붓다께서 사문들에게 물으셨다.

"어버이가 자식을 낳을 때, 열 달이나 뱃속에 품어 중병에 걸린 듯하고 낳는 날에 어머니는 위태롭고 아버지는 두려워하며 그 실정을 이루 말하기 어려운 바가 있다. 그리고 낳고서는 자식은 마른자리에 눕히고 어머니는 축축한 곳에 누우시며 정성이 지극하기에 피가 변해 젖이 되고 쓰다듬고 닦고 목욕시키며 옷 입고 밥 먹는 것을 가르친다. 좀 커지면 자식을 위해 그 스승에게 예물을 보내고 군주에게는 보물을 바친다. 자식의 얼굴이 즐거우면 어버이는 기뻐하고 자식이 근심에 쌓이면 어버이 마음은 애탄다. 외출하면 걱정스러운 마음으로 생각하고 돌아오면 마음 놓아 즐거워한다. 항상 잘 키우고자 애써서 걱정하며 행여 악해질까 두려워한다. 어버이의 은혜가 이 같거니 무엇으로 보답해야 하겠느냐?"

모든 사문이 대답했다.

"오직 예를 다하고 사랑으로 섬겨서 어버이의 은혜를 갚으오리라."

세존께서 다시 말씀하셨다.

"자식이 어버이를 봉양하는데 있어 감초같이 맛있는 음식을 그 입에 공급하며 천락의 여러 소리로 그 귀를 즐겁게 하며 초상의 아리따운 의복으로 그 몸을 빛내고 다시 두 어깨에 어버이를 업고 두루 사해에 노닐어 자식의 목숨이 마칠 때까지 그렇게 함으로써 양육해 준 은혜에 보답한다면 가히 효도라고 할 수 있겠느냐?"

"효도의 큼이 이보다 더함이 없겠나이다."

"그것으로는 효도가 되지 못한다. 만약 어버이가 완고하여 진리에 어두워 삼보를 받들지 않는다든가 흉악하고 사나워 도리 아닌 재물을 훔친다든지 진실하고 바른 도리를 어긴다든지 하면 자식 된 자는 마땅히 정성을 다해 간함으로써 깨닫게 하여야 한다. 그래서 어버이는 붓다의 계를 받들어 생물에 대해 인자한 마음을 지녀 죽이지 않으며 청렴한 태도를 지녀 훔치지 않으며 마음을 깨끗이 가져 사음하지 않으며 신의를 지켜 속이지 않으며 계를 지켜 술에 취하는 일이 없도록 해야 한다.

그리하여 가족이 화목하고 하인들이 순종한다면 덕이 멀리 미쳐서 모든 중생이 은혜를 입으리라. 그렇게 되는 경우 시방제불과 천룡귀신과 군신만성이 모두 경애하여 도와 평안케 해 줄 것이니 어떠한 악마도 어쩌지 못할 것이다. 이렇게 되면 어버이는 언제나 세상을 평안히 살 것이고 죽은 뒤에는 영혼이 천상에 태어나 모든 부처님네와 만나서 그 가르치시는 말씀을 듣게 된다. 그리하여 깨달음을 얻고 해탈하여 괴로움에서 벗어날 수 있으리라."

맨 끝에 사람이 살아가는 데는 도가 필수적이다. 첫째 내 생명을 잘 지키는 도, 둘째 가정을 잘 지키는 도, 셋째 사회를 위하는 도, 넷째 국가를 위하는 도, 다섯째 세계를 위하는 도를 지키기 위해서는 참다운 사명의식이 투철해야 한다.

인간의 삶은 잘사는 데 목적이 있으므로 과욕은 절대적으로 금물이다. 궁전이 100채라도 1채면 되고 방이 1,000개라도 잠잘 때는 1칸이면 되고 돈이 천금만금일지라도 하루 3그릇이면 살아가는 데 불편할 것이 없다.

사회풍조는 급박하게 한쪽으로 치닫고만 있다. 물질만능주의가 그것이다. 반면 정신문화에는 관심조차도 갖지 않아 양극화 현상만이 날로 크게 벌어져, 특별한 위정자일지라도 사회흐름을 억제시킬 수 없는 것이 당면한 현실이다. 한 줌 이상은 소유할 수 없는 것이 재물이므로 네 줌, 다섯 줌은 모두 한 줌에 지날 뿐, 과욕이 허욕뿐일 따름이다.

목마르지 않는 사람에게 갈증 없듯이 재물 또한 구하는 마음 때문에 항상 갈증만 더할 뿐, 만족감과 지족감은 멀고 멀다. 도의 분상에서는 어리석은 사람이라 한다. 지족과 만족을 얻기 위해서라면 도꾼이 되어야 하는데 도는 절이나 교당에만 있는 것이 아니다. 실질적인 도꾼은 가정에서 사회에서도 도꾼이 될 수 있다.

도란 위선도 아니고 과장도 아니고 허세허명도 아니며 사상(아상·인상·중생상·수자상)을 여의어야만 도를 이룰 수 있다는 것이다. 세상이 재물이 많은 자가 도꾼이라고 칭할지라도 도꾼은 못 되고 돈꾼밖에는 별로 칭할 것이 못 되는 것이다. 제아무리 돈꾼이라고 자부심 갖고 위세 부리고 뽐내본들 종착역은 닥쳐오게 되는 것이다. 종착역에서는 내릴 수밖에 없다. 더 갈 수 없는 종착역에 다다랐으니 천 줌 만 줌인들 소용없고 단 한 줌도 가지고 갈 수 없는 것이 재물이고 돈이 아니겠는가.

돈을 꿈꾸고 살 것인가 도를 꿈꾸며 살 것인가를 가늠해 보아야 한다. 자기가 갖고 살아가고 있는 생명 하나를 공부해 간다면 돈꾼이 되어도 무방할 것이며, 공문공가공심을 함께하는 무전자도 무방한 삶일 것이다.

사람이 살아가려면 생활 여건상 돈이 꼭 필요하다. 그러나 돈은 생활 수단에 불과한 것이다. 현대사회에서는 돈이 인생의 전부인양 돈의 가치가 사람보다 앞서 있고 심하게는 신격화 되어가고 있다. 적당하게 벌고 적당하게 쓰면 돈의 가치는 더할 나위가 없다. 그렇지만 지나치게 탐욕심을 갖고 돈에 매혹된다면 사람의 신성성은 찾아볼 수 없게 된다.

모든 생물들은 사람과 같이 지나치게 쌓아놓지도 않고 지나치게 욕심을 부리지도 않고, 자기가 살아갈 만큼만 구하고도 잘 살아간다.

돈꾼은 걱정뿐이고 도꾼은 즐거움뿐이다. 돈꾼은 탐욕이 전부고 도꾼은 덜고 놓는 것이 전부다. 돈꾼은 삶이 복잡하고 어지럽지만 도꾼은 고요뿐이다. 돈꾼은 돈을 신격화하지만 도꾼은 청빈함을 생활화한다. 돈꾼은 허상인 돈을 낙으로 삼지만 도꾼은 실사참구를 목표로 하고 살아간다. 돈꾼은 돈을 낙(樂)으로 여기지만 도꾼은 돈을 고(苦)로 생각한다. 돈꾼은 소 생명자이고 도꾼은 대 생명자이다. 돈꾼은 빈껍데기 가마니만 짜고 살지만 도꾼은 알찬 보리자루만 짜며 살아간다.

참으로 도꾼이라면 빈도자라야 한다. 돈꾼은 생사를 막지 못하지만 도꾼은 생사를 자재한다. 도꾼들은 무소유 마음으로 삶을 살았으리라. 무소유로 살아가기란 빈도자가 아니고서는 쉬운 무소유자의 삶이라 할 수 없다. 가정에서도 사회에서도 항상 생신우생신 일신우일신(生新又生新 日新又日新)하는 마음으로 살아가는 자가 참으로 도꾼이라 할 수 있다.

세상이 평화롭기를 바라기 이전에 내 생명을 챙기며 눈을 떠서 내 마음이 평화로워 세상의 주체가 되어야 할 것이다.

5장
걸림 없는 생명

참선

역역제공안 歷歷提公案 공안을 제시하니
막부역막침 莫浮亦莫沈 뜨고 또한 잠기는 것이
허명여수월 虛明如水月 허명이 물속 달과 같이
완급약조금 緩急若調琴 비추고 늦추고 당기는 것이 거문고 줄
고르듯이
병자구의지 病者求醫志 병자가 의사를 구하듯이
영아억모심 嬰兒憶母心 어린아이가 어머니 생각하듯이
주공친절처 做工親切處 그처럼 간절히 공부할 때
홍일상동봉 紅日上東峯 홍일이 동녘 산에서 떠오른다

인류의 삶의 목적은 정신 안정으로 생사를 벗어나는 데 있다.
내가 살고 있는 길을 개척해 가는 수행의 첫걸음이기도 하다. 우리
인간은 내가 누구인지, 내가 왜 괴로움과 두려움과 위협에 서 있는지,
어떻게 하면 이 무서움을 해결할 수 있는지, 생명의 위협에서 벗어날

수 있는지를 생각하지 않을 수 없다. 업으로 태어난 이 몸뚱이이니 현세에 이 모든 업을 벗어야 금생도 평화롭고 여유로울 것이다. 인생의 삶은 진실할 때 풍요로움이 수반된다. 슬기로운 지혜로 살아가는 길은 많으나 올바른 길을 찾아서 목적지에 다다르기 위해서는 선각자들의 도움이 무엇보다 중요할 것이다.

　1) 기도 참선

　2) 염불 참선, 활구 참선

　3) 관법 참선

　4) 자심관 심관 생명관 등에서 가장 근기에 맞는 법을 선택하여 공부해간다면 근기에 따라서 구경지에 가까워질 수 있는 것을 선택한다.

　곧 뒷생각을 끊게 되면 보리생이다.

　참선은 우리 마음을 한곳에 집중시켜 일사불란한 상태로 몰입해 가 참다운 생명의 실체와 만나게 된다. 자신의 생명을 진실로 바로 보는 방법이 참선이라고 할 수 있다. 참선의 본래 목적은 견성성불에 있다. 즉, 자신의 성품을 보고 성품 그대로를 깨쳐서 불지에 이르기 위한 수단이고 목적이라 하겠다.

　참선은 행주좌와 어묵동정 어떤 경우, 어느 시간, 어떤 상황에서든 자유롭게 염념으로 상속해가는 공부다. 참선은 화두공안을 들고 행하는 간화선이 전통적으로 잘 이루어지고 있다. 근본 생명을 찾아보는 숙제가 된다.

　숙제는 철저한 문제의식을 갖고 문제의식만을 생각하는 것이다. 자신이 어떤 상황에 처해있든 오로지 내가 가지고 있는 화두공안으로 챙기고 이어 나가면서 염염히 상속해가는 공부임을 알아 정진해 가는 것이다. 그치거나 머무르거나 막히게 되면 이것은 정진이라 할 수 없다.

정진은 쉼이 없는 것을 말한다. 공부는 항상 상속되어야 한다. 붓다께서 영축산에서 법상에 올라 꽃 한 송이를 들어보이셨는가? 무슨 뜻이 있기에 설법은 하시지 않고 느닷없이 꽃송이만을 들었을까? 그때 대중들은 알지 못하였다.

그중에 마하가섭 존자만이 그 뜻을 알아 빙그레 미소 지었을 뿐 어떻다 말이 없었다. 마하가섭 존자는 왜 빙그레 미소를 지었을까? 이는 우리 불자들의 숙제가 된다.

알 수 없는 그것 하나로 붓다와 가섭 존자는 서로 통했을 것이다. 대중들은 그 뜻을 알아차리지 못했다. 대중들은 그 뜻을 알기 위해서 의심을 하게 된다. 본분사인 것을 모르기 때문에 그 뜻을 관좌해 나가는 것이 바로 참선인 것이다.

'왜? 어째서? 무엇인가?' 라고 문제의식을 챙기고 나아가며 찾는 공부다. 거기에서 철저한 면벽과 철저한 은산철벽이 이루어져 시공간에 구애받지 않고 일사불란하게 밀어붙여 나가는 공부다. 붓다와 마하가섭 존자에게 삼처전심인 염화미소 분반좌 곽시쌍부가 이것이다.

마하가섭 존자만이 이심전심으로 붓다의 뜻과 등등하였기에 법을 이어 받아 내려왔으므로 생명의 근원인 실상을 알았던 것이고 생명의 실체에 눈을 뜬 것이다.

이 경지를 알고자 생명근본을 참구하고 찾아보는 공부를 정해놓고 불자들은 용맹하게 정진한다. 참선을 할 때에는 마음의 수행 준비가 꼭 필요하다. 나를 세우지 않고 신심을 내어 잡된 번민의 뿌리를 철저하고 단호하게 뽑아버리는 일이다.

새 생명으로 맑히고 밝히면 구경지에 이르기가 가까워 온다. 전생에 숙연이 쌓여 있는 자는 7일 수행으로 마치게 되고, 3개월 수행을 마치고 승속이 없이 늦으면 몇십 년이 소요된다. 화두를 타파하는 기간은 결정된 바가 없고 따로 있는 것이 아니다. 언제나 어느 곳에서나 가림이 없이 가정에서 사회에서 직장에서 일상생활 속에서 새로운 생명을 찾아 나가야 한다. 즉, 새 마음 새 생명을 챙기고 찾는 수행 방법이다. 정신 운동이 따로 없다. 하면 된다는 의지 하나로 하게 되면 자기의 참모습인 참 생명을 찾게 된다. 우리의 진실한 생명은 붓다의 한량없는 무량 공덕으로 이루어져 전지전능한 것이기 때문이다.

우주법계는 우리 생명과 일체가 하나로 되어 있어서 우주가 내 생명이고 내 생명이 곧 우주임을 깨닫게 되었을 때 바로 생각하게 되고 바로 보게 되고 바로 듣게 되고 바로 행하게 된다. 결국 매사에 있어서 걸림이 없이 잘 해나가게 된다. 잘 하게 되면 잘 살게 될 것이고 잘 살게 되면 행복해지기 마련이다.

우리 인생 삶이 행복 추구에 있다. 행복한 가정 행복한 사회 행복한 나라 행복한 인류로 승화될 수 있는 길이기에 붓다의 가르침은 이미 3,000년 동안 면밀하게 이어진 것이다. 억조창생을 위한 구제방법이다. 다함께 반야용선을 타고 항해한다면 곧 평화로운 세계이다.

우리는 어둡고 어지럽게 무명에 가려져 살아가고 있다. 왜냐하면 내 생명을 모르고 살아가고 있기 때문이다. 부모 슬하에서 의지만하고 자라 왔다. 그 삶은 바로 무명이고 어두움이다. 아무것도 분별하지 못했던 유년 기간이다. 자라면서 빛과 바람을 맞으며 성장해 왔다. 성장해 서는 세파에 휘말려서 목적도 없이 남들처럼 살겠다고 몸부림이다. 학교를 졸업하고 직장을 구하여 사회에 뛰어들었지만 어느 한 가지도 흡족하지 못하고 만족 없이 외로움과 괴로움 속에서 헤매고 있다. 의식주를 해결하기 위해서 돈을 벌겠다고 안간힘을 다 쏟고 있다. 그러다 보면 인생이 덧없이 지나가 버리는 것이다.

거기다가 명예욕·애욕·탐욕이 겹쳐 욕심만 눈에 가득 차 보일 뿐 생각이 바쁘고 일이 바쁘게 되니 한량없이 어지럽게 된다. 일터에서 각자 직분 하에서 쉴 새 없이 불안 속에서 헤매고 있다. 주위 사람들을 돌보아야 하고 이끌어야 되는 입장에서 여유 없는 생활이 지나고 해가 바뀌어 간다. 1년이 지나고 5년이 지나고 10년이 덧없게 흘러가 버리는 어지러움의 연속인 생활을 한다. 가정에서도 역시 마찬가지의 생활 속에 살다보면 나라는 존재를 까마득하게 잊어버린다.

가정, 사회, 국가 발전을 앞세우면서 본의 아닌 삶에서 허덕이고, 괴롭고 두려운 세월을 살게 된다. 생활이 불안정하고 어지럽고 불안하여 괴로움만 쌓이게 되니 우울증도 있고 세상만사가 귀찮게 된다. 그렇게 싫증을 갖고 있다가 자신의 중심마저 잃게 되고 심지어는 타인에게까지 괴로움을 안겨주는 일이 비일비재하게 발생하고 있다.

괴로울 때는 스스로를 포기할 심정이 일어나고 가정과 사회에 대한 부정과 불만이 증폭하여 저지르지 않을 행동을 물불 가리지 않고 행하게 된다. 한시도 편한 날이 없고 한시도 즐거운 날이 없이 그저 어지러움에 사로잡혀서 자기의 이성까지 뭉개버린다. 자칫하면 제 몸도 버리게 되고 자살까지 생각하는 것이다.

이와 같이 중생의 삶이 복잡하고 어지러운 것이다. 이렇게 한번쯤이라도 생각해 봤다면 그 삶을 되풀이하지는 않을 것이다.

알지 못하는 삶이 누적되고 연속되면서 우리들 업장이 쇠가 녹슬듯 썩어가고 있음을 모르고 살고 있다. 미물 축생들의 삶보다 못할 수도 있는 삶이다. 어두움과 어지러움 속에서 목적의식도 없이 막연한 삶을 살아가고 있는 것이다.

붓다는 생명의 길을 훤하게 밝혀 주셨다. 인간 생명에게 지혜의 소리와 빛을 주셨다. 우리 모두에게 찬란한 등불을 밝게 비추어준 선구자이시다. 먼저 길을 인도하셨을 뿐이지 전지전능하다고는 하지 않았다. 너에게도 빛이 있고 광명이 있노라. 이 빛과 광명은 차별이 없이 온 우주에 온 인류에게 평등하게 주어진 것이다.

본래 생명의 근원을 있는 그대로 사심 그대로 가르치고 있다. 남녀노소, 빈부귀천 할 것 없이 비구 비구니 우바세 우바이 모든 인류에게 찬란한 빛을 주셨으므로 그 빛을 밝혀 수행해가는 것이다.

빛 속에서는 어둠이 존재치 못한다. 평화로움에서 어지러움이 사라지게 된다면 어지럽지 않는 삶 그대로 안정이 되고 평탄한 삶을 영위할 수 있다. 잘 살아 보자는 희망으로 살고 있는 것이지 절망을 바라고 살아가는 자는 단 한 사람도 없을 것이다. 인간의 행복은 잘 사는 데서 구하는 것이지, 못 사는 데서 오는 것이 아니다.

물질의 삶도 소홀히 할 수는 없다. 하지만 물질에 얽매인다거나 현혹되어서도 안 되는 것이다. 집착에서 멀어지라는 것이다. 집착은 곧 아집이므로 물질이란 마치 불나비가 불꽃을 탐하여 향해 나가는 것을 경계하라는 말이다. 경계를 두지 않고 무분별하게 불꽃만 탐하게 되면 죽고 만다. 불꽃이 좋은 것이지만 욕심을 갖고 탐해 가면 부질없이 수고롭게 되고, 제 마음과 몸을 망치게 되는 것이다.

어떻게 하면 허망치 않는 인간의 삶을 살아갈 수 있을까? 이것이 인간의 숙제다. 숙제는 풀어가야 한다. 나는 누구인가? 내 생명은 어떻게 생겼는가? 왜 사는 것인가? 이렇게 생각하고 사는 자가 과연 몇 사람이나 있을 것이며 내가 나를 찾아 내 생명을 챙겨 보기라도 하면서 살아왔었나 의심해 보지 않을 수 없는 일이다.

한번쯤 생각을 해 보자. 내 생명에게 눈을 돌려 보자. 100년 인생을 살아갈 사람이 자신을 잊고 산다는 것은 있을 수 없고 있어서도 안 되는 일이다. 왜 죽어야만 하는가에 대해서도 생각해 보아야 한다. 죽으면 어떻게 되는 것인가. 깊이 관찰하지 않고는 알 수 없다.

숨 쉬고 잠 자고 먹고 입고 행동하는 그 작용에 우리 생명의 실체가 있다면 구태여 부처님이나 하나님에게서 구할 필요가 없지 않겠는가. 부처님이나 하나님의 힘에 의지해서 내 생명 문제를 해결할 수 있다면 백천 번을 믿어도 헛되지는 않겠지만, 모두가 허망한 방법이고 부질없는 소치에 불과하다고 본 것이다.

부질없이 살아온 인생을 또다시 부질없는 길로 반복해 간다면 두렵고 무서울 뿐이다. 제자를 잘 인도하려고 사력을 다해 연구하고 공부하고 경험하고 체험한바 그대로를 가르쳐 주는 분이 우리 선생님이시다. 우리의 인류의 선생님은 붓다이시다. 붓다께서 좋은 길을 가르쳐 주셨지만 가고 안 가는 것은 제자의 허물이지 선생의 허물이 될 수 없다. 분명히 내 몸 속에 생명 하나가 있다. 내 몸 속에 없는 것을 있다고 말하지는 않았다.

너에게 있느니라. 네 생명을 밖에서는 찾지 말라. 수고로움만 더할 뿐이다. 부처님에게서도 찾지 말고 하나님에게서도 찾지 말며 어떤 신비스럽고 영통스러운 것이 있다 하더라도 거기에 현혹되지 말고 유혹도 받지를 말라. 토끼에서 뿔을 찾고 거북이에서 털을 찾을까 하는 염려에서다. 다른 데서 구하지도 말고 찾지도 말라. 허상에 빠질라 허공에 떨어질라 하고 누누이 걱정하고 타이르게 된 것이다. 행여나 잘못 갈까, 잘못하고 있는 것이 아닌가 하고 걱정하고 있는 것이다.

약간이라도 어긋난다든가 첫발이 잘못될까봐 초발심부터 가르쳐 주셨다. 첫 발, 첫 마음이 중요하기 때문에 초발심 변정각이라 한 것이다. 첫 생명이 이 생의 운명이 그르쳤다면 새로 시작해야 된다. 날이면 날마다 생명을 모르고 덮어놓고 살아왔으므로 새 생명을 돌이켜봐야 한다.

마음이 어지럽고 때가 끼었기 때문에 새 마음을 갖자는 것이다. 새 생명 새 마음 새 삶으로 새롭게 살게 될 때 삶의 질 향상이 있을 것이다. 이러한 개척정신 없이는 인류를 평화의 행복한 세계를 이룩할 수 없을 것이다. 개척 정신을 가진 사람들은 물불을 가리지 않고 주야를 가리지 않고 불굴의 사명감에서 노력하고 있다. 이 생명공부는 어둠이 사라지고 어지러움이 없어지고 나의 가아를 버리고 진아를 이룬다. 왜 냐하면 내 생명은 내가 가지고 살아가기 때문에 남이 대신 살아줄 수도 없고 남이 찾아줄 수도 없기 때문이다.

생명공부를 하여 생명이 맑아지고 밝아져 일깨워 나가면 구경지가 가까워진다. 일깨워 챙겨 나가는 공부인지라 머문다거나 막힌다거나 방심해서도 안 되고 남으로부터 얻고 들어서 알았다 하면 내 근본생명이 아니므로 즉각 토해버려야 한다. 내가 알고자 하는 공부, 내가 살아가는 공부, 내가 찾는 공부인 것이니 밖에서 구하는 공부가 아닌 것을 명심할 것이다.

내게 무명과 번민이 있을 뿐이니 내가 제거치 못하고 신이나 부처가 제거해 주기를 바란다면 제거될 수 없다. 다만 내가 팔만 사천 번뇌와 팔만 사천 마군들을 단칼에 무 자르듯 잘라버려야 한다. 사정없이 베어 버려야 한다.

빛은 나에게 있기에 내가 반야용선을 타고 저 피안으로 건너가서 반야광명을 현발하는 길이 최상의 대 생명공부라 할 수 있다. 대 생명이 빛을 발해야 그 빛과 소리가 우주에 충만해서 일체만유와 일체중생에게 대승 보살도를 베풀게 될 것이다. 생명존중과 생명중시를 밤낮없이 외쳐대는 것이 대승사상이고 대승보살도이다. 이렇게 일심동체하는 길이 참선자의 수행이며 원력이고 무방 반야의 행이다.

참선 공부하는 자는 번뇌 망상이 일어나면 일어난 번뇌 망상을 한 번 더 일으킨다. 또 한 번 찾아보면 번뇌 망상은 허상이고 실체도 없다. 안개처럼 스스로 사라져 간다. 화두만 되풀이해 가면서 일심으로 오직 신심만을 일으켜야 한다.

화두공안이라는 것은 뜻이 없다. 뜻이 없으니 뜻을 풀어나가는 공부가 아니다. 뜻을 알고 풀어 나가려 하는 생각이 오히려 공부에 방해가 되고 결박당할 수 있다. 선을 하는 자는 깨우치려고 안간힘을 다 쓰면 안 된다. 해탈을 구하려 한다면 망상에 사로잡히게 된다. 물고기가 그물 속은 벗어났다 하더라도 물에 걸리고 마는 것처럼, 해탈을 얻었다고 하면 벌써 그릇된 것일 뿐이다. 해탈에 집착하게 된다면 해탈은커녕 결박당하게 된다. 놓으면 된다고 하지만 놓아지지 않고, 또 놓는다는 것이 쉬운 일도 아니다. 놓으면 들게 되고 들으면 놓게 되니 다람쥐 쳇바퀴 도는 격이다.

손에 든 물건이 무거우면 놓으면 되지만 마음공부인 참선 공부는 놓았다 하면 놓았다는 것에 걸려서 생명의 실체를 보지 못하고 허덕일 뿐이다. 그러므로 공은 공이지만은 진공이 아니라는 말이다. 물고기처럼 걸려 있는 것이다. 사람도 물고기와 조금도 다를 바가 없다. 그러나 지혜를 가지고 태어난 만물의 영장이므로 수행 정진력을 발휘해야만 한다. 수행력 없이는 중생심에서 벗어날 수 없고 그림자 안에서 놀아날 뿐이며 구름 속을 헤맬 뿐이다.

붓다는 그림자를 벗어 나오면 생명의 실상을 보게 된다고 했다. 실상을 보지 않고는 사생육도에 떨어지고, 삼도팔난에 떨어지고 윤회를 면할 수가 없다는 것이다. 생로병사도 역시 윤회의 고통인 것이다. 윤회의 고통을 벗어날 길은 내 생명의 실체를 알아가는 것이다. 사람이 한 번쯤 죽어보는 경우도 있다. 그때는 인체의 모든 기능이 정지한 상태이므로 의식이 없다. 죽어 보았다가 깨어난 사람은 이 생명이 얼마나 고귀한지를 깨닫게 되지만 죽어보지 못한 자는 이 몸을 쓰레기 취급하며 염세성까지 갖게 된다. 필경에는 헌신짝 버리듯이 생명을 버리는 자도 많다.

백천만겁을 지난다 할지라도 이 몸 받아나기 어렵고 이 생명 태어나기 어렵다 하였다. 인간의 삶이 연속된다고 한다면 지루하겠지만 죽어본 자는 이 세상이 좋다는 것을 알고 진짜 삶을 살아간다.

지혜 있는 삶이 참다운 삶이다. 지혜 있음은 생사와 노병에 얽매임이 없다. 죽음은 죽음으로 알게 되고 생은 생으로 알며, 고통은 오히려 즐거움으로 전이될 수 있다. 도인은 너를 만나기 위해서는 지옥에도 들어가겠다는 무애 사상을 지니고 살아간다.

일찍이 붓다께서 생로병사는 없다고 하였다. 중생들의 미혹과 무지, 무명일 뿐이라고 하였다. 중생심을 버리면 곧 불이 된다고 하였다. 이 가르침은 참사람으로 참답게 살아가라는 말이다. 우리 인간은 행복을 추구하지만 무명 속에서 행복은 요원할 뿐이다. 행복은 주체적 삶에서 이룩된다. 밖에서 찾는 행복은 헛되며 헛되고 헛된다. 헛되고 헛되니 일체 모든 것이 헛된다는 것이다.

사람의 행복은 다만 자기 자신이 가지고 살 뿐이다. 살아있는 생명 속에서 일심으로 자기 생명을 찾아보고 밝혀간다면 헛된 삶이 아닌 반석 위에 빌딩을 짓게 될 것이다. 수행은 자력·자증·자각일 뿐이다. 행복을 추구한다면 자기 생명줄에 튼튼하게 하나하나 염주알 꿰나가는 공부를 하여 완성된 생명의 길에 이를 것이다.

자기 튼튼한 생명줄에 염주알처럼 꿰어만 놓는다면, 마음대로 사용한들 손상 받지 않을 것이다. 이런 삶이 자유자재한 삶이다. 뜻대로 마음대로 하고자 하는 대로 순리에 이르게 될 것이다. 생명을 활용하는 데 조금도 장애 받지 않는다.

정신을 육체와 분리할 수 없고, 육체도 정신과 분리할 수 없으므로 일심동체했을 때 대비심이 발하게 된다. 마치 바늘과 실의 관계와 같다. 바늘 없이 실 구실을 할 수 없고 실 없이 바늘 구실을 할 수 없는 것이므로, 육체를 떠난 생명이 없고 생명을 떠난 육체도 없다. 생명과 육체는 둘이 아니고 하나로 성립되어 있어 함께 살고 함께 죽게 된다.

그렇다면 생명은 어떻게 다스려 나가야 할 것인가? 중생은 업생으로 태어났으므로 전체를 부모에게 맡기고 따를 뿐 자력의 힘은 갖출 수 없다. 마찬가지로 중생도 붓다에 맡겨야 잘 배우고 가르침에 따라 그른 길이 아닌 올바른 길을 인도 받게 되고, 올바른 가르침을 따라서 인격 완성을 이루게 된다. 두렵고 괴롭고 무서운 삶을 평화롭고 풍요롭고 안락하게 이끌어주는 붓다의 가르침은 중생 선생님의 가르침이다.

발심해서 정법문에 들어선다면, 정법문은 열려있다.

"열려있는 문을 두고 열린 문으로 나가지 않고 어리석게도 창문에만 부딪치고 있다. 창문에만 부딪치고 있으니 미련해서 가엽기만 하구나. 텅 빈 문을 찾지 못하고 부질없이 창문에 머리를 부딪치고 있구나. 가련하고 애달프다."

조사님들의 말이다. 자기 생명을 바로 보는 눈을 뜨고 올바로 열려있는 텅 빈 문으로 나가 자기 대 자유를 얻게 된다.

일생을 살아왔고, 살아가고 있지만 자기의 생명은 너무 소홀히 하고 있다. 이제부터라도 참 생명을 찾아가며 살아야 한다. 자기 생명에게 눈을 바로 뜨고 거짓 생명이 아닌 참 생명, 거짓 실체가 아닌 참 실체, 허상이 아닌 실상을 깨닫고 살아가야 한다. 이것이 바른 깨달음의 지혜다. 고요를 지키며 단 하루 사는 것이 참다운 삶이고, 고요 없이 어지럽게 사는 삶은 백 년 동안의 티끌이라 하였다.

붓다가 말하기를 자기 생명을 본 것을 견성이라 했고 성불이라고 하였으니 우리들 중생에게 자기의 성품을 바로 볼 수 있는 수행력이 우선되어야 한다. 나를 먼저 구한 후에 타인을 구하자는 원력을 세우고 살기 위해서는, 먼저 내 생명에게 눈을 떠서 그 경지를 타인에게 전도해야 한다.

이것이 대승사상이다. 대승사상은 생명중시며 존중이다. 연후에 대자대비 사상이 현발되는 것이다. 생명이 있는 것들을 다 중하게 여겨서 내 친자식처럼 보살펴주고, 아껴주고, 사랑해야 한다는 대자대비심이 우러나올 것이다. 세상은 넓게 보아야 한다. 온갖 생물은 신비스러운 생명 하나로 세상에 나왔다. 여기에 평등이 있다. 공존 공생 공영 상생이 기초가 되어서 서로 사랑할 뿐, 이기심은 절대 금물이다.

붓다의 49년 설이 생명을 밝혀 반야지혜를 얻어 잘 살자는 것이 목적이며, 중생들의 생명 하나를 구제하기 위함이었다. 인류는 한 씨앗에서 파생된 것인지라 70억의 인류가 지구상에 상존해 있는 것이다. 이것은 즉, 내가 네가 되고, 네가 내가 된다는 말이다. 네 민족, 네 나라, 네 인류가 나의 민족, 나의 나라, 나의 인류이므로 세상을 즐겁게 아름답게 풍요롭게 행복하게 잘 놀고 잘 살아가는 길이 인류의 희망이고 소망이다. 여기에 토를 달 사람은 단 한 사람도 없을 것이다.

서로 용서하고, 화해하고, 베푸는 마음으로 대화합의 마당에서 머리를 맞대고, 웃음 지으며 융화 정책을 선결해야 한다. 위정자들은 여기에 뜻을 함께하여 화평하고, 풍요롭고, 행복한 세상 만들기를 추구해 나가야 한다. 이것이 인류의 소망이다.

내가 곧 부처이고, 부처가 곧 나이기 때문에 나와 부처가 따로 있지 않다. 따로 있는 것은 중생심이다. 중생은 생명의 실상을 보지 못하고 허상인 그림자 속에서 헤맬 뿐이다. 그림자인 허상을 뛰어넘어 그림자

아닌 진체를 찾아, 무위진인이 되어 삼계에서 뛰어나 복과 지혜를 자유자재로 건설하고 잘 놀고 잘 살기 위함이 곧 내 생명을 찾아가는 공부이다.

생명은 평등하므로 너와 내가 다르다고 구분할 수 없다. 내가 부처이고 네가 부처이고 두두물물이 다 부처 아님이 없다. 내가 중생심에 있으면 너도 중생이 되고, 내가 부처 마음이 있으면 너 또한 부처인 것을…….

태조 이성계가 무악대사를 보고 돼지 같다고 하자, 무악대사는 대왕의 형상은 부처님 같다고 하였다. 이는 각자와 미혹한 자의 차이점이라 할 수 있다.

"생명을 알면 평등을 아는 자로, 인생의 삶도 세상도 그렇고, 그러면 그런대로 이러면 이런대로 살아간다네."

이것이 걸림 없는 무방 반야의 삶인 것이다.

생명의 근본을 밝혀가기 위해서 수행력인 자력, 자증, 자각을 증득할 뿐이다. 먼 신라국의 이차돈 성사는 생사를 뛰어넘어 목숨을 던져 버렸다. 이차돈의 순교로 인해 신라국은 평정되었고 불국토 건설이 가능해졌다. 그 위력은 삼국통일까지 이어져 국운이 1,000년을 넘었다. 오늘의 조선불교를 탄생시킨 위대한 이차돈 성사이다. 예수님이 십자가에 못 박힘도 그러했으리라.

오늘날 교인들은 궁전에서 잘도 살아가고, 불자도 역시 명산을 끼고 궁전 안에서 잘도 살아간다. 잘 사는 것은 도를 알고 건강하고 지족하고 행복하게 사는 것을 말한다. 잘 산다는 것은 어지럽게 천 년을 사는 것보다는 고요를 지키면서 단 하루를 사는 것이다. 이렇게 사는 자가 구도자이다. 자기 생명의 적적요요한 지혜 보리를 얻게 되는 것이 부자로 사는 삶이다. 곧, 상락아정이다.

예수님은 사랑·봉사·성령을 말했고, 붓다는 생명존중인 불살생·해탈을 말했다. 이미 3,000년 전의 교훈이다. 사람들이 믿고 안 믿고 하는 것이 허물일 뿐, 성인들의 허물은 없다. 자부와 자모를 외면하고 사고뭉치가 되어 위험하고 무서운 짓만을 일삼고 있다. 때문에 중생은 성인의 말씀에 귀를 기울여야 한다. 자기 생명에게 눈 뜨는 공부를 부단하게 정진 수행하는 것이 상락아정을 이루는 길이다. 우리 생명은 원래 구족해 있다. 알고 모를 것조차 없다. 곧, 무유정법 발아뇩다라삼먁삼보리심이다.

이런 세상을 반하여 국제정세는 험악하고 극단적인 길로만 치닫고 있다. 오직 공포뿐이고 화평과 풍요로움과 행복은 뒷전이다. 인종차별, 성차별, 빈부차별뿐이다. 그렇지만 단 하나, 생명에는 차별이 있어서는 안 된다. 신성불가침하고 존귀하며 지구상에 단 하나뿐인 것이 생명이다. 나는 우주요, 삼천대천세계이다. 그러므로 인류는 하나다.

위정자들은 생명존중에 뜻을 모아야 한다. 대 자연, 대 인류의 생명을 보존할 책무가 막중한 때이다. 무작위 살상 도구인 핵무기가 여기에 존재한다는 것은 역행이다. 핵무기는 곧 인류의 종말이다. 인류는 잘 살아보자는 희망으로 끊임없이 과학기술을 발전시키고 있다. 더 멋진 세상을 이룩하는 과학기술을 위해 힘쓸지어다.

하지만 과학기술도 사람의 생명은 어찌할 수 없다. 자연재해, 질병, 사고, 자살, 타살 등으로 하루에도 10여만 명이 죽고 있다. 하나하나가 너무나도 소중한 생명이기에 생명 살상은 결코 용납될 수 없는 일이다. 여기에 위정자들은 귀를 열고 눈을 떠야 한다. 과학자들도 인류가 잘 살고, 잘 놀 수 있도록 더욱 힘을 기울여야 할 것이다.

인류가 화합하고 화해하여 화복한 삶을 이룩하는 것만이 천추만대에 대물림하는 길이다. 멋있는 세상을 꿈꾸어 가야 한다. 나는 살고 너는 죽어도 좋다고 하는 것이 이기심에서 오는 것이니 이기심을 버려야 한다. 에고이즘이 있어서 성불도 못하고 대 생명도 이루지 못하는 존재가 인간이다.

에고이즘 때문에 남을 해치면서 제멋대로 산다. 인류가 살아가는 데 있어서 선진국과 후진국도 없고, 강자와 약자도 없다. 있다면 헛되고 헛되며 헛된 것이니 모두가 헛될 뿐이다.

생명의 진여는 실체의 삶을 사는 것이다. 그림자에서 사는 것은 무명 무지 지옥세상이며, 탐진치 삼독심만 길러갈 뿐 아무런 소득이 없다.

생명의 진여를 밝히는 세상에서 멋지고 풍성한 삶을 누리지 못한 채 살아가고 있는데, 거기에 더하여 세상은 핵무기 창고가 되고 있다. 무기의 양은 인류를 전부 죽이고도 남아돈다. 핵이 안전하다고 장담할 수만은 없다. 위정자 중에는 이기심을 갖고 있는 자도 있을 것이고 기계에도 실수가 있을 것이다. 제아무리 관리를 잘 한다 하더라도 오는 재앙을 인위적으로 막을 길이 없다.

앞으로도 증핵이 계속된다니, 인류의 생명이 너나없이 더욱 걱정될 뿐이다. 생명에는 다름이 없다. 인류에게 지구상에서 단 하나뿐인 생명들을 보호할 책무가 있다. 이 길은 바쁘고도 바쁘다. 이를 위해 인류는 공존·공영·공생·상생하는 대화합의 마당에서 머리를 맞대고 공부를 해야 할 것이다.

우리 마음에도 팔만 사천 번뇌가 있다. 팔만 사천의 가르침으로 중생에게 팔만 사천 번을 49년 동안 잘 살아달라는 부탁을 하고 납월 팔일 열반에 드신 위대한 성인이 계셨다. 이 성인의 가르침은 우리에게, 민족에게, 인류에게 교훈이다.

참선은 자심관, 생명관의 관법으로 할 수 있다. 견성을 말한 것이지 행위나 죄상을 말함이 아니고 중도의 도를 깨닫는 것이 아니며 철저한 면벽과 철저한 은산철벽을 타파하여 생명을 깨달은 이후에 중도행을 하는 것을 중도라 말한다.

수행자가 정(精)을 잘 보호하면 10가지 득이 있다.

1) 기억력이 강화되고

2) 청력이 밝아지고

3) 시력이 밝아지고

4) 질병이 예방되고

5) 혈액순환이 원활하고

6) 엉덩이·허벅지에 탄력이 생기고

7) 얼굴빛이 윤택하고

8) 마음이 평정하고

9) 수명이 연장되고

10) 신선이 되고 신령스럽게 된다.

즉, 발아뇩다라삼먁삼보리다. 잘 살아가는 길이다.

경허스님 법문곡

　　오호라 세상사람 나의 노래 들어보소. 허탄히 듣지 말고 자세히 생각하소. 고왕감래 무궁하고 천지사방 광활한데 사람이라 하는 것이 오호라 우습도다. 허망하다, 이 몸이여. 더운 것은 불기운, 동하는 것 바람기운, 눈물 콧물 피와 오줌 축축한 것 물기운, 손톱 발톱 터럭이와 살과 뼈와 이빨과 단단한 것 흙기운, 오장육부 살펴보니 굽이굽이 똥오줌, 지렁이와 촌충이와 버러지도 무수하다. 밖으로 살펴보니 모기 벼룩 이와 빈대 허다한 괴로운 물건 주야로 침노한다. 가사 백 년 산다 해도 백 년 삼만 육천 일에 살펴보면 잠깐이요, 일생 칠십 고래희라 칠십 살기 드물도다. 사오십 이삼십 서너 살에 죽는 인생 두루두루 생각하니 한심하다, 이 몸이여. 움도 싹도 아니 난다. 일생 한 번 죽어지면 황천객이 되는구나. 가사 칠십 산다 해도 잠든 날과 병든 날과 걱정근심 여러 모양 편할 날이 며칠인가. 아침나절 성한 몸이 저녁나절 병이 들어 신음고통 하는 모양 의원 불러 약을 쓰니 편작인들 어이하며, 무녀 시켜 굿을 하나 무당도 쓸데없고, 문복장이 점을 하나 소강절도 쓸데없고, 제

산제수 허다 공덕 신령인들 어찌하며, 금은재보 산과 같고 처자권속 삼대 같고, 사생 친구 빈빈하나 죽는 사람 할 수 없다. 오장육부 끊어내고 사지백절 베어낸다. 쉬이 나니 한숨이요, 우나니 눈물일세. 부모형제 지친으로 대신 갈 이 뉘 있으며 금은옥백 재물로도 살려낼 수 바이 없네. 역대 왕후 만고호걸 부귀영화 쓸데없고 만고문장 천하변사 죽는 데는 허사로다. 동남동녀 오백 인이 일거 후에 무소식, 불사약도 허사로다. 참혹하다, 이 인생에 죽지 않는 이 뉘 있는가. 북망산 깊은 곳에 월색은 침침하고 송풍은 쓸쓸한데 다만 조객 까마귀라 일생일장 춘몽일세. 꿈 깨는 이 뉘 있는가. 가련하고 한심하다. 삼계도사 부처님이 죽도 살도 않는 이치 깊이 알아 훈도하니 자세한 전후 말씀 소연하기 일월 같다. 천만고 명현달사 견성득도한 사람이 항하사 모래수라. 견성득도 하게 되면 생사를 면하나니 천경만론 이른 말씀 조금도 의심 없다. 나도 조년 입산하여 지금까지 궁구했네. 깊이깊이 공부하여 다시 의심 영절하니 어둔 길에 불 만난 듯 주린 사람 밥 만난 듯 목마른 이 물 만난 듯 중병 들어 앓는 사람 명의를 만나는 듯 상쾌하고 좋을시고. 이 법문을 전파하여 사람사람 성불하여 생사윤회 면하기를 우인지우 타인지락 이내 말씀 자세 들소. 사람이라 하는 것이 몸뚱이는 송장이요, 허황한 빈 껍질이 그 속에 한낱 부처 분명히 있는구나. 보고 듣고 앉고서도 밥도 먹고 똥도 누고 언어수작 따로 하고 희로애락 분명하다. 그 마음을 알게 되면 진즉 부처 이것이니, 찾는 법을 일러보세. 누나 서나 밥 먹으나 자나 깨나 움직이나 똥을 누나 오줌 누나 웃을 때나 골낼 때나 일체처 일체시에 항상 깊이 의심하여 궁구하되, 이것이 무엇인고 어떻게 생겼는가 큰가 작은가 긴가 짧은가 밝은가 어두운가 누른가 푸른가 있는 건가 없는 건가 어떻게 생겼는고 시시때때 의심하여 의문을 놓지 말고 염념불망 하여가면 마음은 점점 맑고 의심은 점점 깊어 상속부단할 지경에 홀연히 깨달으면 천진면목 좋은 부처 완연히 내게 있다. 살도 죽도 않는 물건 완연히 이것이다. 금을 주니 바꿀소냐, 은을 주니 바꿀소냐. 부귀공명 안 부럽다. 하늘땅 이 손바닥 위에 있고 천만년이 일각이요, 허다한 신통묘용 불에 들어 타지 않고 물에 들어 젖지 않고, 크려면 한량없고 작으려면 미진 같고 늙도 않고 죽도 않고 세상천지 부럴 것이 다시 무엇 있을소냐. 나물 먹고 물 마시고 배가 고파 누웠어도 걱정할 일 바이없고 헌 옷 입고 춥더라도 무엇 다시 걱정하며 성신같다 추더라도 좋아할 것 다시 없고 고약하다 욕하여도 일호 걱정 도시 없고 천지에 불관이요, 생사에 불관이요, 빈부에 불관이요, 시비에 불관이요, 홀연히 무사인이 되었으니 이것을 부처라 하나니라. 이 몸 벗고 가더라도 가고 오기 자재하여 죽고 살기 마음대로 쾌활하니 죽는 사람 같지 않고 무심무사 심상하니 세상 사람 생각하면 신음 고통 불쌍하다. 도인이라 하는 이도 몸뚱이는 죽더라도 불생불멸 이 마음이 천상인간 자재유희 소요쾌락 한이 없네. 제불조사 이른 말씀 추호라도 속일소냐. 광음이 여류하여 죽는 날이 잠깐이니 부지런히 공부하여 생사대사 면해보세. 이 노래를 다만 마쳐 등잔불은 명멸하고 새벽송성 소소하니 야이하시오 무인문에 묵묵히 앉아 헤니 서불진언 언불진의 각필엄권 이만이나 이만 일을 뉘 알소냐. 오호라, 이 노래를 자세자세 들어보소. 부처님이 말씀길 부모에게 효성하고 스님에게 공경하고 대중에 화합하고 빌어먹는 사람들을 불쌍히 여겨 조금씩이라도 주고 부처님께 지성으로 위하고 가난한 사람은 꽃 한 가지라도 꺾어다 놓고 절하든지,

돈 한 푼을 놓고 절을 하든지 밥 한 사발을 놓고 위하여도 복을 한없이 받는다 하시고 이 위의 다섯 가지를 지성으로 하여가면 복이 한없다 하시니라. 중생은 개미와 이 같은 것도 죽이지 말고 남에게 욕하고 언짢은 소리 말고 머리 터럭만한 것도 남의 것 훔치지 말고 조금만큼도 골내지 말고 항상 마음 착하게 가지고 부드럽게 가지고 내 마음과 몸을 낮게 가지면 복이 된다 하시니 부처님의 말씀을 곧이 들을지니라.

걸림 없는 생명

여기에 큰길이 있으니 이름 하여 이것을 걸림 없는 생명이라 한다. 어찌하여 큰길이라 하냐면 문이 없이 들어가고 길이 없이 다니는 고로 큰길이라 하나니, 문이 없이 드는 고로 동서가 없고 남북이 없으며 안 팎이 없고 앞뒤가 없으며 높고 낮음이 없고 모나고 둥근 데가 없으며 길고 짧은 것이 없고 크고 작은 것이 없으며 처음과 끝이 없음이요, 길이 없이 다니는 고로 막히고 머무름이 없고 멀고 가까움이 없으며 밝고 어두움이 없고 성현과 범부도 없으며 남자와 여자도 없고 남과 내가 없으며 선과 악이 없고 참과 거짓이 없으며 옳고 그른 것이 없고 정과 사가 없는지라. 이러므로 문이 없이 들어가고 길이 없이 다니나니 이것을 걸림 없는 생명이라 이름 한다.

어찌하여 걸림이 없다 하느냐 하면 색이 공에 걸리지 않고 공이 색에 걸리지 아니하야 생명과 경계가 둘이 아닐새, 이를 걸림 없는 것이라 이름 하나니 색은 곧 색이지만 색이 본래 색이 아니요, 공은 곧 공이지만 공도 본래 공이 아닌지라. 색이 아닌 것이 색이 되고 공 아닌 것이

공이 되니 일천 경계와 일만 가지 생명이 거슬리고 순한 것으로 에워싸더라도 터럭만치도 걸림이 없는 것이 구름에 산이 걸리지 않고 산에 구름이 걸리지 않는 것처럼 구름과 산이 서로 걸림이 없음은 둘 다 본래 실다움이 없어 무생하기 때문이며 허공과 같은 성품인 까닭에 걸림이 없는 생명이다.

만 가지로 이름 할지라도 생명이라 이름 할 수가 없다. 생명이란 무엇을 이름 하는가? 생명 아닌 것이 생명이 되었을새 본래 생명이 아닌 고로 또한 본래 근본이 없는지라 또한 생명이다. 생명이 아닌 것도 없을새 천 가지로 부르고 만 가지로 이름 할지라도 다 생명이 아닌 것이다. 어찌하여 그런가 하면은 생명은 이름이 없고 일체상도 없어 확연히 비어 통하였으나 또한 비어 통하였다는 상도 없고 깨끗하여 본래 그러하나 또한 깨끗하다는 이름도 없을새 말과 말이 붙지 못하고 문자도 세우지 못하며 생각으로써 얻지 못하고 가르쳐 전하지 못하며 있는 생명으로도 구하지 못하고 무생으로도 알지 못하는지라. 오직 스스로 증득하고 스스로 깨침에 있으나 증득함도 또한 증득한 바 없고 깨침도 또한 깨친 바가 없는 고로, 불조가 이르되 깨어서 앎이 깨지 못한 것과 같다 하였고 붓다께서 이르되 한 법도 가히 얻은 것이 없는 것을 이름 하여 아뇩다라삼먁삼보리라 하였고 반야경에 이르되 얻은 바가 없음므로써 큰 보살이 반야바라밀다를 의지하는 고로 마음에 걸림이 없다 하였으니 이 걸림 없는 생명 이것이 청정한 생명이요, 이 청정한 생명 이것이 부동한 생명이요, 이 부동한 생명 이것이 본 생명의 실상이요, 이 본 생명 실상 이것을 참 대 생명이라 이름 하는 것이다.

허망한 생명으로 부딪치는 곳마다 걸림이 있어 자재하지 못하거니와 참 생명은 간 데마다 걸림이 없을새 지혜를 이루나니 자재함을 얻지 못하면 일이 다 괴롭고 지혜를 이루면 생명과 생명이 다 한가지라. 경계가 나면 생기고 경계가 꺼지면 멸하는 것은 허황한 생명이요, 경계를 인하여 나지 않고 경계를 인하여 멸하지 않는 것은 참 생명이니 이리하여 생멸은 이것이 환이요, 생멸이 없는 생명은 이것이 참 생명이니라.

그러나 어찌 한 법 가운데 참이 있고 망이 있으리요. 망을 떠나서 참이 있을 수 없고 참을 떠나서 망이 있을 수 없는 것이 물결이 물을 여의지 않고 물이 물결을 여의지 않는 것과 같아서 물이 곧 물결이요, 물결이 곧 물이다. 미하고 깨침에 차이가 있으니 미하여 지면 열반도 다 이 거짓이요, 깨치면 생사번뇌도 다 이 참인 것이다. 법은 미하고 깨침이 없건마는 사람이 미하고 깨침이 있으며, 법은 얻고 잃은 것이 없건만 사람이 얻고 미한 것이 있나니, 미한 자도 사람이 스스로 미하고 깨친 자도 사람이 스스로 깨치며 얻는 것도 사람이 스스로 얻고 잃은 것도 사람이 스스로 잃는 것이라.

법은 허물이 없는 것이라 생명을 아는 자는 깨치고 생명에 걸린 자는 미하여 말을 아는 자는 깨치고 말에 걸린 자는 미하며 현상을 마음대로 하는 자는 깨치고 현상을 쫓아가는 자는 미하며 문자에 얽매인 자는 미하고 문자에 따르는 자는 깨치며 인연을 뛰어 난 자는 깨치고 인연을 따라가는 자는 미하나니, 미하고 깨침이 다만 사람에게 있고 법에 있지 않음을 알아야 한다. 이로 말미암아 법은 밝지만 사람의 지혜와 역량에 따라 교화하는 방편은 한량이 없으니,

때로는 유와 무를 말씀하시고

때로는 참과 거짓을 보이셨고

때로는 공과 색을 말씀하시고

때로는 대승과 소승을 말씀하시고

때로는 고집멸도(苦集滅道) 사성제를 가르치시고

때로는 십이인연(無明, 行識, 名色, 六入, 觸, 受, 愛, 取, 有, 生, 老, 死)법을 가르치시고

때로는 육바라밀(布施, 持戒, 忍辱, 精進, 禪定, 知慧)을 가르치시고

때로는 일불승(一佛乘)을 가르치는 등 이와 같은 팔만 사천의 교법이 다 어리석은 사람에게 돌려 깨침을 열어주는 붓다의 가르침이시다.

붓다께서는 일체중생의 미고(迷苦)를 불쌍히 여겨 어리석음을 돌려 깨침을 열어주기 위하여 도를 성취한 후 낮과 밤을 가리지 않고 혹은 시골에서 혹은 도시에서 혹은 동서남북을 돌아다니며 사람의 고해를 건지시기에 겨를이 없이 하였다. 이는 능히 일체중생으로 하여금 어리석음을 돌려 깨달음을 얻게 하는 데 뜻이 있다. 어리석음을 돌려 깨달음을 얻게(轉迷開悟) 하여 모든 사람이 다 부처와 같은 평등한 존재가 되고 또 모든 사람이 부처와 같이 최고의 존재가 되고 또 모든 사람이 부처와 같이 존귀한 존재로서 생명을 존중한다는 것이 붓다의 평등사상이다.

이 인연이 최고의 절대성을 가진 생명존중의 인본주의 사상이다. 이러한 생명존중인 본 사상을 여의고는 생사 해탈도 없고 인간 혁명도 있을 수 없는 것이니 무릇 우리를 걱정하고 세상을 걱정하는 자는 뜻을 생명 챙김 공부에 두어 능히 일체중생들로 하여금 어리석음과 삼독심을 버리고 깨침을 얻어 모두 함께 성불하도록 해야 한다. 인류를 위한 일대 사업임을 바로 알아 생명을 챙기고 일깨우는 데 힘쓸지어다.

생명존중 사상으로 모두가 생명의 깨침으로 행복과 만족으로 삶의 질을 향상하며 살아가는 삶이 걸림 없는 삶이라 할 수 있다. 이것이 바로 대 화합의 길이요, 인류 상생의 길이다. 그러므로 내가 내 생명의 해결사가 되어야 한다.

이차돈 성사

법흥왕 찬(法興王 讚)

성지종래만세모 聖智從來萬世謀　거룩한 슬기는 예부터 만대를
　　　　　　　　　　　　　　　위한 것
구구여의만추호 區區輿議謾秋毫　구구한 여론에 털도 까딱 안
　　　　　　　　　　　　　　　했네
법륜해수금륜전 法輪解逐金輪轉　불법의 수레 금바퀴로 굴렸고
순일방장불일고 舜日方將佛日高　순임금의 해가 불일(佛日)처럼
　　　　　　　　　　　　　　　높았네

아도화상 찬(阿道和尙 讚)

설옹금교동불개 雪擁金橋洞不開　금교(천경림)에 눈이 굳게 얼었

266

는데

계림춘색미전회 鷄林春色未全廻 계림의 봄빛이 오지 않았네

가련청제다재사 可怜青帝多才思 어여쁘손 청제(青帝)의 공교한 생각 있어

선착모랑택이매 先着毛郎宅裏梅 모례의 집 매화꽃 먼저 피게 하였네

이차돈 찬(異次頓 讚)

순의경생기족경 殉義輕生己足驚 의를 위해 삶을 버림도 놀라웁거늘

천화백유갱다정 天花白乳更多情 하늘 꽃 흰 젖은 더욱 다정하여라

아연일검신망후 俄然一劍身亡後 번뜩이는 칼 아래 몸을 바친 뒤에는

원원종성동제경 院院鍾聲動帝京 절마다 종소리가 온 장안을 뒤흔드네

대각국사의 이차돈 찬(大覺國師의 異次頓 讚)

천리남래방사인 千里南來訪舍人 천 리 남쪽으로 사인을 찾아오니

청산독립기경춘 靑山獨立幾經春 푸른 산만 말없이 몇 봄을 지
냈던가?
약봉말세난행법 若逢末世難行法 불법을 펴기 힘든 말세가 되면
오역여군불석신 吾亦如君不惜身 나 또한 임을 따라 목숨 바치리

신라 법흥왕 13년 528년 이차돈(박염촉)은 아버지 선마루 공의 아들로
태어났다. 이차돈은 아도화상의 제자로서 영흥사 홍법스님의 절에 들
어가 법문을 듣고 천일기도를 회향하고 국법시험에 임하여 그 당시 11
등급에 오르게 되었다.

아도화상은 이차돈을 불법에 이끌어 들여 불법을 잘 가르쳐 왔다. 평
소에 품위나 재주가 비상하여 법흥왕의 딸 밝으네공주 외동딸이 이차
돈을 극히 사모해 왔고, 홍법스님의 절에서 수도를 하고 있을 때 달림
공주가 또 이차돈을 사모하게 되었다. 자나 깨나 밝으네공주와 달림공
주는 이차돈을 사모하며 만나기를 고대해 왔고, 항시 이차돈을 생각하
기에 이르렀다. 그러나 이차돈은 도에 심취하였을 뿐, 밝으네공주와 달
림공주의 애절한 구애도 느끼지 못하고 오직 불법 공부에만 전념해오
다가 법흥왕의 심복이 되어 국정에 임했다.

법흥왕은 아도화상으로부터 교화를 받고 부처님 법이라면 백성에게
이롭고 국가운영에 가장 적합한 정책을 펼 수 있을 것이라 생각하고 성
심성의를 다하여 아도화상의 강의에도 마음을 쏟았다. 불법이 몸에 배
고 불심이 돈독해지면서 청경림의 나무를 베고 절을 지어야겠다는 뜻
을 가지게 되었다. 해가 가기 전에 불사를 일으켜 흥륜사를 창건해야겠
다는 원을 세워놓고 있었을 때가 마침 법흥왕의 심복이 된 때였다.

이차돈은 이 땅에 불법이 뿌리내리기를 원을 세우고 법흥왕의 허락도 없이 청경림의 나무를 베고 불사를 짓기 시작했다. 대신들의 반대가 극심하여 법흥왕은 이차돈에게 불사 짓기를 중단하라고 명을 내리게 되었다. 대신들은 한웅신당을 잘 모시고 국운도 융창하여 나라가 평온한데 외국의 신앙을 받아들인다고 하니 반대를 하게 된 것이었다.

　이차돈은 국법에 없는 불법을 자행하여 국법을 어겼던 것으로, 국법에 의해서 처형을 받게 되었다. 법흥왕은 이차돈 같은 사람이 신라에 꼭 필요한 인재이며 백 년이 지난다 해도 이차돈 같은 인재를 찾을 수 없다고 여겼으나, 대신들의 원성에 어찌할 도리가 없어 경주 북천에서 이차돈을 처형하게 된다.

　국법에 따라 시퍼런 칼날을 이차돈의 목에 들이대는데도 자태가 흐트러짐이 없었다. 얼굴은 천연하고 눈동자에는 광채가 살아있었다. 그 자태에 탄복한 형리는 소임을 이행하지 못하고 칼을 던져버렸다. 차라리 내가 죽을지언정 이차돈의 목은 못 치겠다고 하면서 이차돈의 목 베기를 포기하고 말았다. 그래서 형리를 교체하고 이차돈의 목을 다시 베었다.

　교체된 형리가 시퍼런 칼날로 이차돈의 목을 베자 목은 금강산 백률사 터에 떨어졌고 목에서는 흰 젖이 하늘로 솟았다. 하늘은 갑자기 어두워져 오고 노송벽력을 쳐 오니 형장은 캄캄했고 하늘에서는 꽃비가 내렸다. 대신들은 모두 놀라서 감탄치 아니할 수 없었다. 참으로 불가사의한 현상이 아닐 수 없었다. 이차돈은 일신법을 이미 통달하신 이차돈이다. 이렇게 27세로 8월 5일 천화하시었다.

　이차돈에게는 오직 이 땅에 불법을 전파하고자 하는 마음밖에 없었다. 자신을 희생해서라도 신라에 영원토록 불법이 융성하고 부처님의 대자대비가 항상 함께할 것을 빌었고, 중생들이 고통에서 벗어나 도를 얻기를 염원하였으며, 신라가 융창하고 평안하기를 빌었다. 부처님이 계시는 것을 확신하고, 죽어도 죽음이 아님을 깨달은 이차돈의 확고한 법력의 힘을 나투었다.

이차돈 성사는 대 생명을 깨치신 성사님이시다. 법흥왕은 이차돈의 정신에 감탄하고 그 유해를 위해 금강산 중턱에 자추사를 지어놓고 백성들이 추모케 하였다. 경주 국립박물관에는 이차돈 공양 육각비가 있다. 이렇게 대 생명을 깨달은 자가 있어왔기에 신라불교가 국교로서 천년을 이어왔고 오늘의 조선불교가 탄생된 것이다.

법흥왕은 15년에 백률사를 창건했고 이차돈 성사의 성역으로 지정하였으며 이차돈 성사의 뜻에 따라 중단된 청경림 흥륜사 불사를 마치고 승려가 된 몸으로 신라국정을 다스려 왔으며, 왕비인 보도왕비도 영흥사에 가서 귀의하고 묘법니란 불명을 받고 수도했다. 법흥왕도 22년에 흥륜사에서 호법호불의 왕으로 국정을 다스려 왔다.

밝으네공주는 24세에 왕비가 되었고 영흥사에서 수도비구니가 되었다. 진흥왕도 법운비구가 되어 화랑제도를 설치하고 화랑도를 키웠다. 삼국통일의 과업도 이차돈 성사의 대 생명구현의 발로라 하겠다.

부언코자 하는 것은 순교한 이차돈 성사의 명복을 빌기 위해 백률사 성지가 이 시대에 성역화 되어야 마땅하다는 것이다. 천만 개의 사찰보다도 근본이 되고 위상이 되는 순교정신을 이어 받들어야 할 책무가 우리에게 있기 때문이다. 이차돈 성사의 위업을 계승하기 위해서는 불자들과 정부가 협심하고 협력해야 한다. 이차돈 성사의 순교인 살신성인을 되새기지 않는다면 제1·2·3의 살신성인자는 앞으로 나타나기가 어려울 것이다.

1,800년 된 성지가 폐허가 된 것은 불자들의 허물이다. 늦은 감이 없지 않으나 이제나마라도 성역화에 착수한다면 3년 내에 완성될 것이다. 시절 인연이 도래하였을 뿐만 아니라 조선 불교가 세계 만방에 대승불교로 숭앙받고 있다.

성역화 해야 할 대상은 성스러운 북악 소금강산, 대비관음상, 약사여래, 암벽탑, 공양육각비, 선각 삼존마애석불, 사면 아미타석불, 금동호신불 등이 있다. 성스러운 산으로 불려져 왔으므로 제2석굴암을 건립하기에 어느 곳보다 타당하고 적합한 곳이다. 하지만 현재 사세가 빈약한 이유는 울산 포항 간 산업도로로 인하여 신행자들의 생명에 위협을 받고 있어 왕래가 드물기 때문이다. 이 산업도로는 반드시 다른 곳으로 돌려 이설되어야만 마땅한 것이다.

21세기는 최첨단 과학화 시대이다. 현 석굴암보다도 뛰어난 기술로 얼마든지 창조·창작·창안의 문화 융성을 앞당길 수 있는, 문화 창달을 펼칠 수 있는 정신문화 발로의 시기이다. 있는 것을 지키는 것도 중요하지만 시대의 사명과 요청에 따라 정신문화 창달에 국력을 기울여 나가야 할 것이다. 불교전성시대일수록 살신성인 순교정신으로 대 생명을 실천하신 이차돈 성사님의 뜻을 길이길이 빛내야 하기 때문이다. 성사를 위하는 길이 불자들의 사명인 것이다.

다른 불사보다 백률사 성역화 불사가 우선적으로 이루어져야 하는 것은 물론이거니와, 이를 정부에서 적극 시행하여야 한다. 전국 사찰

문화재는 정부가 모두 관장하고 있기 때문이다. 보유·보존만이 만능이 아니다. 새로운 문화 창달이 있어야 후손들에게 대물림할 수가 있다.

정부 당국에 강력하게 제시하며 요청한다. 문화재 지킴이에서 뛰어넘어 새로운 문화, 새로운 정신세계, 새로운 생명을 챙기는 데 전력을 기울여야 할 것이다. 시절 인연은 이미 다가섰고, 다가왔다. 잠에서 깨어야 한다. 정부가 뜻을 세우고 강력히 추진할 것을 재차 요청한다.

현 석굴암 본존불이 참배를 받는 신앙의 대상이 아닌 관광물·전시물 취급만 당하고 있으니 부처님은 분노하고 계실 것이다. 때문에 이 시대의 기술과 예술이 담겨 있는 32상 80종호를 갖출 수 있는 원만상이 되어야 한다.

이는 시급한 실정에 있다. 1세기 가깝도록 유리문 안에만 있으니 말이다. 그러므로 모두가 신앙적 차원에서 참배할 수 있는 여건과 환경 조성이 하루 속히 이루어져, 정신문화 창달을 앞당길 수 있는 순교 성지를 필히 이룩해야 한다.

석굴암 본존불

272

아난다의 전생과 환생

아난다 존자는 금세공을 하는 집안에서 태어났다. 금세공을 하는 사람 가운데 잘생겼고 유했던 그는 바람둥이의 삶을 살았고 다른 사람들의 아내들과 삿된 음행을 했다.

그는 죽은 다음에 다시 부자의 아들로 태어났다. 삿된 음행을 한 불선업의 과보는 아직 때가 되지 않아 나타나지 않았고, 이번에는 부자의 아들로 정상적인 삶을 살았다. 이 두 번째 삶에서 보시와 지계와 수행을 하면서 선업을 쌓았다.

두 번째 삶이 끝났을 때, 첫번째 삶에서 행한 악행(불선업)의 과보를 받을 때가 되어 요루와 지옥에 떨어져서 오랫동안 비참한 삶을 살면서 고통을 받았다. 요루와 지옥 다음에 축생계에 떨어져서 숫염소가 되었다. 숫염소는 크고 힘이 셌으나 거세되어 동네 어린이들의 평범한 노리개가 되었다. 숫염소는 늙은 다음에 정육점 주인에게 보내졌다.

그 다음에는 수컷 원숭이가 되었다. 우두머리 원숭이는 새로 태어난 수컷 원숭이가 힘이 세고 건강해서 자기의 경쟁자가 될 수 있다고 생각하고는 이제 막 태어난 원숭이의 고환을 뭉개고 죽여 버렸다.

우두머리 원숭이에게 살해된 다음 다시 황소로 태어났다. 힘이 세고 건강했으므로 주인은 수레를 끌기 좋도록 거세해 버렸다. 황소가 늙어서 힘이 약해졌을 때 또 다시 정육점 주인에게 보내졌다.

그 다음에는 중성인(성기가 없는 사람)으로 태어났다. 이 비참한 삶을 산 다음에 그는 다섯 번이나 연속해서 천인(天人)들과 제석천의 아내로 태어났다.

여자로서 다섯 생을 산 다음 '루짜'라는 여자로 태어났는데 엔가띠 왕의 공주였다. 금세공을 하였을 때 저지른 과보로 그는 루짜 공주로 태어날 때까지 수많은 고통을 받았다. 루짜 공주의 삶을 산 다음에 부자의 아들이었을 때 행한 선업이 과보를 받을 때가 되어 남자로 환생하여 좋지 못한 과보로부터 벗어났다.

간음에 대한 모든 악한 과보로부터 자유롭게 된 그는 나중에 고타마 붓다가 되는 싯다르타 왕자의 사촌으로 인간계에 태어났다. 싯다르타 왕자가 완전한 깨달음을 얻고 정등각자가 되었을 때 아난다 존자는 부처님의 시자였다. 뛰어난 지성과 비범한 기억력을 타고난 아난다는 부처님의 생존 45년 동안 붓다께서 설하신 8만 4천 법문 전부에 완벽하게 정통한 자가 되었다.

붓다께서 열반에 드셨을 때 499명의 아라한과에 아난다 존자가 선발되어 모든 세존의 가르침을 결집하기 위한 첫 번째 회의가 소집되었다. 아난다 존자는 붓다의 45년간 8만 4천 법문을 완벽하게 정통한 자였다. 499명이 그가 아직도 번뇌에서 시달리는 사람이라고 놀렸지만 아난다 존자는 결집이 시작되기도 전에 아라한도를 벌써 성취한 자였다.

아난다 존자는 충분한 바라밀 공부를 쌓았으므로 아라한과를 성취했다고 붓다께서 예언도 하셨다. 붓다의 가르침에 따라 수행법으로 생명력을 다해서 업생을 모두 소멸하고 업에서 벗어나 대 생명을 깨달으셨다. 아난다 존자는 붓다의 말씀인 8만 대장경을 집필한 장본인이다. 500명 중에 유일한 아난다 존자가 되었다.

자심진불게

말도 마음도 일체가 되면 해가 허공에 있는 것 같나니 오직 견성하는 법을 전하여 세간의 마군들을 부숨이로다. 법에는 돈(頓)과 점(漸)이 있지 않건만 빠르고 더딤이 사람에게 있나니, 다만 이 성불하는 문을 어리석은 사람은 모르는도다.

말은 비록 천만 가지나 이치는 하나로 돌아가는 것, 번뇌의 어둠 속에 무방 반야 있게 하라. 삿된 것이 오면 번뇌가 일어나고, 바른 것이 오면 번뇌가 사라지고, 삿된 것 바른 것 모두 없으면 청정한 무여열반에 이르오리라.

보리의 근본 제 성품은 마음을 일으키면 그게 곧 망령이라 반야의 광명이 망령 속에 있나니 바르게만 하라, 삼장이 없으리라. 세상 사람들이 제 길만 가면 어느 것 하나라도 걸릴 게 없나니 항상 스스로 제 허물을 보아서 도와 더불어 서로 맞을 때 저마다 제 갈 길을 가게 되거니, 왜 서로 방해될까 부딪힘 없는 길을 환한 길 두어 두고 무슨 길 따로 찾나?

몸을 마치도록 길을 보지 못하고서 한평생 헛되게 보내다가 마지막엔 뉘우쳐도 못 미치네. 참 생명 보고저 하는가? 바르게 함이 곧 이 도일세.

제 스스로 만약 도심 없다면 어둠 속을 헤맬 뿐 도는 못 보리니, 참으로 도를 닦는 사람은 세간의 어려움을 보지 않는다. 만약 남의 흉만 보는 건 제 흉이 도리어 더한 증거라, 남만 그르고 나는 옳다 하면 이것은 내가 더 그른 생각, 다만 이 그른 마음 물리쳐서 번뇌의 뿌리를 뽑아버리면 있고 없음에 뜻을 두지 않고 두 다리 펴고서 편히 쉬게 되리라.

많은 사람을 교화하려면 좋은 방편이 생겨나나니 자기로 하여금 의심을 맡게 하면 자기는 여기에 자심이 나타나게 되리라.

불법은 이 세상에 있는 것, 세상을 떠난 깨달음이 아닌 것, 세상을 떠나서 보리를 찾음은 마치 토끼 뿔을 구함과도 같은 것. 바른 소견은 출세간 도리요, 삿된 소견은 세속적인 것이라 삿된 것, 바른 것 다 두드려 부수면 보리의 자심이 완연하여지리라.

이 게송은 바로 이 돈교(頓敎)며 또 이름이 대법선(大法船)이니 허투루 들으면 몇 겁에도 안 되나 깨닫기로 말하면 찰나 동안이니라.

생명 평등한 지계는 무엇이며 행실이 고정한데 참선할 필요 있나. 은혜 알아서 어버이께 효양하고 의리 지키어 서로들 사랑하세. 사양한즉 위아래 화목하고 참고 보면 떠들 일이 없으리니, 만일 능히 나무 비벼 불 얻듯 하면 틀림없이 진흙 속에서 연꽃 피리라.

좋은 약은 대개 입에 쓰고 충성된 말 흔히 귀에 거슬리는 것, 흠 고치면 반드시 지혜 나고 흉 감추면 그 마음 더럽기만 하다. 언제든지 생명을 넉넉히 쓰라. 도 이룸은 재물 많고 명예 놀음에 없다. 보리는 마음에서 찾는 것을, 쓸데없이 밖으로 헤매랴. 보리 자루를 이대로만 닦아가면 천당이 눈앞에 있으리라.

어리석은 사람이 도는 닦지 않고 복 닦는 걸 가지고 도라고 하네. 보시와 공양이 복이 비록 많더라도 마음속의 삼악도는 어쩔 수 없나니, 복을 닦음으로 죄도 가신다 말라. 복을 얻고 나면 죄는 그대로 있는 것을.

마음속 죄연(罪緣)을 없이 하려면 각기 자심 중에 참으로 뉘우쳐서 생명의 진여를 문득 깨닫고 바르게 나아가면 죄가 곧 없으리라. 도 배움에 항상 자심을 보면 바로 모든 부처님과 같으리니, 우리 조사께서 이 법을 전하심은 모두 다 견성하여 같이 되기 원하심이라.

자기 생명의 실체상을 찾으려면 모든 것의 상을 떠나 번뇌를 씻을지니 스스로 노력하여 헛된 시간을 보내지 마라. 뒷생각 끊어지면 앞생각은 자심뿐이다. 대승을 깨달아서 견성하려거든 공손히 합장하고 지성껏 구하여라.

자심의 진성이 뚜렷이 밝아 항상 고요히 비치건마는 어리석은 범부는 죽음이라 하고 외도들은 아주 끊어졌다 하며 이승을 구하는 사람들은 생각 일으킴이 없음이라고 지목하지만, 모두 다 뜻으로 헤아리는바 구십이 견해의 근본이어니 망령되이 세우는 헛된 이름이 어떻게 참다운 뜻이 있으랴.

오직 여기에 동뜬 사람 있어서 통달하여 취하고 버림 없으며 안이비설신과 색수상행식의 나와 오온법속의 나와 여러 모양과 소리 말 이름이 모두 다 빈껍데기 허상임을 알아, 범부와 성인을 보지 않으며 반야라는 견해도 없고 이변(邊)과 삼제(際)가 모두 끊어져 모든 육근육적에 응하여 언제나 쓰되 쓴다는 생각도 일지 않으며 모든 법을 잘 분별하면서 분별하는 생각이 또한 없으면 겁화(劫火)가 일어나 바다가 타고 폭풍이 불어서 산길에 부딪쳐도 참으로 떳떳한 적멸락만은 그냥 그대로인 자심의 진상이라.

내 이제 억지로 말을 가지고 너의 그 삿된 속인 놓게 함이니 네가 이제 말만을 따르잖으면

네게 조금 알았다고 허락하리라.

일체에 참이 없고 거짓뿐이니 참모습으로 알지 마라. 참이라고 본다면 그건 모두 틀린 것일세. 정말로 참이 있다면 거짓 없는 자심뿐이니 제 생명에 거짓을 둔다면 어디 무슨 참이 있겠나.

뜻 있는 건 움직이고 뜻 없는 건 못 움직이나니, 부동행을 닦는다 하면 뜻 없는 것 되고 마네. 참으로 안 움직임은 움직임 속의 안 움직임이니 움직임 없는 안 움직임이라면 뜻이 없고 불종도 없네.

모든 걸 제대로 분별하되 제일의(第一義)는 안 움직이나니 다만 이렇게 하는 것만이 곧 이것이 진여용(眞如用)이니라.

도를 배우는 사람들이여, 이 점에 깊이 주의하여 도리어 저 대승문에서 나고 죽는 지견에 걸리지 마라. 만일 이 말에 서로 응하면 함께 부처를 논하려니와 아직도 미처 모르겠거든 합장하고서 따라 오너라.

이 종(宗)은 본디 다툼 없으며 다투는 곳 도와는 등지나니 법문에 거슬러 다투고 보면 자심이 생사에 들어가리라.

진여자심이 참 부처요, 사견삼독은 이 마왕이니, 삿되고 어둘 때는

마왕이 사는 것이요, 바른 소견 쓸 때엔 부처가 계심이라. 사특한 소견에서 삼독이 일어나면 마왕이 들어와 사는 것이요, 올바른 소견으로 삼독심을 없애면 마왕이 변하여 부처된 것이로다.

법신과 보신 및 화신이여, 삼신이 본래 일신이시라. 성품 속을 향하여 스스로 보면 이게 곧 성불하는 보리인이니라. 화신에서 조촐한 성품이 나매 조촐한 성품이 화신 속에 항상 있나니 성품이 화신으로 바른길 가게 하면 앞으로 원만하여 다함이 없으리라.

음란한 성품이 조촐한 성품이니, 음란함을 제하면 그게 곧 조촐한 몸, 성품 속에 스스로 오욕을 떠나 견성하는 찰라가 바로 이 참됨이라.

금생에 만약 돈교문(頓敎門)을 만나서 제 성품 깨달으면 부처를 보는 것을 수행하여 부처를 찾는다 하면 어디에서 참된 것을 구할 것이냐. 만약 능히 제 진 성품을 보아서 참됨이 있으면 성불하는 인(因)이니, 자심을 보지 않고 밖으로 부처 찾아 마음을 일으키면 모두 다 어리석다.

돈교 법문을 이렇게 해서 세상 사람들 스스로 닦게 하니 앞으로 도 배우는 무리들이여, 이런 견해 없애고 크게 유유하여라. 생명을 크게 쓰자. 높게 쓰자. 생명을 너그럽게 쓰면서 자비롭게 쓰자.

절(拜)의 의미

절은 불교에서 부처님께 드리는 예배로, 존경·참회·발원·감사·희망을 구하는 것이다. 절을 통해 그동안 지어온 죄업들을 소멸하고 앞으로 죄를 짓지 않고 깨끗한 마음을 가짐으로써, 생명을 맑히고 밝혀 아상·인상·중생상·수자상까지 버리고 공심으로 돌아간다. 그리하여 본인은 물론 가족·사회·국가가 안녕하기를 희망한다. 이는 나를 던지는 절이며, 타를 위하고 생명을 중시하는 절이며, 모든 생명을 존중하는 절이라야 한다.

절은 작은 절, 큰절, 즉 작은 소망, 큰 소망, 소승적 소망, 대승적 소망 등으로 구분할 수 있다. 큰절은 나와 우리와 민족과 인류의 생명을 존중하고 애민하는 마음으로 대자대비심을 내어야 한다. 작게는 개인, 크게는 세계나 자연을 위해서 발원하기도 한다.

일반적으로 말, 손짓, 미소, 목례, 합장 등을 인사라 할 수 있으나, 절집에서는 관례상 합장과 오체투지로써 존경과 친절을 표현한다. 절을 통해 업장을 소멸할 수도 있지만, 밝고 맑은 마음을 가져 내 생명을 챙기는 수행법의 하나로 절을 한다. 수행의 일부이고 근본은 아니니 각자의 힘에 따라서 행한다. 절은 심신 단련의 뜻도 포함하고 있다. 굳이 방법에 얽매일 필요는 없고 예를 표하면 된다. 다만 존경과 친절, 사랑이 수반되어야 참다운 절, 내 생명이 담겨 있는 정성 어린 절이라 할 것이다.

절은 새 생명을 맑히고 밝혀 구경 성정각을 이룰 수 있는 수행력의 지침이 된다. 제불 보살들과 조사들의 가르침을 이어받은, 단 몇 번의 절일지라도 지극한 마음으로 견성성불에 이를 수 있는 진실된 절이라야 한다.

수자에 매이지 말고 생명들의 안녕을 빌면서 나와 우리와 민족과 인류가 하나 되고, 평화·행복이 함께한다는 지극정성이 담긴 절이라면 절의 많고 적음에 얽매일 것은 없다. 절로써 몸 던져 죄업이 소멸되고 내 생명을 챙기며 견성성불이라는 목적을 달성해야 할 것이다.

이같이 각자의 뜻과 생명이 담긴 절이라면 단 몇 번의 절로써도 큰 성취감을 이룰 수 있다. 숫자에 걸리는 절보다는 나의 집착을 버리는 절, 정성이 지극한 절, 생명이 담긴 절이라야 올바른 절이 될 수 있다.

알기 쉬운 심경풀이

『대반야경』 600권의 사상이 260자로 요약되어 그 진수만 담았다. 핵심은 공사상이다. 관세음보살을 통해서 큰 반야를 보였으며 불생불멸이라는 반야의 실성을 천명하였고 보살을 통해서 반야의 공덕을 나타내었다. 반야바라밀에 대한 신앙과 발원으로 독송하고 있으니 현장법사의 한역본에 대한 최초의 주석서로서 가치가 뛰어났다.

심경은 마음의 실체를 밝히는 방법이 자신에게 원래 있는 맑고 밝은 생명을 관조하는 것으로, 자성을 관조하면 자재함이 자신에 있음으로 관자재라 한다. 곧 반야바라밀다의 밝고 맑고 자유롭고 영원하다는 것이다. 사리자에게 지혜를 밝히려는 가르침으로 색불이공공불이색의 허공이 마하이며 생명의 진면목이 자유자재 독존독탈하는 존재인 것이다. 생사관을 열고 나와야 비로소 불생불멸 불구부정 부증불감으로 자심의 진면목을 확인하게 된다.

공은 공이 아니라 진공이라야 하니, 정중의 깊이 들어가면 오온십팔개 사재 십이인연과 소득심도 없으니 다 여의고 나면 본래 근본자심은 청정하므로 그 자체가 그 자체에 보인 것이지 그 자체는 아니다.

육근육적이 다 진아가 아니고 모두가 가아이므로 집착하면 그 자체를 잃고 자체마저 단멸할까 염려되므로 다시 방편법을 지어서 법을 설하였다. 이름이 보리 열반이며 진공실상이며 반야바라밀다라 총명을 심이라 하고 생명이라 한다.

마음은 곧 생명이니 움직이고 작용하고 활용할 뿐 원래는 너무 커서 써도 쓰는 바가 없고 행하여도 행한 바가 없으므로 소소영영하고 현묘한 것이다. 생명은 천지보다 먼저고 허공보다 앞에 있어 시작과 끝이 없나니 공인가 유인가? 심체는 무한무수 무변무진 무량무주하므로 언어나 문자로 나타낼 수 없다. 자기 생명을 시시때때로 언제든지 항상 쓰되, 무디거나 날카롭지 않은 것이니 이 심경은 불변한 것이다. 자기 생명을 모르면 나를 모름이니 내가 나를 모르면 온 세상을 다 안다 할지라도 내 생명 밖이다. 그러므로 자기의 참 생명을 깨달아야 한다.

행심반야바라밀다시(行心般若婆羅密多時)

행(行)은 수행이니 즉, 관행(觀行)이며 심(心)은 심이 깊음 즉, 진공반야라. 마음으로 알 바 아니며 의식으로도 알 바 아니다. 반야는 깊고 얕음이 있으니 인공반야(人空般若)는 이승(二乘)의 증득한 바요, 법공반야(法空般若)는 보살의 도 즉, 지금 말하는 진공실사이니 이승이 들지 못함인고로 심(深)이라. 시(時)란 진공체를 증득하여 드는 때이니 찰나의 때라 체(体)가 용(用)을 일으켜 일체고액(一体苦厄)을 건너니 또한 일찰내시(一刹那時)에 있다. 대 반야경에 다 무성(無性)으로 자성(自性)을 삼아, 용(用)은

일찰나에 묘혜와 상응하여 무상보리를 증득한다 하였다.

조견오온개공 도일체고액(照見五蘊皆空 度一切苦厄)

조견(照見)은 능인지관(能入之觀)이요, 오온(五蘊)은 소관지경(所觀之境)이니 바로 묘혜(妙慧)로 오온과 자성을 비춰보니 당체(當体)가 다 이것이 진공이라. 고로 이승의 색(色)을 멸하여 공(空)을 구함과 다르다.

만약 진공을 증득한 때에는 능소(能所)를 함께 잊는다. 조(照)는 과(果)가 되고 관(觀)은 인(因)이니, 우리가 그 마음 거느릴 때 분별의 현량(現量)을 일으키지 않으니 이 조(照) 자 하나가 반야의 수행에 최초의 공부를 잡는 요긴한 기술이라.

곧 무분별지를 요요히 비추는 자 눈으로 보는 게 아니고 안식(眼識)으로 보는 바 아니라도 현량(現量)이 앞에 당하니 일체법에 자성의 법을 얻으나 털끝만큼도 얻음을 보지 않으니 소위 색도 보지 않고 수상행식도 보지 않는다. 보지 않음이 아니나 본즉 보이는 게 없다.

오온(五蘊)의 근본이 공하니 곧 이것이 실상이라. 실상은 무상인 고로 가히 볼 수가 없다. 볼 수 없음을 보니 법계를 통철(洞徹)하나 세간의 모든 만법이 아니라 출세간 일체의 선정·지혜·해탈·삼매·무상정각 보리·열반 등 법이 다 공한고로 다 볼 수가 없다.

모두 보는 바 없음을 조견이라 이름 한다. 이것이 제법의 실상을 보는 것이다. 얼핏 조금이라도 보는 바 있는 즉 망상의 무명굴(無明窟)에 떨어짐이다.

오온이란 색수상행식이니 온(蘊)은 모이고 쌓임이라. 모든 중생은 오법(五法)이 쌓여 몸을 이룬다. 다시 무량한 진로 번뇌를 쌓아서 무량한 생사 윤회의 고통을 받는다. 다시 오온이 쌓여서 본래 받았던 진성을 덮어 어둡게 한다.

색(色)

색은 장애의 바탕이라. 지수화풍의 4대 인연이 가합하여 환상의 환질을 이루니 산하대지 및 기계(器界)와 모든 형상이 있는 것은 다 색이라 이름 한다.

수(受)

받아들임의 뜻, 즉 안이비설신의(眼耳鼻舌身意)의 뜻, 여섯 가지 관으로 육진(색성향미촉법)을 받아들인다.

상(想)

상을 취하여 살펴 생각하는 뜻, 즉 육진의 경계를 의식이 연상함이라.

행(行)

조작의 뜻이니 곧 의식이 진경(塵境)을 생각하여 선악행업을 지어냄이다.

식(識)

요별(了別)의 뜻이라, 심(心)은 왕(王)이며 수상행은 심소(心所)인 고로, 이 오온은 합해서 신심이법(身心二法)이라. 이 몸과 마음이 환상 같아 인연으로 쫓아 난 것이다. 원래 실성이 없는 고로 부처님이 병사왕(瓶沙王)

에게 비유로 설하시되 색(色)은 물거품 같고, 수(受)는 그림자 같고, 상(想)은 아지랑이, 행(行)은 파초(芭蕉), 식(識)은 환사(幻事) 같다고 하셨다.

보살이 반야의 지혜로 오온을 관찰함에 색은 사대(四大)가 합해서 있고 수상행식은 망상경계로 말미암아 생긴 것이라. 사대와 망상이 본래 자성이 없으니 당체가 곧 공인 고로 계공이라 함이며 모든 것이 없어져 멸한 무위공을 말함이 아니다. 또한 법이 능히 저것이 공이다 할 것도 있지 않다. 저것은 스스로 공한 고로 중생이 물속에 비친 달이 허공 꽃인 줄 모르듯 오온이 환상인데도 집착하여 자성의 진공을 잃었다.

진공과 환유는 체가 둘이 아니다. 다만 범부와 성인이 보는 바가 다를 뿐이다. 만약 망심으로 오온을 분별하면 진공을 버린 것이고 만약 반야로 관찰하면 진공이 나타나니, 오온은 없어지는 고로 진공 하나만 나타나면 환상으로 있는 것은 모두 없어진다. 그리하여 오온이 공하고 고액을 건너니 이것이 피안에 도달함이라.

도(度)란 벗어남, 초월함이며, 일체고액이란 세간이나 출세간의 모든 고통이라. 이상 서술한 관자재보살의 닦고 증득한 뜻이 일경(一經)의 강령(綱領)이니 사람들로 하여금 본받아 닦게 함이라. 상기인(上機人)은 이를 보면 문득 무생(無生)을 깨닫고 상상근기자(上上根機者)는 관자재 명자만 듣고도 곧 진공을 문득 증득할 것이니, 뒤에 여러 말씀은 무엇에 쓸까. 혹시 그리 못한 자이면 다음의 문장을 자세히 볼 것이다.

사리자 색불이공 공불이색 색즉시공 공즉시색 수상행식 역부여시(舍利子 色不異空 空不異色 色卽是空 空卽是色 受想行識 亦復如是)

이것이 바로 오온진공을 해석함이니 색을 떠나 공을 밝힘과 단멸공이 아님을 나타냄이라. 곧 색의 공이 진공이며 즉, 공의 색은 흰색이니 색 이것이 일체법상의 머리인고로. 처음을 들어 뒤를 잡게 하니 색의 뜻이 이미 드러나면 곧 만법이 분명해진다.

색은 곧 사대의 환상으로 있는 색이며, 공은 곧 반야진공의 이(理)라. 중생은 진공을 미혹함으로 인하여 환유의 색을 이루고 환유는 연으로 생기며 원래 자성이 없어 진공이라 물결 밖에 물이 없는 것 같이 중생은 망상의 바람으로 인하여 저 진원을 공격하여 근원을 미혹하고 물결에 따라 고해에 빠졌으니, 여래께서 반야지해로 환유를 비추면 진공과 다름없음이 물결과 물이 다르지 않음과 같은 고로 색불이공(色不異空)이라고 가르치셨다. 지공(誌公)의 말씀은 곧 유상(有相)의 몸속에 무상(無相)의 몸, 무명(無明)의 길 위에 무생의 길이라 함이 그것이다.

공불이색(空不異色)

진공이 만법의 주체인 고로 본래 일체 제법을 갖추어 물에서 물결, 그림자, 물거품 등이 생기고 둥근 그릇, 모난 그릇, 각각 모양대로 그릇에 담기는 것 같다. 중생은 환상을 집착함으로 인하여 진공을 미혹하기를, 어리석은 자 물결만 보고 물을 모르는 듯하니 여래가 반야관혜를 닦아 진공체가 환상과 다름없음을 요달하여 물이 물결과 다르지 않음을 깨닫게 하려는 고로 공불이색이라 하시다.

색즉시공(色卽是空) 공즉시색(空卽是色)

바로 다르지 않는 뜻을 발명함이니, 다르지 않는 고로 곧 시(是)라. 또 사람이 법을 인하여 집작하면 오히려 색과 공의 두 가지를 보는 견해가 있을까 두려워함이라.

세간에서 옥과 석이 서로 같다 하여 그로 인해서 옥과 석이 물건을 대비하며 둘이 있음을 인정하듯 할까봐서 불이(不異)라고 말한 것이니, 이제 이 이견(二見)을 없애 사람이 색공불이(色空不異)에 묘하게 계합하여 전체가 곧 이것이니, 물결이 곧 물이요, 물이 곧 물결이다. 동정(動靜)에 나눈듯하나 체는 둘이 없어 진공을 미혹함을 말미암아 환이 곧 진임을 알게 하려고 방편으로 이명(二名)을 세웠으나 원래 이물(二物)이 없는고로.

영가대사(永嘉大師) 이르되 무명(無明)의 실성이 곧 불성이요, 환화(幻化)의 공신(空身)이 곧 법신이라. 수습을 아니함으로 말미암아 금인(今人)의 미혹이 무거우니, 고로 모름지기 반야지로 비추니 지혜로 비추지 않은 즉, 본진을 알지 못하여 보는 바 각각 다르니 범부는 몸과 마음이 있음을 집착한고로.

생멸을 보며 생사를 받으며 외도는 공에 집착하여 좌와 복이 없다고 하여 윤회에 떨어지며 이승은 망령되이 오온이 실제로 그런 상이 있다고 보아 연생(緣生)임을 요달하지 못하여 마음으로 싫어서 떠날 생각을 하는고로 성문(聲聞)이며 비록 오온 제법이 연생(緣生)인 줄은 요달했으나, 무생임을 요달치 못하였는고로.

연각이며 만약 오온 제법이 무성인데 연으로 생하여 영생도 무성이라. 무성인고로 공이니 공이 곧 진공이라. 이를 요달하면 물이라 이름한다.

법신진공의 체는 원래 단멸이 아닌고로 모름지기 환유 가운데 구할 것이니, 환 밖에 진이 없는고로 진공이요, 진 밖에 환이 없는고로 환색이라. 이 진공 환색이 다르지 않고 곧 그것이니 이것이 일경(一經)의 극지(極旨)요, 반야의 진종이다. 색온이 이미 그러하니 수상행식도 역시 이와 같다.

이상 색온과 함께 오온이 개공(皆空)이라. 이제 여래가 이 현전의 오온 신심(五蘊身心)으로 관찰하는 경계를 삼도록 하시고 달리 어떤 법으로 경계를 구하지 말게 하시니 이것이 가장 간절하고 가장 요긴한 것이라. 만약 능히 일온이 공하면 오온마다 모두 공한고로.

원각경에 이르되 환신(幻身)이 멸한고로 환심 또한 멸하고, 환심(幻心)이 멸한고로 환진(幻塵)도 또한 멸하고 환진(幻塵)이 멸한고로 환멸(幻滅)도 또한 멸하고, 환멸(幻滅)이 멸한고로 환(幻)이 아닌 것은 멸하지 않는다. 다만 저 경은 환(幻)이 진(眞)이라 뜻은 다르나 색심(色心)은 다르지 않다. 이미 이 마음 진(眞)과 망(妄)이 한 근원인 줄 알면 공(空)과 유(有)가 둘이 아니니 곧, 이것이 현전의 일념망상이 일어난 곳 문득 이 진공이 앞에 드러남이라.

곧바로 지혜로써 관찰하여 망념이 체가 없고 문득 이것이 진공인줄 알아 곧 범심(凡心)이 불심임을 보리라. 이 환망(幻妄)을 버리고 달리 진여를 생각한들 물결을 버리고 물을 구하듯 어찌될 일인가? 이 고유가 둘이 아니고 진망이 동원(同源)임을 지혜가 통달하지 못하면 알 수 없으므로 사리자를 불러 고하심이라.

사리자 시제법공상 불생불멸 불구불정 부증불감(舍利子 是諸法空相 不生不滅 不垢不淨 不增不減)

사리는 범어요, 자(子)는 중국말인데 여래의 제일 지혜 제자라. 남천 축(南天竺)의 대유사(大論師)인 제사(提舍) 바라문의 아들인데 어머니의 이름이 사리(舍利)라. 그 어머니의 이름을 따서 사리자라 한다. 신자(身子) 추자(鶖子) 등으로 번역한다.

시호(施護)의 번역에는 관자재보살의 영추산에서 사리자에게 설했다 하나 이 글의 짜임새가 불설이라. 지혜 있는 자는 다만 뜻을 취할 것이며 자취를 문제 삼을 것 없으니 불설이건 또는 보살의 설이건 모두 좋다. 오온 등 법이 공상(空相)이란 제법의 진공실상이다.

대개 앞에서는 오온 환유가 즉시 진공이라 했으나 그 상을 설명하지 않았으니 이제 보이기를 제법공상이라. 이것은 제법을 떠나서 공상이 있는 게 아니고 제법의 당체가 즉, 진공의 상이라 비유하면 물에 비친 달 거울에 비친 형상과 같다. 그 자체가 생멸 구정 증감을 떠난고로 나타나도 생이 아니고 없어져도 멸이 아니고 물들어도 더럽힘이 아니며 닦아도 깨끗해짐이 아니고 더해도 증가하지 않고 줄여도 감한 것이 아니다. 왜냐하면 저것이 그림자라서 실체가 없으니 당체가 곧 공하기 때문에 나고 죽고 더럽고 깨끗하고 더하고 덜하다고 이름 할 수 없다.

진공의 상도 또한 그러하니 고로 이름 할 수 없다. 굳이 실상이라고 이름 했나니 실상은 오안으로 능히 엿보지 못하며 심지를 헤아려 오직 증득한 자만 능히 아는 것이다. 대개 생멸이란 오온 십이처(十二處) 육식계(六識界)를 가리켜 말함이고, 구정은 사제(四諦)와 십이 인연을 가리켜 말함이다.

온·처·계(蘊·處·界) 등은 진을 잃고 허망하는고로 생멸을 보며 십이 인연은 돌아가며 멸하니, 유전하는 문이 고집이제(苦集二諦)니 이것이 세간인과 인고로 구이며, 환멸문은 도멸이제(道滅二諦)니 이것이 출세간의 인과인고로 정(淨)이라. 이제 생멸구정 증멸이 아니라고 함은 제법

진공의 상 가운데 본래 범성 수증인과(修證因果) 등의 법이 없음이다. 곧 반야의 일진공체만 나타나니 사람들로 하여금 모든 견해를 떨어버리고 일사(一絲)도 걸림 없이 하면 진상이 홀로 드러나 곧 여여한 부처로다.

시고공중무색 무수상행식 무안이비설신의 무색성향미촉법 무안계내지무의식계(是故空中無色 無受想行識 無眼耳鼻舌身意 無色聲香味觸法 無眼界乃至無意識界)

시고라 함은 윗글을 이어 아래 말씀을 이르는 말이니 제법공상을 밝혀 생멸 등이 없는 고로 수·상·행·식 등이 없다는 것이며 공중이란 즉, 공상의 가운데 진공식상이 본래 일체범성(一體凡聖) 등의 법을 떠난 고로 온(蘊)·처(處)·계(界)·인연(因緣)·수증(修證)의 상이 없나니 반야의 공 가운데 이르러 공성도 오히려 얻을 수 없는데 하물며 온·처·계 등의 법이겠는가? 고로 무라 함이니 대개 이 무란 거북 털 토끼 뿔처럼 본시 없는 것과 다르다. 이것은 즉, 일체상이 일체상을 떠나 무로 삼음이니, 망정을 한 번 쉬면 범부니 성인이니 하는 견해가 사라지고 진공만 홀로 드러난다. 고로 온·처·계 등을 가히 얻을 수 없다는 뜻이다.

오온이 없으면 육근과 육진이 합하여 십이처와 육식을 합하여 십팔계 이 무두(無頭)가 무라. 이 온·처·계를 삼과법문(三科法門)이라 한다. 비록이 삼(三)이나 무두색(無頭色)과 심의 두 가지를 열고 합함에 따라 달라짐이다. 부처님이 마음을 잊고 색을 보는 자를 위해 오온법을 설하시니 합색(合色)이 일분(一分) 개심(開心)이 사분(四分)이라.

오온설이며 색은 미혹하고 마음은 미혹하지 않는 자를 위해 십이처법을 설하시니 개색(開色)이 십분반이며 합심이 일분반이다. 심과 색을 함께 미혹한 자를 위하여 십팔계를 설하시니 개색십분반(開色十分半)과 개심칠분반(開心七分半)이니, 여래가 중생두기(逗機)를 위해 이 삼과 법문을 설하시다 하여 각자 근성에 따라 임의대로 일법을 수행하여 곧 능히 깨달아 들어간다 하나, 이제 이 반야의 진공문 가운데는 도무지 이런 일은 없는고로 무라 한다.

　바로 이 진공 상은 그 체가 질애(質礙)·영납(領納)·심사(審思)·조작(造作)·요별(了別) 등의 절취한 상이 아닌고로 무색수상행식이라. 진공실상은 체가 근진의 능입(能入)과 소입(所入)이 아닌고로 무십이처(無十二處)라. 진공실상은 체가 근진·식의 분별할 수 있는 상이 아닌고로 무십팔계니라.

무무명 역무무명진 내지 무노사 역무노사진(無無明 亦無無明盡 乃至 無老死 亦無老死盡)

　이 인연, 십이인연 또는 연기(緣起) 또는 연생(緣生)이니 이른바 무명이 행을 반연하고 행은 식을 반연하고 식은 명색을 반연하고 명색은 육입을 반연하고 육입은 촉을 반연하고 촉은 수를 반연하고 수는 애를 반연하고 애는 취를 반연하고 취(取)는 유(有)를 반연하고 유는 생을 반연하고 생은 노사를 반연하나니.

　만약 반야관혜로써 무명을 비춰 체성이 다 공하여 생명이 없음을 요달한고로. 무무명 역무무명진하며 내지 무노사역무노사진이라 하니 말하자면 무무명은 이것을 유전초상공(流轉初相空)이라 하고 역무무명진은 이 환멸초상공(還滅初相空)이라 하며 내지 무노사는 이 유전말상공이며 역무노사진은 이 환멸말상공이라 진은 멸이다. 이에 대개 그 시작과 끝의 공함을 들어 보인 것이니 그 중간들은 명백히 알 것이라. 이로써 반야진공의 체는 유전하거나 환멸하는 상이 아닌 고로 십이인연이 없다는 것이라.

고집멸도(苦集滅道)

고란 곧 생사의 고과요, 집이란 이 혹업(惑業)으로 과의 원인이니 이게 세간인과(世間因果)요, 멸이란 곧 열반의 낙과(樂果) 도란 이 도품(道品)의 낙인(樂因)이니 이것이 출세관인과라.

지도론(智道論)에 이르되 세간 및 몸 이것이 고과요, 탐애진치(貪愛瞋痴) 등 모든 번뇌 이것이 고인(苦因)이니 번뇌가 멸해야 고가 멸하니 번뇌가 멸하는 방법을 도라 한다.

무지역무득(無智亦無得)

지(智)는 능히 관하는 지요, 득은 소증(所證)의 이(理)란 뜻인즉 온·처·계·제연(諸緣)의 제법만 무함이 아니라 곧 삼승인(三乘人)의 능증(能證)과 소증(所證) 및 반양을 닦는 보살의 제법이 공한 지와 공지의 수득한 이도 또한 무라함을 밝힘이니, 대개 법성은 공과 같은데 병든 눈으로 보는 고로 허공에 꽃을 보듯 증득함을 취한다.

고로 대반야경에 이르되 여래가 설하신 능히 증득할 수 없는 제불의 비밀의 뜻을 알고자 하면 마땅히 이와 같은 심심(甚深)반야바라밀다를 배워야 한다. 왜냐하면 증득한 바의 불법과 능히 증득한 자를 얻을 수 없는 것이기 때문이라 하시고 또 이르되 일체법에 승의제(勝義諦) 가운데 능증(能證)·소증(所證)·증처(證處)·증시(證時) 및 이 증득함으로 말미암아 합한 것·떠난 것 등 모두 다 얻을 수 없는 것이니, 가히 보지 못한고로 보살은 제법이 공함에 응당 증함을 짓지 않나니. 법공을 관하는데 먼저 이를 생각하되 내가 응당 법을 관하되 제법상이 다 공하니 응당 증함을 짓지 말아야지 나는 배움을 위하여 제법의 공함을 관하는 것이지 증득하려고 제법의 공함을 관함이 아니며 내지는 내가 무상정등보리(無上正等菩提)에 이제 응당 배우되 응당 증함을 짓지 않는다고 하는 것이다.

고로 지도론에 이르되 보살이 깊이 공에 드는고로 공도 또한 공하고 열반도 또한 공한 줄 아는고로 증한 바 없으며 증하고 증하지 않고 하는 법이 없는고로, 처음 오온부터 사제(四諦)까지는 삼승인이 수도하며 보는 경계이며 이제 반야를 닦음은 큰 모닥불 같이 깨끗함·더러움 등 닿는 대로 모두 태워버린다.

이런고로 진공의 이(理)가 나타나면 범정(凡情)이 없어 탕진된다. 진여의 성스런 경계 및 일체지의 지혜 등 모두 얻을 수 없는고로 세간의 온·처·계와 출세간의 사제 인연과 내지 능증·소증 모두 공 아닌 것 없다. 이러한 인(人)과 법(法) 둘 다 잊고 경과지를 함께 없애니 병이 없어지면 약을 버리는고로 무지역무득이라 하는 것이다.

이무소득고 보리 살타 의 반야바라밀다고심무괘애 무괘애고 무유공포원리전도 몽상 구경열반(以無所得故 菩提 薩埵 依 般若波羅蜜多故心無罣碍 無罣碍故 無有恐怖遠離顚倒 夢想 究竟涅槃)

이는 위의 모든 무자의 말이니, 앞서의 제법 무소득을 말미암은고로 보살이 그렇게 닦아 구경열반을 얻는 고로 대개 법성이 여여하여 체가 본래 적멸한데 만약 얻었다는 마음이 있으면 곧 본래 진실을 미혹하여 반야관혜를 잊어 버리니, 무엇을 말미암아 전도를 멀리 여의고 구경열반(究竟涅槃)을 얻을 것인가?

열반경에 이르되 무소득을 곧 혜라 하니 보살은 이 혜를 얻는고로 무소득이라 이름하고 또 무소득을 대열반이라 하니, 보살은 대열반에 안주(安住)하여 일체 제법의 성상을 보지 않는 고로 무소득이라 한다. 또 무소득을 대승이라고 하니 보살이 제법에 머물지 않는고로 대승이라 한다. 청량국사(淸凉國師) 이르되 무소득은 곧 반야의 상이니 반야를 얻음으로 말미암아 지혜가 무득(無得)인고로 바야흐로 득함이니라.

대품(大品)에 이르되 무소득으로써 방편을 삼는다 하며 지도론에는 두 가지 공이 있으니 하나는 부방편공(無方便空)인고로. 이승지에 떨어지고 둘째는 유방편공(有方便空)인즉 떨어질 바 없이 곧 무상보리에 이른다. 다시 두 가지 공이 있으니 하나는 단행공(但行空)이니 이승지에 떨어지고 둘은 행불가득공(行不可得功)이라. 공도 또한 불가득이니 가히 떨어질 곳도 없는고로 모든 보살은 반야의 방편 관혜로써 제법이 공함을 비춰 보는고로 온·처·계·인·연·제상 및 능증·소증 등을 다 얻을 수 없나니.

이 무소득의 마음으로 반야에 의해 수행한즉, 업과 허물에서 해탈하고 의혹에 마음이 걸리는 일 없고 경계에 지혜를 장애하지 않으니 고로 마음에 걸림이 없고 걸리는 장애가 없음으로 곧 업과 허물에서 해탈한다. 업에서 벗어났으므로 삼계에 과보를 받을 공포도 없으며 과보가 없음으로 말미암아 곧 안으로 영원히 번뇌와 전도 몽상을 여의고 번뇌를 여읜고로 곧 진상이 독로하니 이것이 구경열반이라.

이것은 반야 진공은 체가 생하고 멸하는 게 아니고 인과도 없는 고로 모든 보살은 일체법에 무소득이라. 이것이 구경열반을 얻음이라. 그러므로 일대부반야(一大部般若)는 다 무소득으로써 종을 삼아 설파한 법이 열반보다 나을 것이 있다 해도 또한 꿈 같고 환상 같다 하니, 다 얻을 수 없는 것인 고로 대반야경에도 이르되 비록 일체법을 통달해도 자성은 다 공하니 모든 보살은 이 반야밀다로 인하여 무상정등보리를 증득하여 묘법륜(妙法輪)을 돌려 무량중생을 제도하니 비록 보리를 증득하였으나 증득한 바 없으니 증득할 수 없는 법을 증득함이라.

다 얻을 수 없는고로 곧 능증·소증과 모든 망령된 지견이 없다. 망견(妄見)이 없는고로 전도의 번뇌가 없으며 만약 증득한 바가 있다면 곧 이것이 전도 몽상이라 어찌 열반과 보리를 얻으리오.

금강 반야 불과가명론에 이르되 만약 보살이 진실을 증득한 때를 논하자면 법신도 얻을 게 아닌고로 보리살타는 능히 의지하는 사람이며 반야바라밀다는 의지하는 법이니라. 마음에 걸림 없으나 전도몽상은 능공의 장애요, 구경열반은 소증의 과이다. 오주(五住)가 다하고 이사(理事)가 길이 없어짐을 구경이라 하고 또한 무여라고 한다. 구진(究盡)의 열반의 즈음인고로 무주처열반이라 한다.

이승의 다만 견(見)·사(思)·혹(惑)을 떠남을 해탈이라 하는 것과 다르다. 방편으로 화성(化城)의 열반이니 진실로 구경은 아니다. 범어로 열반이니 한자어로는 원적이라, 원은 덕을 갖추지 않음이 없고 적은 장애가 다하지 않음이 없다고 한다. 또 대멸도라고 번역하니 대(大)는 실상이요, 멸은 온공이요, 도(度)는 월고(越苦)라. 또 대는 법신, 멸은 해탈, 도는 반야라 보살이 반야관을 닦아 제법이 공해야 실상의 이(理)가 나타나면 생사를 요달하니 환신이 곧 법신이요, 번뇌가 곧 반야며 결업(結業)이 곧 해탈이라. 이는 삼장(三障)이 문득 공하며 삼덕(三德)이 이에 원만하니 이것을 구경열반이라 한다.

삼세제불 의반야바라밀다 고득아욕다라삼먁삼보리(三世諸佛 依般若 波羅密多 故得阿耨多羅三藐三菩提)

삼세란 과거·현재·미래라 야뇩다라 삼먁삼보리란 한자로 무상정등정각(무상정등정각)이니 즉, 제불이 증득하신 바의 도라. 뜻은 보살만 무소득심으로 반야에 의하여 열반을 얻는 것이 아니라 삼세 제불도 역시 무소득심으로 반야에 의해 무상보리를 증득하신다는 것이니 보리와 열반이 원래 두 길이 없다. 다 반야에 얻은 것이니 이 반야를 버리고는 얻을 수 없는고로.

대반야경에 이르시되 일체여래(應, 正等覺)는 이와 같은 여시승(如是乘)을 타고 여시도(如是道)를 행하며 내지 무상 정등 보리도 이 승(乘)과 이 도로써 하니 마땅히 알 것이니. 이것이 곧 심심(甚深)한 반야바라밀다니라. 마하반야경에 이르되 제법 자상공이 즉시 아뇩다라삼먁 삼보리라 하시며 또 이르되 보살이 반야를 행하여 작불(作佛)하고 이름을 바꾸어 아뇩다라 삼먁삼보리라 한다.

보리는 지덕이며 열반은 단덕(斷德)이니 보리와 열반이 비록 이름은 둘이나 다 이것이 극성(極聖)의 소중하신 이전의과(二轉依果)라. 의혹은 지 아니면 끊지 못하고 지도 끊지 않으면 원만하지 못한고로, 대반야경에 이르되 보살이 보리도 및 일체의 바라밀다에 이미 원만한고로 한 찰나에 상응한 묘혜로 여래의 일체상지(一切相智)을 증득한다. 그때 일체

번뇌 습기상속이 영원이 불생하는고로 무여단(無餘斷)이라 이름 하며 곧 여래응정등각이니, 이로써 여시이과(如是二果)가 다 반야바라밀다에 의해서 성취를 얻음을 알 것이다.

불이란 범어에는 붓다(佛陀)이며 한자로는 각(覺)이니 이 궁리진성(窮理盡性)의 칭호라 이른바 자성이 참되고 영원함을 깨닫고 혹(惑)과 허망함을 요달하여 무연자(無緣慈)를 운전하여 유정계(有情界)를 제도하시고 행이 만족하며 과도 원만하신고로 대각이라 이른다. 대반야경에 이르되 일체법에 자연히 깨달음이 열리니 그 이름이 불타(佛陀)라.

일체유정들도 여실하게 깨닫도록 열어 전도악업(顚倒惡業)의 여러 고통을 여의게 하시니 그 이름이 불타라. 어떤 뜻으로 보리라 하는가? 법공의 뜻을 증득하고 진여의도 증득함이니 이 보리의 의(義)는 제불의 있는 바의 진정묘각인고로 보리라 이른다. 제불이 이로 말미암아 제법 일체종상 깨달음을 나타낸고로 이름을 보리라 한다.

고지반야바라밀다(故知般若波羅密多), 시대신주(是大神呪) 시대명주(是大明呪) 시무상주(是無上呪) 시무등등주(是無等等呪) 능제일체고(能除一切苦) 진실불허(眞實不虛)

고지란 위 글자로서, 반야의 공용의 불가사의(不可思議) 함을 안다 함이라. 수량으로 능히 펼쳐 말할 수 있는 것이 아닌고로 사종주(四種呪)로 비유하여 찬양함이다.

신(新)이라 헤아릴 수 없음을 뜻하고 명(明)은 능히 어두움을 파하나니, 이 반야신공의 묘용은 심량(心量)으로 알 바 아니며 능히 무명의 치암(痴暗)을 없애고 진공자리를 나타내고 보리열반을 증득하게 하니 그

위에 뛰어난 법이 없는고로 무상이라 하며 이것은 제불비밀(諸佛秘密)의 심인(心印)인고로 또한 이 법에 견줄만한 짝이 없는고로 무등등(無等等)이라. 또 이 반야를 무비법(無比法)이라 하며 다시 무비법들 중에도 견줄 것이 없는고로 무등등이라 한다.

오주구진(五住究盡)하고 이사구망(二死俱亡) 사생(四生)의 과(果)가 없어지고 만 가지 허물이 모두 없어진고로 능제일체고라 하니 이와 같은 반야 묘용은 사의(思議)하기 어렵나니. 망(妄)을 요달한 즉 진(眞)이요, 곧 범부가 성인되니 결정코 고통이 없어짐을 의심할 것이 없다. 특별히 중생들로 하여금 신수봉행하게 하려고 진실불허하다. 대반야경에 이르되 이 반야바라밀다 인 대주왕(大呪王)을 배울 때 나와 법에 비록 무소득이나 능히 무상정등보리를 증득하는 것이다.

고설(故說) 반야바라밀다주(般若波羅密多呪) 즉설주왈(卽說呪曰) 아제아제(揭帝揭帝) 바라아제(波羅揭帝) 바라승아제(波羅僧揭帝) 보제사바하(菩提娑婆訶)

부사의 경계라 체는 곧 진공(眞空)이라도 현설(顯說)과 다름없다. 다만 현설로써 사람들이 문자의 뜻풀이로 설(說)에 의해 견해를 일으켜 진공에 집착하여 실로 그 체가 있는 실법을 이루어 도리어 생멸과 같이 되어 진공 역시 공한 줄을 알지 못하고 도리어 집착을 내어 다시 무명에 떨어질까 두려운고로.

대반야경에 이르되 일체법자성이 공하니 공성(空性)은 응당 집착할 것이 아니니 공성이라 공한 가운데 공성을 오히려 얻지 못하거늘 하물며 공성에 능히 집착할 공이겠는가? 소위 진공이 본래 여여함을 요달하지 못하여 지로써 지를 구하니 지는 곧 알음알이를 내고 알음은 곧 진을 잃는다. 비추는 마음을 이루니 비춤은 곧 경계를 세움이라 비춤을 따르면 자체를 잃는다. 그래서 도리어 환상 같은 일을 이룬다.

영가대사가 이르되 당처(當處)를 여의지 않고 항상 담연하다. 찾은즉 가히 볼 수 없음을 알라 하시니 이제 이 밀설반야는 바로 사람들로 하여금 정(情)을 잊고 지(智)를 없애 찾고 구함을 빌리지 않고 진공이 현전하면 빨리 가만히 증득하게 한 것이다.

부계(符契)보다 뛰어난 것인 고로 주(呪)라 한다. 즉 여래의 비밀과 진실의 말씀이니 주(呪)로 중생들이 부처와 다름없이 되길 원함이니 고로 지송(持誦)하는 자는 마땅히 그 마음 일념으로 생각생각 간단 없이 나타나니, 벌(蜂)이 명령(螟蛉)의 새끼 죽은 걸 보고 빌듯이 하면 자연히 망상은 없어지고 진여가 계합되나니 곧 범부로써 성인 됨이라.

혹자는 현설(顯說)로 해석하여 지혜로 번뇌장을 멸하고 복이 생하고 죄가 없어진다 하며 혹은 억지 해석하기를 아제를 도(度)라 번역하고 바라는 피안(彼岸)이라 하고 승(僧)은 중(衆)이라 하며 자도도타(自度度他)이니, 모두와 더불어 함께 보리피안에 이르자 하는 뜻이라고 번역하나 지리(至理)에 어긋나고 전혀 성의(聖意: 부처님 뜻)가 아니다.

이미 밀설이라 한대 사람이 어찌 해석할 것인가. 오히려 소성(小聖)인 인위보살(因位菩薩)들도 능히 측량할 바 아닌데 하물며 범우(凡愚)의 의석(義釋)을 용납하겠는가? 명(名)과 언(言) 둘 다 끊어지고 이(理)와 사(事) 둘 다 잊어 삭가라의 눈으로도 엿보아 잡을 수 없나니, 한 번 마음으로 생각함에 떨어지면 문득 지견(知見)의 찌꺼기를 이루고 지견의 앎을 세우면 곧 무명의 근본이라.

무명이 이에 서면 만겁에 빠지니 일체고액을 무슨 수로 건널까? 마음과 생각이 끊어지면 지견이 스스로 없어져 이에 무명이 파하여 피안을 바로 도달하게 되는 것이다.

원이차공덕 보급어일체(願以此功德 普及於一切)
아등여중생 당생극락국(我等與衆生 當生極樂國)
동견무량수 개공성불도(同見無量壽 皆共成佛道)

내 생명을 챙기는 공부

나의 생명을 챙기는 공부는 명상·화두·공안·참선·선정의 지침이 되는 것으로, 앉고 서고 눕고, 일터에서 직장에서 차 안에서 여행 중에, 잠 이루기 전까지 살아 숨 쉴 수 있을 때까지 시공간을 초월하며 하는 공부이므로, 어느 누구나가 자기 생명을 챙기면서 일생을 살아가기 때문에 별 어려움 없이 장소를 불문하고 얼마든지 가능한 공부다. 이 공부는 나와 너, 나와 우주가 일체 일여가 되는 것이기 때문에 대 생명 찾는 공부라 말할 수 있고, 새 생명 찾는 공부라 할 수 있으며, 생신 우생신 일신우일신 하는 항상 새롭게 태어나는 일이 되고, 항상 새로운 날을 맞이하는 인생관이 확립되는 길이라 할 수 있다. 생활이 곧 안심처를 이루고 안락처를 이루는 지름길이라고 말할 수 있다.

이렇게 될 때에 일생을 무방반야로 살아갈 수가 있고 불생·불멸하는 즉, 생사관을 벗어나는 대승에의 길이며 생명 존귀성을 알고 대자대비 사상을 발현할 수 있는 반석 위에 일체를 건설할 수 있는 일 마친 사람이라고 일컫게 되는 것이다.

일 마친 사람이야말로 적적 자유자재를 할 수 있다고 선각자들은 노래 부르듯 외쳐왔던 것이다. 맛을 본 사람만이 맛을 알게 된다고 하였으니, 여기에 맛을 들이게 될 때 술꾼보다 돈꾼보다 수승한 도꾼이 되는 것이다. 무소득 무소유는 빈자에서만 가능하다. 이런 후에야 일체유심조의 행과 뜻이 계합되기 때문이다.

항상 새롭게 사는 삶, 항상 내 생명을 바로 챙기며 사는 삶은 멋진 인생 삶이라 할 수 있다. 생명 지킴이에서 뛰어넘어 내 생명을 챙기는 공부를 하게 되면 인생을 살아갈 때까지 시공간을 초월하고 머물러 있는 곳에서 안심처·안락처를 이룰 수 있으니, 넋을 빼놓고 생활하며 사는 것은 헛된 삶이 되는 것이다. 내 생명을 챙기면서 인생의 괴로움과 고통에서 벗어나야 한다. 몇천겁을 거쳐서 사람의 몸을 받아 났는데 헛된 인생, 무가치한 삶을 살아갈 것인가. 생명 챙기는 공부는 앞으로 정진하는 마음으로 인생을 살아가는 것이므로, 염주를 돌리듯 하는 이 공부야말로 상락아정의 길이고, 견성을 하는 길이므로 자유자재를 하는 사람을 도꾼이라 말할 수 있다.

생명을 챙기고 맑히고 밝히는 공부꾼에게는 저승사자든 염라대왕이든 136지옥이든 어찌할 수가 없게 되는 것이니, 이 생명 마치기 전에 일을 다 마치면 생사에서 벗어날 수가 있다고 붓다·조사·선사님들께서 염불하듯이 말씀하신 것이다. 이 생명을 챙기는 공부로 뒷생각만 끊어도 곧 보리생을 이루어 무방반야의 삶을 영유할 수가 있다.

자타일시 성불도